Negociación infalible

Len Leritz

Negociación infalible

Cómo resolver problemas, lograr acuerdos y solucionar conflictos

Ediciones Paidós
Barcelona-Buenos Aires-México

Título original: *No-fault Negotiating. A practical guide to the new dealmaking strategy that lets both sides win*
Publicado en inglés por Warner Books, Inc., Nueva York

Traducción de Irene Cudich

Cubierta de Víctor Viano

1.ª edición, 1993

ISBN: 84-7509-883-5
Depósito legal: B - 11.615/1993

Impreso en Nova-Gràfik, S.A.,
Puigcerdà, 127 - 08019 Barcelona

Impreso en España - Printed in Spain

SUMARIO

Sección IV
EL PROCESO

Sección V
QUE HACER EL LUNES POR LA MAÑANA

RECONOCIMIENTOS

Estoy profundamente agradecido a las personas que enumero a continuación, porque cada una de ellas realizó una aportación significativa a la concepción y realización de este libro: Andre Auw, Jeff Smith, Marcia Witteman, Carla Perry, Catherine Gleason, Carol Angel, Ellen Oliver y Merrily Enquist. Quiero expresar también mi agradecimiento a los numerosos grupos TEC y clientes que me proporcionaron muchos ejemplos y me prestaron su colaboración para perfeccionar mi pensamiento, y a James Fowler y Lawrence Kohlberg por su trabajo sobre la teoría del desarrollo.

A Andy, Jay, Aaron y Nicholas

PREFACIO
EL METODO INFALIBLE

¿Desearía conocer una fórmula mágica para conseguir siempre lo que quiere, cuando lo quiere y de quien lo quiere? Esa posibilidad no existe en el mundo real. Sin embargo, si sigue los principios de la Negociación infalible, obtendrá más de lo que desea, con mayor frecuencia, y de mayor número de personas. Puede conseguir más de lo que necesita.

La negociación eficaz tiene mucho que ver con la conciencia. Significa ser consciente de qué necesita y qué desea que hagan los demás para ayudarle a conseguirlo. También implica ser consciente de quién es la otra persona y qué necesita para poder cooperar con usted. Y por último, significa ser consciente de las limitaciones y posibilidades inherentes a la situación en la que está negociando (recursos, tiempo, realidades de la organización, etcétera).

La conciencia crea opciones. La creación de opciones múltiples para que los demás cooperen con usted para la satisfacción de sus necesidades es el objetivo de toda negociación. Y ayudarle a aprender cómo hacerlo es el objetivo de este libro.

Los principios infalibles le ayudarán a:

- Convertir resistencia en cooperación
- Lograr que los demás escuchen y acepten sus ideas
- Afrontar y resolver conflictos
- Resolver problemas difíciles
- Dirigir y supervisar a los demás
- Tratar con personas difíciles
- Cerrar tratos de ventas
- Cobrar cuentas impagas
- Mediar en disputas entre otras personas
- Negociar contratos difíciles

- Motivar a otros para que tengan más iniciativa
- Obtener lo que desea con un mínimo de esfuerzo.

Tal vez no se considere un negociador, pero lo es. No importa lo que haga, participa a diario en negociaciones. Los jefes negocian con sus secretarias para que apresuren su trabajo. Las secretarias negocian con sus jefes para que les den el tiempo suficiente para hacerlo. Los agentes de compras negocian precios. Los directores de crédito negocian plazos de pago. Los administradores negocian con sus consejos para establecer políticas y planes a largo plazo. Los supervisores negocian con los empleados para potenciar su motivación y mejorar su productividad. Las parejas negocian entre sí y con sus hijos. Los funcionarios públicos negocian con los ciudadanos sobre la instalación de un hogar de tránsito en su vecindario. Los profesionales negocian con sus clientes para conseguir que acepten sus diseños, consejos y servicios.

Sea cual fuere su trabajo, el éxito depende de dos factores. El primero, sus conocimientos técnicos y sus habilidades. El segundo, su capacidad para lograr que los demás cooperen con usted. Este segundo factor, su capacidad de negociación, generalmente será lo que diferencie un buen logro de la mediocridad, o del fracaso.

Elegí el término INFALIBLE para el título de este libro, porque tendemos a culpar o responsabilizar a los otros de nuestros fracasos. El objetivo de NEGOCIACION INFALIBLE es satisfacer nuestras necesidades sin que nadie tenga que hacer algo inapropiado o deba convertirse en una víctima.

Con la negociación infalible, nuestro objetivo no es ganar o "vencer" a la otra persona; tampoco aprovechar una oportunidad única como si no existiera el mañana. Nuestro objetivo consiste en comprender cuáles son nuestras necesidades reales y las de los demás, y encontrar soluciones creativas que respondan a todas las necesidades existentes. Es una actitud de comprensión, de saber aceptar las condiciones reales y a las personas, de búsqueda mutua. Es un enfoque fundado en la realidad.

En la Negociación infalible advertimos que, aunque estemos negociando respecto de cosas, condiciones o problemas externos —ya sean contratos, automóviles, toques de queda, dinero, cupos, procedimientos, recursos, políticas, plazos, producción o rendimiento—, estamos negociando *con personas*. Estamos negociando problemas y relaciones. Como negociadores infalibles, comprendemos que una parte esencial de nuestra tarea es mantener viva la relación mientras resolvemos los problemas.

La Sección I describe el concepto básico de la teoría de la NEGOCIACION INFALIBLE, es decir, que lo esencial de todas nuestras negociaciones es responder a las necesidades humanas, y que si uno desea ser un negociador eficaz, debe ser consciente de las suposiciones en que se basa.

La Sección II brinda un marco de referencia práctico y detallado para interpretar y comprender el comportamiento. Podrá ver a través del comportamiento de otras personas y responder estratégicamente, de manera que se convertirá en un hábil negociador.

Negociación Infalible aplica al arte de negociar las últimas investigaciones de la psicología evolutiva estructural. La psicología evolutiva estructural estudia las diferentes formas de pensar que tienen las personas y cómo éstas se relacionan según edades o etapas diferentes de desarrollo. Comprender cómo piensan las personas permite comprender nuestro propio comportamiento y el de los demás.

En consecuencia, tenemos más conciencia sobre las opciones para pensar y comportarnos, de tal modo que nos llevarán a obtener los mejores resultados. Cuanto más alto sea nuestro nivel de pensamiento, más poderosos y eficaces seremos.

La Sección III describe cuatro principios básicos para mantenerlo en los niveles más elevados de pensamiento. Aprenderá a:

1. *CREAR UN ENTORNO SANO* en el que todos tengan amplitud de miras y no estén a la defensiva.
2. *CAMBIAR SU CENTRO DE ATENCION* y así saber cuándo debe centrarse en los problemas, cuándo en las relaciones, cuándo en el proceso y cuándo en los criterios a seguir.
3. *COMPRENDER A LOS DEMAS* de modo que sus necesidades mutuas y peculiares estén claramente definidas y no se detenga con soluciones limitadas.
4. *PRESTAR ATENCION A LO OBVIO*, su principal estrategia y herramienta para llegar a los temas centrales y resolverlos.

La Sección IV le enseñará a utilizar la FORMULA INFALIBLE MAGICA, un proceso sencillo compuesto por cinco etapas que le ayudarán a convertirse en un excelente negociador. Le brindará una guía práctica para que siempre sepa qué hacer a continuación.

La Sección V resume las ideas clave del enfoque INFALIBLE, y los

Apéndices le proporcionan varias herramientas de gran utilidad para aplicar cuanto hemos dicho.

Los principios y estrategias presentados en este libro son de aplicación universal. Funcionarán tanto en situaciones de negociación formales como informales. Le ayudarán a mejorar relaciones comerciales y profesionales y sus relaciones personales con la familia y los amigos.

Sección I

EL OBJETIVO PRIMARIO

1

COMO LOGRAR QUE LOS DEMAS DESEEN COOPERAR

El mundo está lleno de niños pequeños que corretean de aquí para allá en cuerpos de adultos, haciendo cuanto está de su parte para obtener lo que desean. Y cuando saben cómo hacerlo mejor, lo hacen.

Este capítulo crea un marco de referencia para comprender cómo obtener con mayor eficacia lo que uno desea de los demás. El marco de referencia está compuesto de tres puntos:

1. *Cinco necesidades primarias motivan la mayor parte del comportamiento en las personas.*
2. *Los negociadores hábiles son quienes han aprendido a escuchar en dos niveles: el nivel obvio o de contenido y el nivel de introspección o de necesidad.*
3. *La esencia de la negociación eficaz consiste en nuestra capacidad de comprender y aceptarnos a nosotros mismos, a los demás y a la situación en la que nos encontramos.*

Negociar para satisfacer las necesidades

Estamos en el mundo acuciados por necesidades. Tener necesidades es un aspecto básico de la condición humana. Estar vivo es tener necesidades. La homeostasis, es decir, tener todas nuestras necesidades satisfechas y en equilibrio, es la muerte. Cada vez que satisfacemos una necesidad, surge otra que capta nuestra atención.

Cuando nos sentimos aburridos o inquietos, necesitamos un nuevo desafío que despierte nuestro interés. Cuando encontramos un proyecto nuevo, ya no nos sentimos aburridos, pero sí ansiosos. Necesitamos probarnos que podemos afrontar el desafío, de modo que canalizamos toda nuestra energía en ello. Nos sentimos satisfechos, pero estamos cansados. Necesitamos descansar. Descansamos hasta que nos sentimos inquietos y el ciclo se repite.

La experiencia humana es un viaje sin fin para satisfacer necesidades. Si bien todos somos únicos e irrepetibles, tenemos las mismas necesidades primarias. Toda negociación se encamina a la satisfacción de esas necesidades primarias.

LAS CINCO NECESIDADES PRIMARIAS

1. La supervivencia física

Necesitamos sobrevivir físicamente. Necesitamos comida, techo, descanso y seguridad. Mucho de lo que hacemos en la vida está orientado a la satisfacción de nuestras necesidades básicas de supervivencia.

Trabajamos para ganar dinero. Nos educamos, nos unimos a sindicatos y a asociaciones profesionales, deseamos tener propiedades. Compramos casas, hacemos inversiones, contratamos pólizas de seguros, ahorramos dinero e intentamos ir a la cama más pronto (sin conseguirlo jamás).

Si la otra parte de una negociación no está convencida de que se satisfarán sus necesidades básicas, es poco probable que obtengamos su cooperación. Si un vendedor corre el riesgo de perder su negocio y no sabe cómo va a mantener a su familia, su capacidad de cooperación será muy limitada.

2. Valor

Necesitamos sentirnos útiles, valiosos y apreciados.

Necesitamos sentir que tenemos el derecho de estar aquí, de estar vivos, de ser quienes somos. Necesitamos sentirnos valorados por ser quienes somos, sólo porque lo somos.

Nuestra necesidad de sentirnos útiles y valiosos probablemente sea el aspecto básico de todas nuestras necesidades y de todas nuestras negociaciones.

El resultado de la mayor parte de nuestras negociaciones ya está determinado antes de comenzarlas. Lo que decide el resultado es lo que creemos que tenemos derecho a conseguir. Sólo si creemos que tenemos derecho a algo nos permitimos imaginar que lo lograremos. Y sólo cuando podemos imaginar esa posibilidad planificamos y actuamos de forma que tengamos alguna oportunidad de lograrlo. Si creo que puedo o si creo que no puedo, por lo general tengo razón.

En todos nuestros encuentros con los demás nos asignamos un precio. A veces creemos que valemos mucho, y otras que valemos poco. El valor que nos atribuimos determina nuestras pretensiones en una negociación. Prácticamente nadie nos va a dar más de lo que creemos que valemos. ¿A cuánto se vendió usted en las últimas tres negociaciones en que participó? ¿Qué criterios utiliza para fijar su valor y el de los demás? Las personas no se aprovechan de nosotros. Sólo cedemos porque nos infravaloramos. Por otra parte, si no ayudamos a la otra persona a cerrar la negociación sintiéndose respetado y valorado, no existen muchas probabilidades de que consigamos su cooperación.

3. Competencia

También necesitamos sentirnos capaces. Necesitamos sentirnos competentes y adecuados y fuertes. Necesitamos saber que podremos lograr lo que nos proponemos a fin de conseguir lo que necesitamos. Necesitamos saber que podemos lograr lo que queremos de los demás cuando lo necesitemos.

¿Qué tiene que ver todo esto con la negociación? Nuevamente, obtenemos lo que creemos posible. Cuando no nos sentimos capaces, no intentamos lograr cooperación o intentamos hacerlo de una manera poco eficaz. Si espero que usted lea mi mente o si lo critico en lugar de decirle lo que deseo, es muy probable que no pase el examen. Saldré y diré: "¿Han visto?, yo sabía que no lo lograría".

El otro aspecto de esta situación es que por lo general suponemos equivocadamente que nos beneficia colocar a los demás en desventaja en nuestras negociaciones, tener algún tipo de poder sobre ellos. En algunos casos, la respuesta adecuada es hacer valer nuestras propias ventajas. Esto se aplica si en realidad no podemos confiar en la otra parte. Si intentan aprovecharse de nosotros o vencernos, necesitamos defendernos.

Sin embargo, mi experiencia es que, por lo general, establecemos o mantenemos innecesariamente este nivel de negociación. No confiamos en nuestra capacidad de manejar exitosamente la negociación si somos sinceros y honestos y ponemos las cartas sobre la mesa. En lugar de ello, creemos que debemos retener información o embellecer los hechos, porque si no los utilizarán en nuestra contra.

Entonces dramatizamos sobre lo ocurrido y hacemos demasiadas acusaciones, negándonos a responsabilizarnos de nuestro comportamiento. Intentamos arrinconar a los demás y después nos preguntamos por qué no quieren cooperar cuando les hemos hecho pasar un mal trago, o los hemos intimidado o enojado.

La manera de obtener la cooperación del sindicato no es haciendo que la comisión negociadora luzca impotente frente a sus miembros. La forma de obtener la cooperación de un cliente no se logra reteniendo un pago para lograr por la fuerza alguna concesión de su parte.

Nuestro trabajo como negociadores eficaces es allanar el camino a los demás para que cooperen con nosotros, no ver cuán difíciles podemos hacer las cosas para ellos.

4. Pertenencia

La cuarta necesidad que experimentamos a lo largo de toda la vida es la de sentirnos cómodos en el mundo. Necesitamos un lugar en donde nuestro cuerpo se sienta cómodo. Necesitamos pertenecer, saber que nos aceptan y que no estamos solos. Necesitamos sentirnos conectados.

Si bien podemos hacer muchas cosas solos en el mundo, a veces necesitamos ayuda. Necesitamos saber que podemos contar con los demás, que estarán allí si los necesitamos. E incluso cuando podemos actuar solos, suele ser más sencillo y más divertido hacerlo con otros.

Así que necesitamos a los demás. Anudamos y cultivamos relaciones duraderas. Encontramos a otros que pueden ayudarnos a hacer cosas que no podemos hacer o que no logramos hacer con facilidad.

Nos dividimos el trabajo. Celebramos acuerdos o contratos. El establecimiento de relaciones satisfactorias y útiles es la base de todos los negocios y de gran parte de nuestra satisfacción personal en la vida. La negociación es la base de todas las relaciones. *El grado de éxito en la negociación por lo general está determinado por la calidad de la relación que tenemos con la otra persona.*

5. Significado / Propósito

Necesitamos darle un significado y un propósito a nuestra vida.

Necesitamos ser capaces de darle un sentido a la vida. Necesitamos sentir coherencia, continuidad y congruencia. Necesitamos que las cosas encajen. Necesitamos un modelo o un sistema de creencias a través del cual podamos interpretar nuestras experiencias vitales.

Necesitamos tener un motivo para levantarnos por la mañana, una razón por la cual calzarnos los zapatos y salir a hacerlo otra vez. Necesitamos sentir que el trabajo que hacemos es importante, que aportamos algo, que valen la pena los dolores de cabeza y las largas jornadas.

Necesitamos un sentido de orientación. Necesitamos saber qué queremos, hacia dónde deseamos dirigirnos y cómo llegar allí. Necesitamos itinerarios y mapas. De modo que fabricamos sueños y fijamos metas y desarrollamos planes de acción, y cada vez que llegamos a algún lugar empezamos de nuevo.

Pero si lo que pedimos no tiene sentido para la otra persona, es poco probable que esté dispuesta a cooperar. *Debemos ayudarla a comprender por qué le pedimos que haga una cosa y no otra.* Debemos explicar nuestras necesidades. Las personas cooperan cuando hacerlo tiene algún sentido para ellas.

Los problemas surgen cuando dos personas necesitan lo mismo en el mismo momento y pueda parecer que no alcanza para ambas. Una situación en la que dos empleados quieren tomarse sus vacaciones simultáneamente puede ser un problema. En otros casos, pueden tener necesidades diferentes al mismo tiempo. Uno puede querer hablar mientras el otro desea terminar su trabajo. Esto también puede ser un problema.

La consecuencia es que cada día de nuestra vida es un proceso de negociación. Continuamente negociamos con todos por lo que necesitamos. Negociamos con nuestro jefe, con nuestros empleados, con nuestro cónyuge y con nuestros hijos. Negociamos con nuestros clientes, con el banco, con nuestro agente de seguros, con nuestros proveedores, con los vendedores: con todos.

COMO NEGOCIAR EN DOS NIVELES

Estas cinco áreas de necesidades (sobrevivir, sentirse valioso, sentirse capaz, pertenecer y que nuestras vidas tengan sentido) son la sustancia de la vida y de todas las negociaciones. No sólo nos encontramos en el mundo con necesidades, sino que nos encontramos en el mundo con los demás. Nos encontramos con otros que, como nosotros, tienen las mismas necesidades.

Toda negociación es un intento de satisfacer las necesidades humanas. Estas necesidades pueden encontrar respuesta obteniendo un empleo, un aumento de sueldo, estabilidad, haciendo una venta, acordando un precio justo, estableciendo los términos de un contrato, motivando un mejor rendimiento o cambiando la política o los procedimientos. Pero por debajo de todas estas soluciones se encuentran las necesidades humanas. Las necesidades humanas son la sustancia de toda negociación. Cuando negociamos, estamos negociando con personas, personas que hacen lo que hacen y que toman la actitud que toman porque aquella situación tiene algún *sentido* para ellas en relación con sus necesidades.

Para ser un negociador eficaz hay que ser consciente de las necesidades humanas e identificar con precisión las necesidades que subyacen al comportamiento. Esto es aplicable tanto a los negocios como a otras áreas de nuestra vida.

Aprender a percibir y escuchar en dos niveles simultáneamente

1. EL NIVEL OBVIO: el contenido o centro de la discusión (el contrato, el alquiler, el precio, etcétera).
2. EL NIVEL DE INTROSPECCION: las necesidades subyacentes de la otra parte simbolizadas por las soluciones que propone.

Por ejemplo, puedo estar negociando con usted la compra de la empresa familiar que inició hace veinte años. Indudablemente, usted llegará a la negociación con un precio en mente, el precio que considera que vale su negocio.

Si soy un negociador hábil, me daré cuenta de inmediato de que no sólo estamos negociando el valor real de mercado de su empresa. Si usted fundó el negocio y su nombre está asociado a él, también estamos negociando su orgullo, su reputación, quizá la seguridad de su retiro y todo cuanto el negocio significa para usted. El precio y los términos que usted propone como condición para vender su empresa pueden reflejar no su valor real en el mercado sino la sangre y sudor que puso en ella o la necesidad de garantizar que sus leales empleados permanezcan protegidos, o que se mantenga la calidad del producto.

Otros ejemplos son:

Un supervisor se queja del rendimiento de un empleado, pero el quid de la cuestión es que el supervisor no se siente adecuadamente reconocido en su función.

Un cliente se resiste a participar en un taller de desarrollo de personal, pero el verdadero problema no es que esté demasiado ocupado y que crea que sería una pérdida de tiempo, sino que teme recibir un *feedback* negativo de los demás.

El negociador hábil siempre negocia en ambos niveles, dándose cuenta de que la verdadera negociación se relaciona con las necesidades subyacentes. *Lo que el tema significa para cada persona es el tema verdadero de cualquier negociación.*

El objetivo primario: comprender

A medida que comenzamos a entender cuál es el papel que juegan las necesidades en nuestras vidas, empezamos a darnos cuenta de que las personas no son ni buenas ni malas, correctas o incorrectas. No son codiciosas. Simplemente necesitan. Están desoladas, como nosotros.

Esta conciencia es particularmente importante si queremos convertirnos en negociadores eficaces. Mientras pensemos que las personas son buenas o malas, correctas o incorrectas, las estamos juzgando. Mientras juzguemos a los demás, creemos que estamos compitiendo con ellos y entendemos que la negociación es un proceso en el que interviene el deseo de ganar. Creemos que debemos "vencer" a otras personas para obtener lo que necesitamos. Creemos que los demás son diferentes de nosotros y que no podemos confiar en ellos.

Nos convertimos en guerreros solitarios que salen a vencer al enemigo. Nos relacionamos con los demás de forma que desconfían de nosotros. Por ende, se centran en protegerse y no en cooperar con nosotros. Inhibimos su cooperación.

Siempre que alguien gana, otro pierde, lo que crea mayor desolación. La persona que ha sido vencida, que ha perdido, no puede descansar hasta haber vuelto a obtener lo que perdió. El victorioso tampoco puede descansar. Quien ha ganado debe ser precavido o podría perder lo que antes ganó. Todo este cuidado que siente hace que su mundo sea tedioso.

El objetivo de negociar es comprender. El objetivo es comprender qué necesitamos y qué necesita la otra persona. El objetivo es crear una relación de cooperación en la que la otra persona nos ayude a satisfacer nuestras necesidades y nosotros la ayudemos a satisfacer las suyas. De ser posible, cada uno de nosotros debe salir de la negociación sintiéndose satisfecho de haber obtenido lo que quería. De esta manera, luego podremos descansar.

LA NEGOCIACION ES EL PROCESO DE CREACION DE COMPRENSION MUTUA. No es un sinónimo de ser débil, de ceder o de darse por vencido. Por el contrario, significa que hacemos nuestros deberes siendo claros respecto de lo que necesitamos en realidad o de cuál es el verdadero problema al iniciar una negociación. Significa que escuchemos a la otra parte para obtener así la información que nos ayude a comprender con precisión cuáles son sus necesidades, sus problemas y sus cualidades. Significa que trabajemos para establecer cuáles son los hechos reales de manera que nos relacionemos adecuada y eficazmente con los demás para que deseen cooperar con nosotros.

Sección II

COMPRENDER AL OTRO

El objetivo de la negociación es lograr que los demás cooperen con nosotros para satisfacer nuestras necesidades. Para lograr nuestros objetivos, necesitamos ser capaces de comprender a los demás. Necesitamos comprender cómo piensan y por qué hacen lo que hacen.

Necesitamos saber cómo interpretar su comportamiento y cómo vencer su actitud defensiva. Necesitamos saber cómo desarmar al bravucón y combatir a quien juega con nosotros. Necesitamos saber cómo evitar sentirnos obligados por el tipo agradable o despedidos por el jefe.

Esta sección lo llevará por un largo camino hacia la comprensión de los demás, de modo que obtengamos su cooperación. Describe cinco niveles en los cuales funcionan las personas respecto de cómo sienten y se relacionan con los demás. En cualquier tipo de negociación, usted y la persona con la que está negociando estarán actuando en uno o más de estos niveles. La comprensión de estos niveles le brindará un marco de referencia práctico para comprender el comportamiento de los demás y para influir eficazmente en dicho comportamiento.

2

LOS CINCO NIVELES DE PENSAMIENTO

Las personas piensan de forma diferente

Como seres humanos, nuestros niveles de pensamiento oscilan entre el más sencillo y el más complejo. Las personas que han desarrollado capacidades de pensamiento más complejo tienen una mayor posibilidad de comprender su propio comportamiento y el de los demás. Como resultado de ello, pueden construir y mantener relaciones más eficaces y satisfactorias.

Decir que las personas piensan de forma diferente es un comentario bastante obvio, hasta que observamos cómo negocian las personas. En el curso de la resolución de problemas y de conflictos, por lo general parece que olvidáramos que las personas tienen diferentes niveles de pensamiento. En lugar de ello, solemos creer que las otras personas piensan igual que nosotros. Si no lo hacen, suponemos que son estúpidas o que están equivocadas o que son obstinadas, lo que no siempre es verdad.

El pensamiento se desarrolla

Lo cierto es que, como seres humanos, experimentamos un proceso de desarrollo en nuestra capacidad de pensamiento y de formar relaciones.

Ya hemos advertido que los seres humanos se desarrollan y cambian desde el punto de vista físico a lo largo de su ciclo de vida, desde el incoordinado asir del niño de temprana edad hasta la agilidad y habilidad del adulto. El mismo tipo de proceso de desarrollo se produce en la mente de los seres humanos, desde las capacidades sencillas del preescolar hasta las capacidades complejas e integradas del adulto maduro. Este es un proceso de desarrollo que dura toda la vida. Y no se detiene cuando llegamos a la madurez.

Los seres humanos atraviesan una serie de niveles o etapas en el desarrollo de sus capacidades de pensamiento. El desarrollo de estas capacidades se produce de modo universal en todas las personas. Cuanto más desarrollado sea un individuo, más opciones o elecciones tendrá para responder e interactuar con el mundo y con los demás.

El pensamiento explica el comportamiento

La comprensión de las etapas de desarrollo en el pensamiento de una persona es fundamental si desea ser un negociador eficaz. Cuando comprende los diferentes niveles y puede reconocerlos en los demás, puede identificar sin temor a equivocarse la motivación y el significado ocultos tras ese comportamiento.

Sabrá cómo desarmar al bravucón y cómo restarle poder a la estrategia del manipulador. Sabrá cuándo lo están timando y cuándo las personas están simplemente haciéndolo de la mejor manera que pueden hacerlo.

Sabrá también cómo ayudar a los demás a pensar y a relacionarse de forma más eficaz, de modo que pueda obtener de ellos lo que usted necesita.

Los niveles en los que pensamos y nos relacionamos no se basan en lo que sabemos o en cuánta educación tenemos. Un individuo puede haberse graduado en la universidad, pero puede haberse detenido en su proceso de desarrollo y, como resultado de ello, puede pensar a nivel de un Exigente. ¿Alguna vez discutió con una persona sumamente educada que actuó como un preescolar, gritando irracionalmente y acusándolo de amenazarlo? La educación no evita que pensemos y actuemos como preescolares.

Pensamiento diferente = mundos diferentes

Cada nivel de desarrollo representa una postura o actitud en el mundo. Las personas de cada nivel piensan de forma diferente, por lo tanto, perciben y viven el mundo de forma diferente. Según cual sea el nivel del individuo, puede considerar que el mundo es una lucha, un juego con trampa, una obligación dependiente, un desafío o un hogar cálido y abundante. Cómo perciben y experimentan las personas el mundo tiene mucho que ver con lo que hacen desde el punto de vista del comportamiento y cómo se relacionan con los demás al negociar para obtener lo que desean.

Estado normal

Según cuál sea la etapa en la que un individuo se encuentre en su proceso de desarrollo, tenderá a funcionar, la mayoría del tiempo, a partir de uno o dos niveles. Cada uno tiene una norma característica, un conjunto familiar de niveles en los que funcionará típicamente.

Las capacidades cambian. Niños en cuerpos de adultos

Probablemente suponga, especialmente en el mundo comercial, que no sólo está negociando con adultos la mayor parte de las veces, sino todas.

Está equivocado. Que la otra persona tenga el cabello gris o un traje de tres piezas u ostente el título de presidente, no garantiza que usted esté negociando con una mente adulta.

La mayor parte del tiempo usted está negociando con un niño en el cuerpo de un adulto. El cuerpo puede tener cuarenta y cinco años, pero la mente (nivel de pensamiento) puede tener siete. Y lo que importa en una negociación no es la edad del cuerpo sino el nivel de la mente. Si supone que por lo general negocia con adultos, está en gran desventaja.

Al mismo tiempo, los niveles no permanecen constantes. En una situación dada, los individuos entrarán y saldrán de los diversos niveles, según lo seguros o amenazados que se sientan. Cuanto más amenazante les parezca el entorno externo, más descenderán en los niveles de pensamiento. Se pondrán a la defensiva. Sus niveles se estrecharán, literalmente, como un globo pinchado. Cuanto más segura se sienta una persona, más se expandirán sus niveles,como cuando se infla un globo.

El traje (o las posiciones y los diplomas y la edad) no hace a la persona. Sólo el nivel de pensamiento del individuo determina qué tipo de respuesta obtendrá de él.

CINCO OPCIONES PARA OBTENER LO QUE DESEA

Saber cuán hábil es negociando lo que necesita de los demás depende de sus suposiciones. Por lo general, las personas negocian a partir de *suposiciones de escasez*. Las tres *suposiciones de escasez* son:

1. Nada es suficiente

El mundo es limitado. No hay bastante para que todos nosotros obtengamos todo lo que queremos. Tememos no obtener demasiado. Tenemos miedo de que tengamos que acostumbrarnos a no tener, a ceder, a renunciar, a darnos por vencidos.

2. Las personas son codiciosas

Todos están en el mundo para obtener todo lo que puedan para sí mismos, para llenarse sus bolsillos a nuestra costa. Tememos no poder confiar en los demás.

3. El mejor método es formular estrategias

Puesto que el mundo es escaso y las personas son básicamente codiciosas, lo lógico es pensar que nuestro mejor método para obtener lo que necesitamos es ser más inteligentes, formular estrategias mejores que las de los demás, obtener lo "nuestro" antes de que nos venzan.

Si fundamos nuestro enfoque de negociación en estas suposiciones de escasez, funcionaremos básicamente desde el miedo. Y por el miedo, nos sentimos obligados a intentar controlar nuestro mundo.

Contamos con una serie de opciones para intentar controlar nuestro mundo. Podemos intentar forzar a los demás a darnos lo que queremos. Podemos formular estrategias e intentar engañar a los demás para que nos den lo que queremos. Podemos regatear y renunciar. Podemos intentar el enfoque del "tipo bonachón" y esperar que los demás se sientan obligados a darnos lo que queremos. Podemos despedir a los demás, demostrarles que no los necesitamos y ser duros e independientes.

Estos son los enfoques tradicionales usados en la negociación. La negociación se ha enseñado en términos de resolver problemas en forma de formulación de estrategias y de regateo para obtener las máximas ventajas sobre los demás y de renunciar cuando todo lo demás fracasa.

Estos enfoques tradicionales tienen serias limitaciones. Incluso si se los combina, sólo nos permitirán obtener parte de lo que deseamos. Requieren una gran cantidad de energía y entorpecen las relaciones duraderas. Nos colocan en la posición de establecer luchas de poder innecesarias y limitan nuestra capacidad para desarrollar soluciones mutuamente satisfactorias.

Afortunadamente, éstas no son nuestras únicas opciones. También contamos con otra opción: obtener lo que deseamos a través de la *Negociación infalible.*

La Negociación infalible se basa en un conjunto diferente de suposiciones: las *suposiciones de la abundancia.* Las tres *suposiciones de la abundancia* son:

1. Hay más que suficiente

Si bien el mundo es limitado, siempre hay más que suficiente. La prueba obvia es que usted está vivo. Si no hubiera obtenido siempre más que suficiente, hoy estaría muerto. Eso no significa que el mundo sea abundante para todos. Ni tampoco significa que siempre ha obtenido lo que ha querido cuando lo quiso, y de quien lo quiso. La vida puede ser frustrante.

2. Las personas son básicamente necesitadas. No insaciables

Las personas no son básicamente insaciables sino que son sencillamente necesitadas. Si usted cree que las personas son básicamente insaciables o necesitadas tiene un gran impacto en cómo se acerca y se relaciona con los demás.

Suponer que las personas son insaciables significa que se parte de una premisa de falta de confianza, de autoprotección, de posición defensiva y de no cooperación. Puesto que las personas tienen la tendencia a actuar como espejo de nuestro reflejo y de coincidir con nuestro comportamiento (yo le empujo, usted me vuelve a empujar), el considerar a los demás a partir de una suposición de codicia los induce a considerarnos del mismo modo y a respondernos desde una postura de falta de confianza y cooperación.

Por otra parte, si suponemos que las personas son básicamente necesitadas, estamos más dispuestos a identificar quién es realmente la otra persona y qué necesita para poder cooperar con nosotros. Tenemos más probabilidades de percibir con realismo a la persona verdadera con la que tenemos que negociar, y no a actuar a través de nuestros propios miedos.

3. *La comprensión es nuestra mejor estrategia*

La situación ideal es cuando la otra persona desea cooperar con nosotros ayudándonos a obtener lo que necesitamos. El objetivo de toda negociación es hacer que los otros deseen (o al menos tengan la voluntad de) cooperar con nosotros, que hagan lo que queremos que hagan.

Entonces, nuestra tarea consiste en crear las condiciones que motivarán a los demás a desear cooperar. Sin embargo, es lo único que podemos hacer si comprendemos quién es la otra persona y qué necesita. Las personas desean cooperar cuando obtienen lo que desean.

Pero no podemos darles a los demás lo que desean si la situación imposibilita los recursos o si no contamos con los medios. No puedo rebajar el precio del alquiler de la oficina un 10 por ciento más si eso significa que tendré que proteger mi cabeza. Necesitamos crear un entorno de cooperación dentro de los límites de situaciones reales.

Tenemos una variedad de opciones para obtener lo que deseamos. Pueden dividirse en cinco enfoques o estilos básicos. Cada enfoque, que también es un nivel de pensamiento, refleja lo que creemos sobre nosotros mismos y sobre los demás.

LOS CINCO NIVELES DE PENSAMIENTO

Básicamente, existen cinco niveles de pensamiento: los Exigentes, los Tanteadores, los Conciliadores, los Rebeldes y los Generadores.

1. *Los Exigentes* creen que deben utilizar la fuerza para obtener lo que necesitan de los demás. Si no pueden forzarlos a hacer lo que

quieren, corren ahuyentados por el miedo. Estas personas emplean amenazas, exigencias e intimidación o evitan a los demás y los rechazan. Es un enfoque de todo o nada. Es característico de los niños pequeños y de los adultos que se sienten sumamente amenazados o desubicados.

2. *Los Tanteadores* creen que para obtener lo que necesitan deben engañar o mentir a los demás. Suponen que todos desean llenar sus propios bolsillos y se aprovecharán de ellos si surge la oportunidad. Temen no obtener su ración justa. Siempre están formulando estrategias y sumando tantos para asegurarse de que no se los engañe. Los Tanteadores utilizan todo tipo de manipulación o juego para obtener lo que desean. Si sus estrategias no dan resultado, recurrirán al regateo y pueden intentar la consecución de una componenda 50/50. Este enfoque es característico del mundo comercial y de los niños de escuela primaria.

3. *Los Conciliadores* creen que deben ganarse lo que desean agradando a los demás, ocupándose de ellos, dejándolo todo como está. Creen que deben satisfacer las expectativas de los demás y que, si se preocupan por los otros, éstos estarán obligados a ocuparse de ellos. Lo que otros piensan de ellos es importante para los Conciliadores. Su mérito y su valor radican en ganarse la aprobación de los demás.

Los Conciliadores consideran que es importante parecer buenas personas. Intentan obtener lo que desean cuidando, agradando, aplacando, complaciendo, evitando conflictos, negando su ira, rescatando y siendo ubicados. Este enfoque es característico, en los Estados Unidos de América, de la mayoría de los adultos y de los adolescentes.

4. *Los Rebeldes* creen que la mejor manera de obtener lo que necesitan es siendo independientes y haciéndolo ellos mismos. Creen que el precio para ganarse la aprobación de otra persona es demasiado alto, por lo que se alejan de todo el mundo e intentan probar que pueden cuidarse ellos solos.

Los Rebeldes actúan groseramente, se contraponen a las formas tradicionales, desafían a la autoridad, trabajan duro, lo hacen todo ellos mismos y son impacientes. Sus lemas son “Muéstreme”, “No necesito a nadie” y “Aguánteme o cállese”. Este enfoque es característico de los últimos años de la adolescencia, de los profesionales de entre 30 y 40 años de edad, y de muchas mujeres, como resultado del actual movimiento reivindicativo de la mujer.

Cada uno de estos enfoques nos puede brindar algo de lo que necesitamos, pero cada enfoque tiene limitaciones significativas. Los Exigentes se llevan a los demás por delante y eliminan la posibilidad de una relación continua o se alejan y no obtienen nada.

Los Tanteadores pueden obtener resultados si son buenos estrategas y seductores, pero su enfoque produce falta de confianza. A todos les gusta este tipo de personas, pero ellos dejan continuamente de lado lo que necesitan con el objeto de complacer a los demás. Los Rebeldes suelen ser productivos y obtienen muchas cosas, pero lo tienen que hacer por sí mismos, y los demás se sienten rechazados por ellos.

En todos estos enfoques funcionamos desde una postura de escasez. Tememos no tener lo suficiente. Tememos no poder confiar en los demás. Tememos que los demás no estén allí cuando los necesitemos. Tememos no ser suficientemente valorados.

Afortunadamente, éstas no son las únicas opciones que tenemos. También hay una quinta opción: negociar como un Generador.

5. *Los Generadores* creen que hay más que suficiente para todos. Creen que, a pesar de las limitaciones del mundo y de las demás personas, pueden obtener más de lo que necesitan. Creen que, a pesar de las limitaciones, siguen teniendo más de lo suficiente. Confían en sí mismos y, por lo tanto, en los demás.

Los Generadores generan en el sentido de que su autoconfianza se convierte en una fuente de poder y energía intrínsecos. Se sienten poderosos debido a su autoaceptación. Porque creen que valen más que lo suficiente, actúan como si así fuera. Están menos a la defensiva y son más confiados. Esto, a su vez, invita a los demás a estar menos a la defensiva y a confiar más en ellos. Por ende, los Generadores no sólo se facultan a sí mismos, sino que dan también facilidades a los demás para que funcionen de manera más activa y eficaz.

Los Generadores creen que las personas no están ni equivocadas ni en lo cierto, no son ni buenas ni malas, sino que simplemente tienen necesidades. Creen que cada persona tiene derecho a lo que necesita y que hay más que suficiente para todos. Para obtener lo que desean, intentan negociar con otros para encontrar soluciones satisfactorias para las necesidades de cada persona.

Sólo comportándose en el nivel del Generador podremos ser realmente eficaces en la negociación. Sólo los Generadores obtienen lo que necesitan, a la vez que mantienen relaciones duraderas y satisfactorias.

Este enfoque es característico de los adultos maduros de más de treinta y cinco años.

Cómo actúan los generadores para obtener más

Los Generadores lo logran utilizando un enfoque denominado Negociación infalible. En la Negociación infalible, el objetivo no es ganar o "vencer" a la otra persona. El objetivo no es lograr una ventaja única como si no existiera el mañana. El objetivo es afrontar la realidad y partir de allí. El objetivo es comprender que las necesidades existentes anidan dentro de nosotros y dentro de los demás y encontrar soluciones creativas que respondan a todas las necesidades existentes. La postura en la Negociación infalible es comprender y realizar una búsqueda mutua.

Los negociadores infalibles son conscientes de que una parte esencial de su tarea consiste en comprender a los demás. Utilizan perspectivas múltiples, pensamiento a niveles múltiples para divisar todo el panorama y observar a través de su propio comportamiento y el de los demás.

El lema de los negociadores infalibles es que si ellos no pueden comprender a los demás y ayudarles a satisfacer sus necesidades, tampoco pueden esperar que otros los comprendan y los ayuden a satisfacer sus propias necesidades.

Como negociadores infalibles, reconocemos que lo que la otra persona necesita es tanto nuestro problema (y oportunidad) como el de ella, si deseamos obtener su cooperación. Como negociadores infalibles, intentamos evitar que el proceso de negociación se convierta en un juego o en una batalla competitiva. En lugar de ello, trabajamos para que el proceso sea cooperativo. En vez de establecer una situación para que todos planifiquen una estrategia con el objeto de vencer al otro, intentamos que todos se sienten del mismo lado de la mesa para trabajar en conjunto a fin de resolver necesidades mutuas y diferentes.

Coincidimos con los niveles de pensamiento de cada uno

Tendemos a coincidir inmediatamente con el nivel de pensamiento del otro. Si yo te empujo, tú tenderás a empujarme (Exigente). Si trato de manipularte, tú te volverás cauteloso y formularás una estrategia como respuesta (Tanteador). Y otras.

Podemos sentirnos absorbidos por los niveles de pensamiento

ineficaces de otra persona o bien podemos dirigirlos hacia niveles más productivos que nos conducirán a ambos a lo que deseamos. Podemos dejarnos absorber por un juego de culpas no productivo o podemos responder adecuadamente a otras personas de modo que se calmen y comiencen a ser responsables de su propio comportamiento.

La opción es nuestra. Comprender los diferentes niveles de pensamiento nos brindará más oportunidades de no dejarnos absorber por un comportamiento estéril.

El juego se llama opciones

A medida que evolucionamos por los distintos niveles de pensamiento, adquirimos más opciones para saber cómo lograr que los demás hagan lo que deseamos. Los Exigentes (como los niños pequeños) exigen o bien se van (van a dormir, se escapan). Los Tanteadores pueden hacerlo, pero también pueden utilizar estrategias infinitas. Los Conciliadores no sólo pueden hacer lo que hacen los Exigentes y los Tanteadores, sino que también pueden establecer relaciones de confianza, obligando a los demás a hacer lo que desean y usando un pensamiento lógico abstracto.

Lo importante es tener en cuenta que es sumamente ventajoso negociar desde la postura de Generadores. Desde este nivel, podemos hacer todo lo que los demás pueden hacer y mucho más. Podemos usar el pensamiento de perspectivas múltiples, podemos analizar el comportamiento del otro, podemos comprender a los demás sin perder nuestro sentido del yo, podemos lograr resultados sin ponernos a la defensiva.

Como Generadores, utilizaremos comportamientos de bajo nivel, no como una reacción de claudicar ante el otro sino porque un comportamiento en particular es la forma más adecuada de obtener lo que queremos. Podemos enfrentarnos agresivamente a alguien, no porque seamos Exigentes y estemos fuera de control desde el punto de vista emocional, sino porque teniendo en cuenta el panorama general y todas nuestras opciones, ELEGIMOS ser agresivos para lograr la atención del otro. Es una elección adecuada, no una reacción.

Negociando desde el estilo de pensamiento Generativo, no perdemos nada sino que disponemos de opciones.

Nuestro objetivo al negociar es mantenernos al máximo en el nivel Generativo.

3

PERFIL DEL EXIGENTE

Estilo de pensamiento	Episódico. Intermediario. Basado en fantasías.
Forma de relacionarse	Egocéntrica. Introvisión limitada de los demás.
Necesidad básica	Sobrevivir.
Emociones básicas	Ira. Terror. Confusión. Parálisis. Desinterés. Vacío.
Sentido del poder	Tamaño físico. Símbolos visibles.
Comportamiento	Compulsivo. Impulsivo. Agresivo. Retraído. Evita a los demás. Dilatador. Oculta. Bravucón. Presionador. Controlador. Exigente.
Creencias	La vida es amenazadora. Tengo que protegerme. Los que son mayores que yo me conocen más que yo a mí mismo. No puedo hacerlo. Si me alejo, no pueden hacerme nada. Tengo que usar la fuerza para obtener lo que deseo.
Estilo de negociación	Luchar o huir. Todo o nada. Agresión o repliegue y elusión.

3

LOS EXIGENTES: COMO LOGRAR LO QUE UNO DESEA POR LA FUERZA

Todos nos encontramos con Exigentes en nuestras negociaciones. En ocasiones, nosotros somos los que estamos en el nivel de pensamiento del Exigente. ¿Cómo saber cuándo uno mismo o la otra persona es un Exigente?

¿Alguna vez...

- participó en una discusión con alguien que no quiso reconocer su punto de vista?
- se sintió con ganas de escapar y esconderse de alguien?
- se sintió furioso?
- sintió que hablaba con una pared?
- creyó que alguien trataba de castigarlo?
- vio que alguien realizaba comentarios contradictorios y aun así no fue capaz de advertir la contradicción?
- se enfrentó con alguien y descubrió que desaparecía, diciendo: "No sé, tendré que pensarlo"?
- logró que alguien cogiera una rabieta?
- logró que alguien insistiera en tener la última palabra o en tener la razón?
- se sintió atacado?
- se sintió controlado por la fuerza?

- se sintió tremendamente aburrido por un charlatán compulsivo?
- tuvo que enfrentarse con alguien que no quisiera negociar con usted?
- fue amedrentado?
- supuso que alguien mayor que usted sabía más que usted?
- se sintió marginado y aturdido para protegerse?
- se sintió indefenso y desvalido?
- se sintió como si no tuviera ninguna opción?

Los Exigentes, ¿quiénes son?

Los Exigentes son como niños en edad preescolar que andan por el mundo en cuerpos de adultos, intentando al máximo obtener lo que necesitan. Para ellos, la vida es algo urgente. Temen perderlo todo. Por lo tanto, o son exigentes que intentan vencer a los demás sometiéndolos o huyen despavoridos en un intento por protegerse.

Se los puede encontrar en todos lados, entre los presidentes de las compañías, entre los obreros de las fábricas, entre los médicos, los afiliados a un sindicato, abogados, pintores, en cualquier lugar en donde haya gente.

Un ejemplo que se produjo en mi familia ilustra este estilo de pensamiento. Hace varios años, cuando mis cuatro hijos tenían entre cuatro y nueve años, me senté en la sala de nuestra casa de verano y los observé luchando agresivamente en la arena por una pelota de fútbol. De repente, de entre el embrollo de piernas y brazos, saltó la pelota. Mi hijo más pequeño, Nicholas, la cogió y salió corriendo por la playa, consciente de que su vida estaba en serio peligro.

Aproximadamente a los veinte metros de carrera, se encontró con un dólar, y olvidándose de que su vida estaba en peligro, se detuvo a cogerlo. ¡Pum! El ejército de chiquillos lo atrapó por detrás, aplastándolo contra la arena mientras corrían con la preciada pelota.

Nicholas se levantó como pudo, escupiendo arena por la boca, y se dirigió a la casa para obtener un abrazo de su única fuerza de poder: yo.

Esta escena caracteriza qué es la vida para una persona que está en el nivel del Exigente. La suposición indudable que tenían mis hijos a esa edad, y más adelante también, era que para obtener lo que querían, debían utilizar la fuerza. "Tienes que luchar por lo que quieres, si no, no lo conseguirás." En ese contexto, el poder equivalía al tamaño físico superior o a una mayor fuerza. El poder me fue investido, yo era el padre, como un símbolo visible de autoridad, que era más grande aún. (Ojalá ahora fuera así.)

La negociación sobre la pelota de fútbol no significó hablar de ello. El proceso de negociación se produjo de forma agresiva, luchando o corriendo por temor. Era una situación de "todo o nada". Ninguno de los muchachos era consciente de qué era lo que necesitaban o sentían los otros, ni les importaba demasiado.

El incidente de Nicholas con el dólar también fue una muestra característica de las capacidades limitadas de pensamiento del Exigente. Se distrajo fácilmente. Su pensamiento fue episódico, lo que significa que estaba totalmente centrado en el presente, en el estímulo inmediato que estaba frente a él. No estaba viendo el panorama general. No estaba pensando en el pasado (en el hecho de que sus hermanos lo estaban persiguiendo) y no estaba pensando en el futuro (en las consecuencias de detenerse para coger el dólar). Era un prisionero del presente.

Siendo un niño de edad preescolar, el proceso de pensamiento de Nicholas y sus consiguientes comportamientos eran típicos de su edad. Pero encontramos estos mismos comportamientos en adultos que se sienten sumamente presionados o en tensión, incluyendo los adictos al alcohol o a las drogas, al padre frustrado que le grita a sus hijos, al marido agobiado que sale de su casa dando un portazo, al ladrón armado, al inquilino delincuente que se niega a contestar cuando llaman a la puerta.

Los escenarios del Exigente

Con frecuencia encontramos ejemplos de comportamiento del tipo Exigente en las interacciones comerciales cotidianas. Consideremos los siguientes escenarios del Exigente:

Imagínese que es el abogado de una compañía y que está negociando contratos con los abogados de otra compañía. Las sesiones se prolongaron hasta una segunda reunión. Todos están cansados y un abogado de la otra parte repentinamente comienza a atacarlo personalmente poniendo en entredicho su competencia. Usted responde contraatacando.

Imagine un diseñador gráfico que amenaza con llevarse su trabajo a otra parte si la imprenta no le termina la tarea para el viernes.

Imagínese a usted mismo intentando que su socio comercial hable acerca de su enojo con usted. El no quiere decirle nada.

Imagine que le ofrecen un nuevo proyecto que es un reto y usted lo pospone porque tiene miedo de fracasar.

Imagínese hablando con su hijo adolescente acerca del trabajo que dejó sin terminar, y que él explota y lo acusa ofendiéndolo de mil maneras.

Imagínese realizando una presentación ante un grupo de cincuenta empresarios y que un hombre en el fondo del salón se levanta, lo señala con su dedo como el Tío Sam y grita: "¡Está equivocado! ¡Usted no sabe de qué está hablando!". (Este comportamiento, en particular, tiene una tendencia a aturdirlo y a que olvide lo que acaba de decir, lo que significa que él lo arrastró con éxito a un nivel Exigente junto con él.)

Qué hacen los Exigentes

El común denominador de cada una de estas situaciones es que una o ambas personas atacan o se repliegan por temor. Los comportamientos posibles para las personas que se encuentran en este nivel de pensamiento son:

Insistente
Escapan
Eluden
Se desconectan
Hacen tareas muy arduas
Tienen "berrinches"
Hablan compulsivamente
Evitan tomar decisiones
Tienen una sola forma de ver las cosas
Realizan manifestaciones contradictorias
Pensamiento "todo o nada"
Discuten
Dominan
Controlan
Exigen
Atacan
Reacción exagerada
No escuchan
Tienen la última palabra
Son cautos
Son invisibles
Son impulsivos
Son insistentes
Son ofensivos
Sueñan despiertos
Están a la deriva
Lo posponen todo
Se quedan sin palabras
Ocultan
Niegan
Demandan
Amenazan

¿Por qué las personas actúan de este modo? La respuesta reside en sus capacidades limitadas para pensar. Porque piensan como preescolares, actúan como preescolares. Tienen opciones muy limitadas para aprender algo de sus propias experiencias y para responder de manera eficaz.

Cómo piensan los Exigentes

Comprender cómo piensan los Exigentes es fundamental si va a protegerse de ellos o para poder atraerlos si se retraen. ¿Cómo saber qué ocurre dentro de la mente del Exigente? Le daré algunas pistas. Los Exigentes piensan:

1. *De forma episódica.* Viven atrapados en una serie de episodios no relacionados. No pueden ver todo el panorama ni cómo se relacionan las cosas entre sí. No comprenden la relación causa-efecto. No se dan cuenta de que sus gritos impiden la cooperación.

Por ejemplo, un gerente de división entra en su planta y ve que dos empleados a los que él les paga por horas están parados junto a una máquina de café, conversando. Al suponer que están perdiendo el tiempo y evitando trabajar, y sin saber si tienen o no una razón válida para seguir allí conversando, enojado le dice a su supervisor que los haga volver al trabajo y que reduzca su paga. También le ordena que se retire la máquina de café. Cuatro meses más tarde se sorprende al comprobar que existe una relación entre aquellas decisiones y una caída del veinte por ciento en la productividad de su departamento.

2. *De inmediato.* No pueden invertir la secuencia de sus pensamientos. Por lo tanto, son incapaces de decirle lo que expresaron cinco minutos antes. No pueden proyectar en el futuro para evaluar las consecuencias. Hacen enunciaciones contradictorias y son incapaces de identificar la contradicción. Son prisioneros del presente.

Por ejemplo, un vecino dice: "No pude coger su periódico porque no estuve en casa el viernes". Y cinco minutos después le acusa a usted de haber estacionado su automóvil frente a su acera el viernes.

Por ejemplo, un cliente encolerizado no puede comprender por qué no puede enviarle sus muebles el sábado y sigue exigiendo lo mismo. Luego de insistirle por tercera vez, usted le detiene y le pregunta: "¿Me podría repetir lo que acabo de decirle?". ¿Adivine qué? No tiene la menor idea.

3. *Inconsciente.* Reaccionan. No examinan alternativas de forma consciente. No podrán decirle qué es lo que piensan si usted se lo pregunta. Para ellos la vida es una secuencia de reacciones de reflejos rotulianos y no opciones conscientes.

4. *Basado en la fantasía.* Confunden la realidad con la fantasía. Lo que no pueden comprender, lo suplen con sus fantasías limitadas. Lo que no tiene sentido, lo fabrican y no pueden saber cuál es la diferencia. Creen en sus propias fantasías.

Por ejemplo, su proveedor miente obstinadamente acerca de por qué no realizó un proyecto y probablemente termine creyendo su propia mentira.

Por ejemplo, a un viajante se le pincha un neumático en un camino vecinal. Anochece y cuanto más camina para encontrar ayuda, más convencido está de que nadie querrá ayudarle. Finalmente, llega a una granja, pero cuando el granjero aparece en la puerta, el vendedor le grita: "¡Guárdese su maldito palo!".

5. *De forma proyectiva.* Carecen de toda capacidad de introvisión y empatía con los demás. Están limitados a su propia percepción y se confunden si alguien ve la misma situación de forma diferente. Son incapaces de experimentar el sentimiento o las necesidades o las percepciones de los demás, no tienen conciencia del efecto que su comportamiento tiene en los otros. Su mundo es el único existente.

Por ejemplo, cuando la discusión se torna violenta entre usted y su esposa y ella empieza a gritar que usted no la escucha, ella no se da cuenta de que sus propios gritos impiden que usted la escuche.

6. *De forma emocional.* Los Exigentes están, con frecuencia, controlados o abrumados por las emociones. La vida les parece urgente y apremiante. Perciben las situaciones en términos de todo o nada. Les cuesta esperar o ser pacientes. Son insistentes. Sus respuestas son, por lo general , infantiles e inapropiadas. Reaccionan de forma exagerada. Exigen, cuando una solicitud sería más eficaz.

Por ejemplo:

Yo dirigía un seminario, cuando uno de los participantes me interrumpió en medio de una oración. Con una voz enojada y exigente me dijo: "No quiero comprenderlo. Quiero saber cómo he de vencer a ése... cuando lo vea esta tarde".

Sus palabras estaban fuera de contexto y eran hostiles. Me confundieron. No tenía idea de quién era "ése" o de qué se trataba la reunión. Comencé a preguntarle, pero en medio de mi pregunta, me volvió a interrumpir, gritando: "Usted no me dice qué hacer. Yo quiero saber qué hacer".

A esas alturas ya no era uno solo el que tenía un pensamiento Exigente. Su segunda interrupción disparó algo en mí. Le contesté agresivamente: "Si se callara durante dos minutos, podría responderle". Fue necesario hacer un paréntesis en la reunión. Yo había perdido.

7. *De forma egocéntrica.* Los Exigentes experimentan sólo un sentido limitado del deber o de la responsabilidad. No pueden equilibrar sus propios intereses, necesidades y derechos con los intereses, necesidades y derechos de los demás. Sólo les importa su interés personal. Su lema es: "Que no te atrapen". Juzgan la seriedad de un acto por la gravedad de sus consecuencias. Todo funciona mientras puedan evitar que se los atrape y se los castigue. La pregunta básica que se hacen los Exigentes es si pueden salirse con la suya sin que nadie se percate.

Por ejemplo:

Al presidente de una compañía sólo le importan las quejas de los accionistas. El contratista dice: "Aunque no usemos materiales de primera calidad, nadie notará la diferencia". El ejecutivo cree: "Lo que ignoren no les hará daño a ellos... o a nosotros".

Qué es lo que intimida a un Exigente (El sentido del poder del Exigente)

Desde el punto de vista del Exigente, el poder reside en el tamaño físico y en símbolos visibles de autoridad. Los Exigentes suponen que las personas que son mayores que ellos tienen más poder y saben más.

Por ejemplo:

Los preescolares que están dentro de cada uno de nosotros suponen que nuestros hermanos y hermanas mayores saben más que nosotros. Cuando era niño, seguí a mi hermano mayor a través de muchos caminos sin salida. Sólo cuando teníamos aproximadamente cuarenta años comencé a tomarlo con una perspectiva realista. Pasamos una tarde en un bote de pesca hablando sobre inversiones y sobre cuánto dinero habíamos ganado y perdido. De pronto comprendí, para mi desilusión, que no lo sabía todo y cuando bajamos del bote, me sorprendió descubrir que en realidad era sólo 5 cm más alto que yo. Parte de mi pequeño Exigente había crecido.

Los Exigentes también suponen que las personas ataviadas con signos visibles de autoridad tienen más poder y saben más. Los policías con sus uniformes, los médicos con sus batas blancas, los ejecutivos con sus trajes de tres piezas, los líderes religiosos con sus ropas litúrgicas, todos éstos son símbolos de poder para el Exigente.

En qué creen los Exigentes

Puesto que tienen limitaciones en su capacidad de pensamiento, no debe sorprendernos que los Exigentes tengan limitaciones en la confianza en sí mismos y en los demás.

Básicamente, creen que la vida es una lucha por la supervivencia, que los demás son temerosos, que ellos mismos están desarraigados y que deben utilizar la fuerza para obtener lo que necesitan, o que deben escapar para protegerse.

Las siguientes son creencias normales existentes en las mentes de los Exigentes. (Por favor, téngase en cuenta que mientras estas creencias son el ímpetu que está por detrás del comportamiento de un Exigente, el individuo que está en esta etapa no es consciente de sus creencias.)

- No tengo ninguna opción.
- Nadie estará allí cuando lo necesite.
- Hay que doblarlos o romperlos para obtener lo que uno desea.
- Está bien hacerlo, siempre que no me atrapen.
- No puedo hacerlo.
- Debo ser exigente o herir a los demás para llamar su atención.
- Soy un fracaso, no tengo poder, soy indefenso...
- Sentir no es algo seguro.
- Nunca tendré lo que deseo o necesito.
- Toda ira es amenazante.
- Necesito ser invisible (ocultarme) para protegerme.
- No es seguro decir nada.
- Atrápelos antes de que lo atrapen a usted.
- Nadie se ocupa de mí.
- Nadie me comprende ni me cree.
- Si trato de sobresalir, me volverán a mi lugar.
- No entiendo qué ocurre.
- Existe una sola manera: la mía.

Si observamos la lista de creencias, algunos temas repetidos comienzan a surgir. He resumido estos temas comunes o características referidos a las necesidades de los Exigentes.

Los Exigentes necesitan:

- Evitar que los atrapen.
- Evitar los castigos.
- Evitar sentirse heridos.
- Sentirse protegidos.
- Sentirse seguros.
- Tener opciones.
- Ser tenidos en cuenta.
- Que no se los margine.
- Ganar o vencer a los demás.
- Evitar perder o ser vencidos.

Por qué usted no desea negociar desde una posición de Exigente

Cuando identifica sus creencias, emociones, comportamientos y necesidades de Exigente, usted sabe cuánto se han limitado sus capacidades de pensamiento. Usted sabe cuándo un hecho o una persona ha tocado alguno de sus temores de primera infancia. Usted sabe cuándo ha cedido su poder y es menos eficaz al negociar.

El reconocimiento de estos mismos elementos en los demás le dice cuándo está tratando con un niño en edad preescolar, sea cual fuere su edad cronológica o su apariencia. Si responde al comportamiento externo de otras personas, suponiendo que deberían actuar de forma diferente porque parecen adultos, saboteará sus negociaciones. *Cuando un individuo de cualquier edad funciona a partir de sus capacidades exigentes, usted está tratando con un niño, no con un adulto razonable.*

Reconocemos al Exigente en:

- El padre que obliga a su hijo a cumplir con su deber.
- El jefe que intimida a sus subordinados.
- El abogado que ataca la parte contraria durante la discusión de un contrato.
- El ataque de Israel al Líbano. La invasión soviética de Afganistán. La intervención de Estados Unidos de América en América central.
- El contratista cuyo comportamiento amenaza al inspector del edificio.

- El sindicalista que tiene un ataque de ira.
- El director de créditos que amenaza al cliente que no cumple.
- El socio que se niega a negociar.
- El miembro del consejo que siempre quiere tener razón y la última palabra.

Si está negociando desde una postura de Exigente, no podrá:

1. *Planificar su negociación*, reunir toda la información que necesita, identificar sus necesidades e intereses con precisión, organizar una serie de etapas estratégicas para tomar o crear soluciones alternativas.
2. *Ver todo el panorama* y cómo se relaciona cada elemento y cada persona, o sopesar la importancia relativa de cada elemento.
3. *Analizar el problema* separando sus elementos y definiendo sus causas.
4. *Pensar en forma deductiva o inductiva.*
5. *Pensar en forma coherente.*
6. *Comprender las percepciones de la otra persona* o sus comportamientos o necesidades y por qué adoptó su propia posición y no la de usted.
7. *Hacer que los otros se sientan comprendidos*, seguros, y que deseen cooperar.
8. *Adoptar una perspectiva objetiva*, de tercera persona, para observar el proceso que discurre entre usted y la otra persona y la calidad de su relación. Su conciencia se centrará en el tema circunstancial y no verá qué le impide obtener lo que desea. No podrá separar los temas del problema de los temas del proceso o de la relación y se saldrá de carril fácilmente.
9. *Evaluar adecuadamente el poder propio y el del otro.* Supondrá falsamente que los individuos que son más grandes que usted o que visten signos visibles de autoridad tienen más poder que usted.
10. *Mantener una autodisciplina.* Se sentirá controlado o abrumado por sus emociones. Se sentirá presionado e impaciente y actuará de forma impulsiva. Se sentirá regido por la fuerza emocional de las discusiones y en ocasiones reaccionará exageradamente y se comportará de forma inadecuada e irracional.

11. *Comprender la negociación* como una búsqueda de soluciones beneficiosas mutuas. Supondrá que negociar es sinónimo de ganar y de vencer a los demás. Su motivación básica en una negociación será evitar perder, ser vencido o perjudicado. La negociación será todo o nada, un tema de vencer o huir. Sus opciones de comportamiento se verán limitadas a forzar al otro (presionando, amenazando, exigiendo, siendo agresivo, atacando, etc.) o a escapar por temor (ocultarse, convertirse en un ser invisible, replegarse emocionalmente, evitar a los demás físicamente, poniendo la mente en blanco, posponiendo).

Si estos comportamientos no le agradan, aún tiene otras cuatro opciones. ¿Pero qué hará si alguien funciona desde la actitud de Exigente? Las opciones detalladas figuran en el siguiente capítulo.

4

COMO SACARLE EL PODER AL BRAVUCON

Negociar sería tarea sencilla si no tuviéramos que tratar con personas problemáticas, si todas fueran razonables y vieran las cosas a nuestro modo. No obstante, la realidad es que la mayor parte del tiempo tratamos con personas con problemas. Gran parte del tiempo negociamos con gente que externamente parece adulta, pero que interiormente piensa como un niño.

ESTILOS DE EXIGENTES: BRAVUCONES, ELUSIVOS, REPLEGADOS, DEMANDANTES E INTRANSIGENTES

1. *Bravucones*. Los Bravucones atacan física o verbalmente, utilizan amenazas, exigen o intentan por otros medios intimidar y presionar a los demás. Su enfoque básico es el del uso de la fuerza. Dicen cosas como:
   "¡Eso es totalmente estúpido!"
   "¿Y usted espera que yo responda eso?"
   "Si no lo hace, yo..."
   "¡Lo quiero, y lo quiero ahora!"
   "¡Más rápido!"
   "¡No puede hacer eso!"
   "¡Le conviene mejorar!"

A diario, leemos notas en la prensa sobre el comportamiento del Bravucón:

"Huelga de los conductores de autobuses"
"El hijo de Tutu encarcelado por insultar a la policía"

"Líder de Nigeria derribado"

"Avión de TWA secuestrado"

"Corporación expulsada de la Cámara por adquisición hostil"

Y no tenemos necesidad de leer los periódicos para encontrar Bravucones. Tienen formas de presentarse en nuestras vidas. Hace algunos años, uno de mis hijos tenía un entrenador de fútbol dominado por una gran necesidad de ganar y suponía que la mejor forma de mejorar el rendimiento atlético era reñir a los muchachos. También suponía que nadie tenía derecho a cuestionar su método de entrenamiento. Yo lo hice... apareció en la puerta de mi casa mostrando el mismo tipo de comportamiento bravucón. No podía escucharme cuando le hablaba en un tono normal de voz. Para obtener su atención, tuve que presentar una queja formal en su contra ante la junta directiva del club.

En otra ocasión, estaba representando a un cliente en la disolución de una sociedad. Mi cliente estaba cansado de luchar y deseaba retirarse. Su socio sabía eso y lo utilizó como un medio para renegar de un acuerdo previo y para exigirle 100.000 dólares adicionales.

En respuesta a ello:

La primera regla en la negociación con Bravucones consiste en conseguir su atención. Debe lograr un límite de consecuencias. Necesitan creer que si persisten en su actitud, usted originará consecuencias negativas que anularán los beneficios que esperan obtener. Por eso, fijar un límite y hacerlo explícito.

En ocasiones nuestro tono de voz es un límite suficiente. Cuando le digo: "No toleraré su intento de aprovecharse de mí" y lo estoy diciendo en serio, mis palabras y mi tono de voz pueden ser suficientes para obtener su atención. En otras ocasiones, el tono de voz no es suficiente y necesitamos emplear medidas más fuertes para lograrlo.

En el ejemplo anterior, al investigar un poco, encontramos dos medios. El primero, que descubrimos dos compradores potenciales para el negocio.

Al reunirnos de nuevo, ofrecimos comprarle su parte sobre la base de la misma fórmula que él solicitaba. Primero se negó. Luego sacamos de la manga nuestro segundo medio: los tres empleados principales que hacían funcionar el negocio habían acordado renunciar si él se negaba a un acuerdo razonable e iban a formar una compañía competidora financiada por mi cliente. A esas alturas, se comprometió a cumplir con nuestro acuerdo previo. Habíamos logrado su atención. Ese ejemplo también señala la importancia de contar con tantas alternativas como sea posible. *Su poder está en relación directa con cuantas alternativas tiene.*

2. *Elusivos.* Los elusivos se ocultarán físicamente o pospondrán las cosas, se esconderán o se negarán a negociar por temor a perder. Dirán cosas como:
   "Lo haré mañana."
   "No tenemos nada de qué hablar."
   "No tengo tiempo."
   "Ese no es mi problema."
   En respuesta a ello:

Al negociar con los Elusivos, debe identificar cuál es su temor y encontrar un modo de hacer que se sientan lo suficientemente seguros para que dejen de escaparse.

Mi amigo Rob tenía un gerente al que debía despedir. Luego de posponerlo por espacio de cuatro meses, sacó el tema una mañana durante el desayuno, diciendo que tenía muchos contratos en el futuro y que una persona nueva no podría ocuparse de ellos con suficiente celeridad.

Le sugerí hacer dos cosas. Una, hacer una lista detallada de todos sus requisitos de rendimiento y averiguar en una agencia de empleos lo difícil que sería encontrar un reemplazo. La segunda fue estimar cuáles fueron los errores del gerente que le habían ocasionado perjuicios a lo largo de los últimos seis meses.

Luego, Rob me contó otra de sus preocupaciones. Su gerente había trabado relaciones amistosas con varios de sus principales clientes. Temía que podría perjudicarlo si lo despedía. Mi respuesta: verificarlo.

Rob realizó las tres tareas que le encomendé y a las tres semanas encontró una persona que logró que su productividad aumentara en un treinta por ciento. Eso en cuanto a nuestros temores.

3. *Replegados.* Los Replegados se replegarán emocionalmente, se confundirán, enmudecerán y tendrán lagunas mentales o se paralizarán por el temor. Dirán cosas como:
   "No comprendo."
   "Eso no tiene sentido."
   "No lo sé."
   En respuesta a ello:

La respuesta adecuada para alguien que se repliega es casi la misma que para alguien que elude. Su objetivo es conseguir que la persona se sienta lo más segura posible para que no tenga que replegarse o confundirse.

Necesita preguntarse qué estaría haciendo usted para propiciar el temor de la otra persona. Quizá la esté oprimiendo con su tono de voz, sus preguntas persistentes, su posición en la organización, sus amenazas o su silencio.

Algunas respuestas verbales podrían ser:

"¿Qué es lo que la confunde?"

"¿Qué es lo que no sabe?"

"¿Qué necesita para clarificar esto?"

4. *Demandantes*. Los Demandantes intentarán impactar e intimidar su oposición planteando exigencias extremas.

"Tiene hasta las cinco de la tarde para cumplir con su tarea."

"Quiero 50.000 dólares por mi automóvil."

"Quiero que todo esté terminado al mediodía."

En respuesta a ello:

Al responder a los Demandantes, insista en los principios justos o invítelos a que expliquen cómo llegaron a su posición. Ambas estrategias se describen en la siguiente sección de este capítulo.

En respuesta a ello:

"¿Me podría decir cuáles son los criterios que lo llevaron a solicitar ese precio?"

"Quisiera responder a su solicitud pero necesitaré hacerlo de manera que también sea razonable para mí."

5. *Intransigentes*. Los Intransigentes tienen la idea del "todo o nada", "tómelo o déjelo".

"Esa es mi conclusión."

"Si no quiere, olvídelo."

"O concuerda conmigo en los cinco puntos o me voy."

"Tómelo o déjelo."

En respuesta a ello:

Sus posibles respuestas son ignorar sus expresiones, tomarse un respiro, emplear el silencio o insistir en los principios justos. Todo esto se describe más adelante.

QUE HACER CON ELLOS

Los comportamientos de los Exigentes suelen ser poco complicados y obvios. En consecuencia, ciertas respuestas tienden a funcionar eficazmente con la mayoría de los comportamientos de los Exigentes. A medida que nos adentramos en la descripción de los niveles superiores y más sofisticados de pensamiento, veremos que se necesitan respuestas más individualizadas.

Los ejemplos anteriores de respuestas son breves. Lo que sigue es una lista más desarrollada de respuestas útiles para contrarrestar los diversos tipos de comportamientos Exigentes antes descritos. Estas estrategias se llevarán a cabo muy eficazmente, si usted opera desde el estilo de pensamiento Generativo descrito en el capítulo 11.

1. Obtenga su atención

El primer paso al tratar con los Exigentes es obtener su atención. Hasta que obtenga su atención, pierde el tiempo. No ocurrirá nada constructivo hasta que lo haga.

Cuando recuerde las capacidades limitadas de empatía emocional de los Exigentes, comprenderá por qué es esencial en primer lugar obtener su atención. En esta etapa, para ellos usted no es una persona de carne y hueso. Simplemente es un objeto que debe ser eliminado, vencido o evitado. Los Exigentes, puesto que son egocéntricos, son prisioneros de sus propios cuerpos. *Quién es usted y qué necesita es algo inexistente para ellos.*

Los Exigentes no tienen la capacidad de comprender lo efectos de su comportamiento en usted. Ser pasivo o agresivo con ellos es poco productivo. Responderles con agresión los asustará aún más y les imposibilitará pensar. Se volverán más agresivos o más replegados. Responder de forma pasiva no logrará obtener la atención del Exigente y lo alentará a presionar, puesto que la agresión aparentemente funciona.

Ponerle la otra mejilla a un Exigente es como suicidarse.

En lugar de ello, necesita obtener su atención. Necesita sacarlos de su posición egocéntrica y hacerles saber que usted está negociando, que usted intenta que lo tomen en serio. Necesita hacerles sentir su presencia.

Obtendrá su atención fijando límites. La intención de fijar un límite no es castigar a la otra persona, sino sencillamente hacerle saber qué es lo que usted tolerará y qué no. *El objetivo es crear una consecuencia negativa que valga más que cualquier beneficio que obtengan de su comportamiento en ese momento.*

La forma de fijar un límite varía en cada situación. Usted necesita preguntarse qué es lo que permitirá obtener la atención de la otra persona, qué es lo que es importante para él. Puede hacerlo por medio de una acción física, gritándole, yéndose, iniciando un divorcio, iniciando una acción legal o diciéndole con voz firme y sosegada qué aceptará y qué no.

La clave para fijar un límite es que usted debe estar seguro de hacerlo. De no ser así, está malgastando su energía. La otra persona casi siempre sabe cuándo usted fija un límite en serio. Si usted cree en lo que hace, lo sabrán. Nadie cruza su frontera si usted está seguro de lo que hace.

El siguiente es un ejemplo de lo que denomino "Enfoque del cuchillo" para tratar con los Exigentes. Yo tenía una clienta que durante años fue maltratada por su marido. Por su parte, ella se quejaba y reñía con él. Cuando ya no la pudo aguantar más, logró que se saliera con la suya. Ella lo había amenazado durante años con abandonarlo, pero él sabía que ella no lo decía en serio.

Finalmente, una noche se decidió. Antes, él la había empujado. Esperó hasta que se fuera a dormir y luego fue a la cocina y buscó su cuchillo de acero inoxidable más afilado. Lo despertó y, con el cuchillo sobre su cabeza, le dijo: "Si vuelves a pegarme de nuevo, te mataré mientras duermas".

En esta oportunidad ella hablaba en serio y él le creyó. Aunque durante un tiempo tuvo algunos problemas para dormirse, se acabaron los malos tratos. La mujer obtuvo la atención de su marido creando una consecuencia (el cuchillo) y haciéndolo en serio. Lo dijo con voz apacible pero firme, no era un reproche lastimoso.

Pregúntese qué "cuchillo" debe usar, y cuando lo use, piense que lo va a hacer. De no ser así, estará reforzando el comportamiento que usted no desea. Si no piensa hacerlo en serio, no fije el límite. Y recuerde, si no fija el límite, nada cambiará.

2. Identifique explícitamente su comportamiento

El segundo paso, luego de obtener la atención de la otra persona, es identificar explícitamente el comportamiento e invitarla a hacer algo más constructivo. El hecho de identificar más explícitamente su comportamiento le ayudará a advertir lo que está haciendo y, con frecuencia, le quitará el poder. Esto es particularmente cierto si los demás están involucrados y el Exigente se siente avergonzado. Si, a estas alturas, se le sugieren otras opciones, se le ayudará a salvaguardar su imagen y permitirá que las negociaciones continúen. Por ejemplo:

"Sus repetidos ataques no nos aproximan a ningún acuerdo. Quisiera sugerirle que cada uno de nosotros intentemos explicar lo que necesitamos y que luego trabajemos juntos para idear algunas formas por medio de las cuales ambos obtengamos lo que queremos."

3. Ayúdelos a sentirse más seguros

Ayude a los Exigentes a sentirse más seguros para que puedan aumentar sus capacidades y adoptar comportamientos de mayor cooperación. Les ayudará a sentirse más seguros no colocándose a la defensiva sino tratando de comprender cuál es su comportamiento respecto de sus intereses y necesidades subyacentes.

"¿Se sentirá más cómodo si nos reuniéramos en su oficina?"

Responda a las necesidades de sus niños internos, no a las de su comportamiento externo.

"Puedo ver que se siente frustrado."

Escúchelos activamente para que se sientan comprendidos.

"Lo que le escucho decir es que..."

Ayúdelos a crear condiciones seguras preguntándoles qué necesitan.

"¿Qué necesita para poder quedarse aquí y que podamos hablar sobre esto?"

Encuéntrese en el territorio de ellos. Sea consciente de sus circunstancias y ante quiénes necesitan dar una buena impresión.

"Quiero que pueda volver a su departamento y sentirse orgulloso de lo que hemos logrado."

Por sobre todo, no responda a sus ataques. Recuerde: cuanto más agresivos son, más aterrado está su niño interno. Ayudar a los Bravucones a sentirse seguros es, habitualmente, lo último que desea hacer. Y eso es precisamente lo que necesita hacer para ponerlos a su nivel.

4. Insista en los principios justos

Los Bravucones, los Demandantes y los Intransigentes intentarán forzarlo a aceptar acuerdos ilógicos. Cuando esto ocurra, niéguese a negociar, salvo sobre la base de los principios justos. Niéguese a sentirse presionado. En lugar de ello, insista en los criterios de justicia para el proceso y para el acuerdo final. Al obtener firmemente su atención, acláreles que usted continuará negociando únicamente sobre esta base.

"Me niego a sentirme presionado a formar parte de un acuerdo. Sólo deseo continuar la negociación si podemos concordar en algunos procedimientos justos que ambos respetamos."

"Verifiquémoslo con otros proveedores y veamos cuánto cobran."

"El precio de catálogo de mi automóvil es 400 dólares mayor. Yo quiero vender automóviles, pero no deseo aceptar un precio injusto por el mío."

5. *Invítelos a que se expliquen*

Cuando la otra persona adopta posiciones extremas y formula exigencias extremas, pídale que le explique cómo llegó a esa posición. Indíquele que usted necesita comprender mejor sus necesidades subyacentes. Esta estrategia le devuelve la pelota para que se justifique y permite que le escuchen. Las exigencias que no pueden justificarse razonablemente pierden su fuerza.

"Para poder comprender sus exigencias, necesito saber más sobre cómo llegó a esa conclusión."

"Su precio es un poco más alto de lo que yo esperaba. Quiero pagar lo que corresponde por su trabajo. Explíqueme qué necesitará para finalizar el trabajo."

6. *Emplee el silencio*

El silencio puede llegar a ser una de sus estrategias más eficaces. Cuando la otra persona se muestra agresiva o poco razonable, no responda verbalmente. Sólo quédese sentado donde está y mírela con calma. El silencio no le permite luchar. El silencio denso comunica fuerza. La otra persona se sentirá incómoda con el poder de su silencio y probablemente intentará llenarlo, por lo general, dando pasos atrás y volviéndose más razonable. Usted no tiene nada que perder dejándola hablar en ese momento.

Una variante del empleo del silencio es levantarse e irse. "Deseo hablar sobre esto cuando usted esté dispuesto a dejar de atacarme. Hasta el momento, no tenemos nada de qué hablar."

7. Dé un paso al lado/ignórelos

El hecho de dar un paso al lado o de ignorarlos puede ser una respuesta eficaz a los ataques personales, a las exigencias extremas y al desafío "tómelo y déjelo". En lugar de responder de forma directa, actúe como si no lo oyera. Cambie el tema y/o déle otra perspectiva a la discusión sobre el problema subyacente o el conflicto.

Abogado de la compañía: "No puedo creer que le paguen honorarios profesionales".

Abogado oponente: "Creo que nos quedan cuatro temas por tratar. Veámoslos de una vez".

Proveedor de películas: "El precio es de 10.000 dólares por segmento. Tómelo o déjelo".

Gerente de producción: "Su tono de voz indica que está enojado. ¿Siente como si no hubiéramos sido justos anteriormente con usted?".

"¿Cuántos segmentos dijo que tenía?"

"¿Cuáles serían para usted los criterios justos para decidir cuál debe de ser el precio?"

8. No se ponga a la defensiva. Invítelos a que expongan sus críticas

Ponerse a la defensiva y justificar su posición o necesidades alientan a la otra parte a iniciar su ataque. Si se pone a la defensiva, sabrán que lo tienen atrapado. Invítelos a que expongan sus críticas o a expresarlas como un ataque sobre el problema que hay que resolver. Invítelos a explicarles cómo sus comentarios pueden ayudar a resolver el problema o el conflicto.

Editor de una revista: "Si usted estuviera comprometido con esta revista, habría estado aquí la semana pasada".

Director de Arte: (Respuesta defensiva) "No pude evitarlo. Estaba agotado y necesitaba tomarme unos días".

(Respuesta no defensiva): "Sé que está bajo una enorme presión y que la semana pasada fue muy dura. ¿Qué cree que necesitamos hacer para que en adelante no nos encontremos en este tipo de situaciones de urgencia extrema?".

9. Niéguese a ser castigado

Todos tenemos derecho a estar enojados de vez en cuando, pero nadie tiene derecho a castigarlo. Usted no merece ser castigado. Usted sabrá que lo están castigando cuando:

La otra persona continúa atacándolo.

La otra persona expresa su enojo pero se niega a decirle qué espera de su comportamiento como respuesta.

Niéguese a ser castigado. Fije un límite preguntándole a la otra persona qué desea de usted. Si su respuesta es: "No lo sé", infórmele que usted está dispuesto a continuar la discusión cuando lo sepa. Mientras tanto, usted no desea ser castigado.

10. Formule preguntas

Si realiza manifestaciones en las que expresa su posición, hará que la otra persona se ponga a la defensiva. En lugar de ello, formúlele preguntas. Al formular preguntas no les entrega un objeto para atacar y, en cambio, los invita a justificar su posición o a airear sus sentimientos. El hecho de realizar preguntas le permite obtener más información sobre la otra parte.

Si formula preguntas, que comiencen con el término "qué", en lugar de "por qué". Las preguntas del tipo "qué" propician las respuestas verdaderas. Los "por qué", por lo general, son juicios solapados que ponen a la otra parte a la defensiva. Escuche si desea que la otra persona se sienta culpable o si realmente desea que le dé información. Los "qué" permitirán que prosiga la negociación. Los "por qué" lo conducirán a posiciones de lucha.

(Atacando) "¿Por qué pensó que podía hacer eso?"

(Buscando información) "¿Cuál fue su motivo para hacer eso?"

(Atacando): "¿Por qué hizo eso?"

(Buscando información) "¿Qué suposiciones hay detrás de sus actos?"

11. Señale las consecuencias

Cuando la otra persona se niega a pactar un arreglo razonable, señale las consecuencias si no logran llegar a un acuerdo. Trate de presentarlo como una enunciación de "consecuencias inevitables" y no como una amenaza.

"Lo cierto es que si nuestra empresa vuelve a sufrir pérdidas en el cuarto trimestre debido a una huelga, no tendremos más remedio que despedir a quinientos empleados."

RESUMEN

En este capítulo hemos visto algunos patrones de comportamiento normales y una serie de opciones para responder a ellos. No olvide obtener la atención del Exigente antes de que algo constructivo pueda ocurrir. Y recuerde: cuanto más grande sea el bravucón, más asustado está el niño que anida en su interior. No deje que los bravucones lo engañen. Si realmente fueran tan fuertes, actuarían desde una postura de poder reposado y no tratando de atropellarlo.

5

PERFIL DEL TANTEADOR

Estilo de pensamiento	Concreto. Lógico. Literal. Específico respecto de la información.
Forma de relacionarse	Utilitaria. Desconfiada.
Necesidades básicas	Una participación justa.
Emociones clave	Resentimiento. Se sienten engañados o cautelosos.
Sentido del poder	Ser inteligentes o descriptivos. Estar cerca de gente influyente.
Comportamiento	Realiza comparaciones. Lleva las puntuaciones. Seductor. Culpa a los demás. Replegado. Malhumorado. Mentiroso. Agresivo-pasivo, competitivo o manipulador.
Creencias	Alguien me debe algo. Todos quieren llenarse sus propios bolsillos. La vida es injusta. Nunca muestres todas tus cartas. No es mi culpa. Nunca tengo suerte.
Estilo de negociación	Formula estrategias. Regatea. Convence con la lógica. Hace trampas. Cede un 50/50.

5

TANTEADORES: COMO LOGRAR LO QUE UNO DESEA A TRAVES DE LA MANIPULACION

Ya hemos visto que los Exigentes adultos suponen que tienen dos opciones para obtener lo que quieren de los demás: o lo exigen o se ocultan por temor.

Los Tanteadores tienen capacidades más desarrolladas para pensar y, por ende, disponen de más opciones para obtener lo que desean. Además de exigir y replegarse, también emplean un amplio arsenal de estrategias de manipulación.

Usted conoce a los Tanteadores. Son como niños de escuela primaria que caminan en cuerpos de adulto intentando lo que sea para obtener lo que desean de los demás. Básicamente, temen no obtener todo lo que necesitan. Temen ser engañados o no obtener una participación justa. Como resultado de ello, constantemente intentan obtener más de lo suficiente a través de un comportamiento engañoso.

Para los Tanteadores, la vida es un plato de galletitas de chocolate que deben comerse antes de que lo hagan los demás. Por lo tanto, tratan de guardar su puntuación y planifican sus estrategias para manipular a los demás. Los Tanteadores no se preocupan demasiado por si los demás obtienen lo que necesitan, sino que están fundamentalmente preocupados en asegurarse de que ellos obtienen lo que desean. Los lemas de los Tanteadores son: "Lo que es bueno para mí es bueno para todos". "Si te gusta, hazlo" y "Tengo que obtener lo que me corresponde".

COMO RECONOCER A UN TANTEADOR

¿Cómo saber cuándo está tratando con un Tanteador? Bien, ¿alguna vez...

- le dijo a su hijo de diez años que limpiara la sala y las escaleras y comprobó que no se le ocurrió limpiar el sector intermedio?
- le dijo a su personal de servicio que organizara la ropa blanca y luego la encontró en pilas prolijas, pero aún no sabe dónde encontrar las sábanas de dos plazas o de una plaza, las sábanas ajustables o las comunes?
- se sintió frustrado cuando un empleado no hizo el trabajo que usted le ordenó hacer y murmuró por lo bajo: "Por qué no lo pensó él mismo"?
- participó en una pelea con alguien que tomó todo lo que usted dijo al pie de la letra y omitió el verdadero significado de su mensaje?
- se sintió como si siempre tuviera que hacer más de lo que le corresponde?
- contó cuántos paquetes había para usted en el árbol de Navidad?
- pensó que usted gastaba más en el regalo para determinada persona que lo que ella gastaba en el suyo?
- se enfrentó con un empleado por su rendimiento y él o ella le respondió que era injusto porque usted no había regañado a otros empleados por el mismo comportamiento?
- sintió que alguien quería engañarlo o tenderle una trampa?
- sintió que alguien era agradable con usted porque tenía un interés oculto?
- intentó pensar de forma solapada en vengarse de alguien?
- utilizó la lógica para intentar convencer a alguien de que usted tenía razón y el otro no?
- simuló no comprender?
- mintió para obtener lo que quería de alguien?
- planeó cómo sacar provecho de otra persona?
- se mostró angustiado, malhumorado, se olvidó de algo, se enfermó o intentó otro comportamiento agresivo-pasivo para obtener lo que deseaba?
- se quejó de que la vida no es justa porque otros obtienen más que usted?
- se sintió resentido cuando alguien lo criticó?

- conoció a alguien que siempre tuvo una excusa para su comportamiento, que señalaba hacia otro lado, que le encantaba jugar al Juego de las Culpas?

Si ha respondido afirmativamente a alguna de estas preguntas, usted ha tratado con un Tanteador o usted mismo es uno de ellos.

LOS ESCENARIOS DE LOS TANTEADORES

Los siguientes escenarios le ilustrarán acerca de las situaciones en las que se mueven los Tanteadores:

Imagínese dos equipos de negociación integrado cada uno, respectivamente, por sindicalistas y directores sentados frente a una mesa. Son cordiales unos con otros, pero detrás de sus sonrisas se esconde el ánimo de medir a la otra parte. Los miembros del equipo de dirección saben que hay algún tipo de disenso en el seno de la oposición y se preguntan cómo podrán utilizarlo como brecha para dividir y conquistar al sindicato. Los miembros del sindicato saben que la última vez que se reunieron hicieron demasiadas concesiones debido a la depresión económica. Están dispuestos a restaurar el poder del sindicato y la autoridad de la organización.

Imagínese yendo a comprar un automóvil nuevo. Usted no sabe mucho sobre compra de automóviles y se siente un poco cohibido. Por cierto, no confía en los vendedores de coches. Se pregunta qué tipo de argucia utilizará el vendedor con usted. No confía en sus modales extremadamente amables.

Imagine que es un ejecutivo de una firma publicitaria. Su cliente quiere que rebaje los costos del presupuesto y que se comprometa a tener lista la campaña en cuatro semanas. Usted podría cumplir con ambas demandas y, aun así, lograr una rentabilidad razonable, pero usted piensa que si se mantiene firme, él cederá.

Imagínese en un tribunal observando cómo un abogado defensor atosiga a un testigo con preguntas, con la esperanza de confundirlo para que se contradiga.

Imagínese como un supervisor que regaña a un empleado por llegar tarde constantemente al trabajo. Usted supone que el empleado está resentido por la revisión de funciones que le expresó anteriormente y que se venga agresiva y pasivamente llegando tarde. El empleado lo niega y dice que no es culpa de él llegar tarde.

Todas estas situaciones tienen algo en común. En todas ellas, las personas no confían unas en otras. Suponen que tienen que cuidarse y ser más inteligentes que el otro. ¿Qué hace que los Tanteadores sean manipuladores para obtener lo que desean? ¿Por qué creen que deben formular estrategias y ser solapados y regatear? ¿Por qué comparan lo que tienen con lo que otros tienen? La respuesta reside en el nivel de pensamiento.

EL PENSAMIENTO LITERAL DE LOS TANTEADORES

A diferencia de los Exigentes, los Tanteadores pueden pensar de forma racional. Tienen la capacidad de ser lógicos y consecuentes, pero con una condición: necesitan datos concretos, específicos, sensoriales. Necesitan contar con todas las piezas en el tablero. Luego, pueden planificar una secuencia de pasos para resolver un problema o completar una tarea. Pueden pensar de forma lógica si los objetos o personas son visibles en forma concreta. Su lógica no es una lógica de objetos, ni de teorías acerca de los objetos. No tienen la capacidad del pensamiento abstracto. Piensan y escuchan de forma literal.

Una vez, cuando mis hijos era pequeños, les dije que limpiaran el garaje y me ocupé en hacer otra cosa. Cuando más tarde fui a ver qué hacían, no estaban cumpliendo con lo que les había pedido. Según mi opinión, se ocupaban en fruslerías. Pero en realidad, no tenían la capacidad de descubrir cómo hacer el trabajo. Necesitaban instrucciones concretas y específicas.

Les dije que había cuatro categorías de objetos en el garaje: recambios de bicicletas, equipo para el césped, equipo deportivo y utensilios de limpieza. Quería que lo sacaran todo del garaje y que lo barrieran. Luego les dije dónde debían colocar cada grupo de objetos. Cuando les instruí sobre las categorías de los objetos y sobre los pasos que debían dar, pudieron hacer la tarea.

Poco después, mi hijo mayor, Andy, desarrolló la capacidad de pensar en forma abstracta, que es la siguiente etapa del pensamiento. Cuando les decía a los muchachos que limpiaran el garaje, Andy planificaba todo el proceso en su mente desde la puerta y luego les asignaba las tareas a los demás y se iba a pasear en bicicleta.

¡Existen ventajas en el desarrollo de niveles más elevados del pensamiento!

Encontramos este mismo tipo de pensamiento literal en el ámbito comercial, cuando asignamos una tarea a un empleado y luego descubrimos que no la realizó como esperábamos. Lo cierto es que los Tanteadores no sirven para leer la mente y llenar los espacios en blanco.

Como lo ilustran estos ejemplos, los Tanteadores suelen tener un pensamiento literal. Interpretan las reglamentaciones, las creencias y las instrucciones de forma literal. Entenderán literalmente lo que usted les dice en lugar de escuchar el significado de su mensaje.

Un ejemplo es el del director de ventas que intenta que usted le dé el pago extra que le prometió, pero que es incapaz de considerar las otras circunstancias importantes de la cuestión: el porcentaje de rentabilidad de la compañía. El hecho de que el mercado estuviera deprimido y que el equipo de ventas no tuviera un rendimiento muy feliz, para él no cuenta.

En una negociación, los Tanteadores esperan que el otro pruebe sus hechos y cifras. Existen mayores probabilidades de convencerlos mediante argumentos concretos y lógicos que a través de la persuasión emocional.

Esto ocurrió en una negociación con embarcadores sudamericanos. El objetivo de la reunión era llegar a un acuerdo acerca de los ajustes debido a los productos deteriorados. El estilo de negociación del embarcador era el de una conmoción altamente emocional. Suponían que podían obtener más concesiones de mi cliente respondiendo en forma dramática. Cada tema de la lista de ajustes era una afrenta personal. A su vez, contaban con una larga lista de quejas e intentaban que los miembros de nuestro equipo de negociación se pelearan entre sí. La única respuesta eficaz a su melodrama fue preguntarles repetidamente cuáles eran sus datos reales y presentarles nuestros datos financieros y de inspección de puertos. Afortunadamente, mi cliente contaba con pruebas bien fundamentadas.

A diferencia de los Exigentes, los Tanteadores comprenden perfectamente la perspectiva de la otra persona, si dicha perspectiva se relaciona directamente con su propia experiencia e interés. En esto, vemos los indicios de una capacidad para la empatía. No obstante, los Tanteadores no comprenden la perspectiva de las personas que perciben de modo diferente de ellos. Así, en las secciones con los sudamericanos, tuve cautela en comenzar mis quejas con la frase: "Ambos sabemos qué significa tratar con...".

El personal de ventas comprenderá las perspectivas y necesidades de cada uno, pero puede resultarle difícil entender las posturas del departamento de producción. Todos los sindicalistas se comprenden entre sí, pero no comprenden la forma de pensar de la dirección.

Es probable que los Tanteadores no tengan mucha empatía para comprender a los que son diferentes de ellos. Aprendieron a ser más disciplinados y a ocultar sus sentimientos cuando sirve a sus objetivos. Si están enojados, buscarán formas solapadas o agresivas y pasivas para hacérselo saber. Saben cómo engañar y mentir. Saben el valor de una cara de jugador de póquer. Saben cómo ser resentidos.

Emociones comunes de los Tanteadores:

Resentimiento
Sentimiento de engaño
Sentimiento de rechazo
Cautela
Precaución
Falaz
Desconfiado
Sentimiento de competencia
Miedo a perder algo
Sentimiento de no sentirse lo suficientemente valiosos
Evasivos o seductores
Temor a no tener una participación justa
Sentimiento de que se aprovechan de él
Miedo a no cumplir con lo que se espera de él

COMO SE COMPORTAN LOS TANTEADORES

Dado su estilo literal de pensamiento y su temor de no obtener lo suficiente, los Tanteadores emplean un espectro de comportamientos manipuladores activos y pasivos para obtener lo que desean. Su método de negociación es realizar estrategias, hacer trampas, regatear y transigir. El comportamiento de los Tanteadores es común en la vida política y en el ámbito comercial. De hecho, un alto porcentaje de transacciones comerciales probablemente se llevan a cabo en los niveles de los Tanteadores. Los comportamientos favoritos de los Tanteadores incluyen:

Planificar estrategias
Ser inteligentes
Ser esquivos
Actuar confundiendo
Ser persuasivos
Ser un rebelde solapado
Ser dramáticos
Hacerse los mártires
Desgastar al otro con argumentos
Compararse con los demás
Esperar y llevar los tantos
Ser seductores desde el aspecto sexual
Hacerse los tontos
Negar
Mentir

Jugar a ser un desvalido
Ser encantadores
Regatear
Replegarse
Ser codiciosos
Tener agendas ocultas
Autosabotearse
Llegar tarde
Excusarse
Estar en guardia
Jugar a "pobrecito yo"
Suspirar
Retener información
Tener berrinches
Trabajar duro y luego reducir el ritmo
Jugar al "alboroto"
Poner a la gente en contra entre sí
Probar hasta cuánto se puede obtener
Culpar a los demás
Jugar a haber sido ofendido
Convencer con la lógica
Ser resistente pasivamente
Ser pasivamente agresivos
Enfermarse
Lloriquear
Simular
Hacer favores
Utilizar el tratamiento del silencio
Ceder en "Juego limpio" del 50/50
Cambiar favores por otros

YO TE RASCO LA ESPALDA Y TU ME RASCAS LA MIA

Los Tanteadores consideran a los demás en relación con ellos mismos. No miran a los otros como si tuvieran valores diferentes de los suyos. Las relaciones de los Tanteadores se basan en el intercambio mutuo o en la reciprocidad. Para ellos, las relaciones son interesadas. Los otros sólo son importantes en cuanto a qué les pueden brindar o evitar obtener.

Insistiendo en el ejemplo de los embarcadores sudamericanos, no existía ninguna confianza real ni lealtad o compromiso mutuo entre ellos y mi cliente. Mi cliente sólo era importante para ellos porque no habían encontrado un trato más ventajoso. El trato en sí sólo había sido bueno en la temporada anterior.

Los Tanteadores advierten que los otros tienen necesidades e intereses diferentes de los suyos y suponen que los demás son como ellos: intentan obtener cuanto pueden de los demás. Los Tanteadores utilizarán engaños para lograr que los demás cooperen con ellos. Si su comportamiento engañoso no funciona, están preparados para responder con un artículo o servicio de igual valor.

Otro lema del Tanteador es: "Te persuadiré engañosamente, si puedo. Si no funciona, te haré un favor o me lo harás tú". De modo que si sus estrategias no funcionan en una negociación, recurrirán al regateo y a la transigencia, siempre que sea una transigencia del

50/50. Si pueden obtenerlo, se llevarán el ciento por ciento, pero no cederán por el 49 por ciento.

Los embarcadores sudamericanos nunca esperaron que se atendieran sus quejas dramáticas. Pero a su modo de ver, tenían que comenzar de ese modo para luego poder regatear.

La moral de un Tanteador se basa en la suposición de que todos desean llevarse algo al bolsillo. No se interesan particularmente en que los demás obtengan o no lo que desean. Los sudamericanos querían obtener todo lo que pudieran de la negociación y suponían que mi cliente pensaba como ellos. Debido a que son más conscientes y por lo tanto más eficaces, los Tanteadores son aún más egocéntricos que los Exigentes. Es una actitud muy común entre la gente de negocios.

Como resultado de ello, los Tanteadores tienen un exagerado sentido de justicia o paranoia. Siempre temen ser engañados y no obtener lo que les corresponde por justicia. Llevan la cuenta. Siempre están mirando su flanco izquierdo para asegurarse de que nadie quiera aprovecharse de ellos.

Cualquier persona que tenga niños en edad de escolaridad primaria ha tenido que soportar su recuento constante:

> "El primer turno me corresponde a mí"
>
> "Si a ella le dan tres, a mí también me corresponden tres".
>
> "Tiene que sentarse del lado de la ventanilla en el camino a la tienda".

Hace años, aprendí que no hay ventanas suficientes en una camioneta para que dos niños sientan que se los ha tratado con justicia.

Con frecuencia, funcionamos del mismo modo en nuestras relaciones de adultos. ¿Alguna vez se dijo a sí mismo: Cómo es que soy el único que siempre

> ...saca la basura?
> ...llena las cubeteras?
> ...renueva el rollo de papel higiénico?
> ...toma la iniciativa al hacer el amor?
> ...tiene que despertarse con los niños?
> ...planifica nuestras actividades sociales?
> ...tiene que trabajar tanto?

Si es así, usted sabe que su relación amorosa se ha convertido en un asunto de llevar la cuenta.

Observamos el mismo tipo de resentimiento y paranoia en el ámbito comercial. Los Tanteadores suman sus ofensas y emplean el resentimiento para justificar las prácticas comerciales engañosas. Recuerdo a un asesor financiero que me contó que iba a abandonar su compañía porque su jefe no había cumplido con sus promesas. A medida que escuchaba su lista de ejemplos, me preguntaba por qué había tolerado tanto maltrato durante tanto tiempo.

Dos semanas más tarde, lo descubrí. Detecté que había otro aspecto en sus quejas. También descubrí que había intentado hacer una serie de cosas a escondidas de su jefe y robarle varios clientes importantes para establecerse por su cuenta. Los Tanteadores son buenos para engañarse a sí mismos con el objeto de justificar su comportamiento mentiroso.

QUE SE DICEN LOS TANTEADORES A SI MISMOS

Algunas de las creencias comunes que subyacen a las relaciones de los Tanteadores son:

- Alguien me debe algo.
- ¿Cómo puede ser que siempre sea yo el que tiene que...?
- La vida es injusta.
- No obtuve mi parte.
- Es mi turno.
- Todos buscan su propia ventaja.
- Hágaselo a ellos antes de que ellos se lo hagan a usted.
- No es seguro ser transparente.
- La caridad bien entendida empieza por uno mismo.
- Yo no me enojo, sino que tengo razón.
- No tuve la culpa.
- Se obtiene más por ser inteligente que por ser honesto.
- Si les hago un favor, me deberán una.

EL PODER DEL TANTEADOR

Para los Tanteadores, el poder reside en reunirse con personas influyentes. En otras palabras, si usted puede darme lo que deseo, es importante para mí. Seré agradable con usted y lo llevaré a almorzar si es que necesito un favor comercial de su parte o si necesito que esté de mi parte en una disputa.

El poder de un Tanteador en una negociación reside también en ser inteligente y en conocer mejores estrategias que su oponente.

Cuando asiste a un seminario sobre negociación, el Tanteador se interesa fundamentalmente por aprender estrategias específicas y más trucos sucios eficaces, de modo de "no dejar más que el dinero necesario sobre la mesa".

Puesto que cree que todos están en el mundo para molestarlo, tiene que ser más astuto que el otro para obtener su ración de galletitas. En el mundo de los negocios, a esto se lo denomina "ganar la competencia en un mercado difícil". Del mismo modo, los Tanteadores suelen desconfiar de las personas con autoridad, puesto que suponen que las figuras con autoridad utilizan su posición para llenarse los bolsillos.

SUGERENCIAS PARA NEGOCIAR DESDE UNA POSICION DE TANTEADOR

Las sugerencias para negociar desde una posición de Tanteador conllevan buenas noticias (en comparación con los Exigentes) y malas noticias. La buena noticia es que por sus capacidades acrecentadas, los Tanteadores cuentan con más opciones de comportamiento en una situación de negociación. Y si son buenos para formular estrategias, pueden salir airosos desde el punto de vista financiero.

La mala noticia es que sus opciones aún son muy limitadas y, a la larga, no son muy eficaces. Los Tanteadores pueden ganar escaramuzas, pero no tienen mucha oportunidad de lograr un acuerdo pacífico. Pueden hacer mejor su tarea resolviendo más problemas que los Exigentes, pero son funestos en la construcción de relaciones perennes productivas porque no confían en nadie y nadie confía en ellos. En estas circunstancias, es difícil construir relaciones duraderas y satisfactorias.

Pero la peor ironía de los Tanteadores es que, si bien pueden acumular gran riqueza, no pueden descansar y disfrutarla. Siempre tienen que estar observando sus flancos, temerosos de que alguien trate de sacarles ventaja. Cuanto más adquieren, más "tienen" por defender. Se vuelven más paranoicos y sus posesiones terminan por poseerlos a ellos. Algunas referencias específicas:

1. Como Tanteador, podrá pensar de manera coherente, lógica y ordenada. Podrá planificar sus negociaciones: reunir información específica y analizar el problema. Tendrá alguna idea de las causas y podrá seguir la pista de la negociación con mayor facilidad que el Exigente. No obstante, su pensamiento tenderá a estar limitado a

planificar la mejor estrategia para no dejar demasiado sobre la mesa la próxima vez.

2. Será más disciplinado que un Exigente y tendrá mayor capacidad de controlar sus emociones. Su comportamiento será más adecuado y será menos obvio en su autoprotección. En lugar de explotar cuando se enoje, será lógico y tratará de convencer a la otra persona de que está equivocada, o le administrará el tratamiento del silencio. Conocerá el valor de una cara de jugador de póquer. Sabrá cómo retener información que pueda ser utilizada en su contra.

3. Tendrá un pensamiento literal. Por ello, en ocasiones interpretará erróneamente el significado del comportamiento de la otra persona y no comprenderá el punto central que está intentando transmitirle. El silencio de la otra parte no siempre significa que estén planificando estrategias en su contra. La nueva programación de la reunión no significa necesariamente que estén tratando de ganar tiempo.

4. No podrá comprender los principios y valores subyacentes, si éstos son abstractos. Para un Tanteador la "justicia" significa que ellos obtengan tres si usted obtiene tres. Tal vez no comprenda el valor relativo o a largo plazo de un término contractual.

5. No podrá desprenderse de su experiencia y reflejarlo. No podrá entender la perspectiva de un tercero, ser consciente de otro proceso que se produzca en el mismo momento en que usted está negociando. Por lo tanto, quizá no pueda apreciar que ambos están simplemente señalándose el uno al otro. Quizá no pueda apreciar que mientras ambos esperan que la otra parte admita que tiene toda la culpa, deba esperar mucho tiempo.

6. Estará tan ocupado planificando su defensa que no podrá escuchar atentamente a la otra persona. Por ende, tenderá a percibir inadecuadamente sus necesidades y las soluciones lógicas que satisfarían las necesidades de las dos partes.

Un ejemplo:

César y Mike son socios de una compañía de transporte. César es el tipo creativo, emprendedor, arriesgado, que no quiere ser limitado. Como resultado de ello, repetidamente ha llevado a la empresa al límite de sus finanzas por realizar adquisiciones no planificadas y gastos de capital. Su modelo de acción consiste en actuar y hacérselo saber luego a los demás.

Mike, el ejecutivo financiero de la compañía, es más metódico y desea un crecimiento más controlado de la empresa. Entre ellos se ha generado resentimiento y desconfianza debido al método de César de comprar ahora y contarlo después.

El conflicto volvió a surgir cuando se planteó la compra de veinte nuevos camiones con plataforma para satisfacer las necesidades especiales de un cliente nuevo. Cada uno de ellos estaba tan ocupado justificando su posición que no lograron ver la solución obvia: modificar algunos de sus camiones refrigerados, que no se estaban utilizando, con nuevos soportes. Afortunadamente, su mecánico en jefe pudo interceder con esta solución antes de que perdieran al cliente.

7. Tendrá tendencia a la paranoia, a suponer falsamente que todos están a la espera de obtener su propio beneficio. A resultas de ello, pondrá a los demás en actitud competitiva y a que desconfíen de usted. Logrará que ellos lo engañen, que usen todos sus juegos sucios. Los aliados potenciales se convertirán en antagonistas.

Algunos ejemplos:

Alice, una empleada de la sección de pagos, estaba segura de que su nuevo supervisor quería sacársela de encima. Por ello, Alice negaba su responsabilidad en los errores cometidos e intentaba echar la culpa a otros. Estos comportamientos hicieron que el nuevo supervisor desconfiara de ella y la pusiera a prueba.

Sam estaba seguro de que otro vendedor quería sus cuentas y que intentaba hacerle quedar mal ante al director de ventas. Entonces, Sam comenzó a ocultar información y a realizar comentarios despectivos sobre el otro vendedor. Cuando el otro vendedor se enteró del comportamiento de Sam, comenzó a vengarse. El conflicto competitivo entre ellos se volvió tan intenso que el director de ventas decidió que uno de los dos debía irse. Sam fue despedido. Había ocasionado lo que más temía.

8. Se limitará a tener una actitud lúdica o a encontrar soluciones en que ninguna de las partes obtendrá lo que desea. No podrá crear soluciones nuevas e innovadoras.

9. En lugar de entender la negociación como una búsqueda mutua de soluciones, la considerará una batalla competitiva en la que realizará maniobras para vencer a su oponente. Su motivación básica será evitar ser engañado o que se aprovechen de él, en lugar de resolver problemas para la satisfacción mutua de ambas partes. Y supondrá falsamente que su mayor poder reside en ser más inteligente.

Operar desde la actitud del Tanteador es el enfoque tradicional de negociación. Cuando las personas hablan de la negociación, por lo general piensan en términos de realizar estrategias, hacer juegos sucios, regatear y transigir. El término más utilizado para la negociación formal con sindicatos, "regateo colectivo", refleja esta actitud. Sin embargo, las limitaciones del Tanteador son superiores a sus ventajas. Los Tanteadores no saben cómo tratar con los negociadores infalibles hábiles.

¿Cómo se puede negociar con éxito con un Tanteador? Las opciones detalladas en el siguiente capítulo le brindarán la información que necesita.

6

COMO VENCER A LOS TANTEADORES EN SU PROPIO JUEGO

Los Tanteadores se presentan en una gran variedad de colores, formas y tamaños. Lo que tienen todos en común es el engaño y el juntar tantos para asegurarse de no ser timados. Están ocupados en obtener su mejor ventaja y suponen que los demás hacen lo mismo. Planean sus estrategias, utilizan todo tipo de manipulación eficaz y son agresivos activa o pasivamente. Cuando todo lo demás fracasa, regatean y transigen (siempre que puedan lograr un trato justo, transigir en un 50/50).

Básicamente, los Tanteadores hacen lo que hacen porque no confían. No confían en que los demás los tratarán con justicia. No confían en que los demás cooperarán con ellos. No confían en que los demás les darán aquello que desean si lo piden abiertamente. Creen que deben mentir.

La estrategia básica para negociar con los Tanteadores es negociar el proceso (las reglas del juego, cómo va a negociar uno con otro) y los criterios (cuáles serán las normas para el acuerdo) antes de hablar acerca de los contenidos específicos.

Esto es importante por dos razones. La primera es que usted desea que no se salgan de los procesos y las normas justas antes de comenzar, para que no cambien las reglas y la línea final durante la negociación.

La segunda razón es que al establecer el proceso y los criterios de un comienzo, ellos sabrán cuáles serán las reglas. Ellos saben qué esperar. Esto les ayudará a confiar más y a no sentir la necesidad de engañar.

Por ejemplo:

Los vendedores de automóviles juegan con frecuencia a "desgastar". Siempre quieren que primero usted realice una oferta por escrito, y sólo entonces descubrirá que el vendedor no tiene la autoridad para aceptar la oferta. El vendedor desaparece dentro de la oficina del director de ventas y finalmente sale para decirle que el director de ventas (el malo) no acepta la oferta. Luego de varios *rounds*, a medida que el cliente comienza a cansarse, viene un nuevo vendedor para continuar el proceso hasta que obtienen todo lo que pueden de usted.

La próxima vez que desee adquirir un automóvil, negocie el proceso y los criterios para cerrar el trato al comienzo. (Y vaya un domingo por la tarde, aproximadamente a las ocho y media porque probablemente el director de ventas ya no estará en la oficina y el vendedor, si no ha tenido un buen día, estará más motivado a vender.)

PRIMERO NEGOCIE EL PROCESO

Antes de ver el automóvil, dígale al vendedor que le comprará un coche siempre que se cumplan dos condiciones: primero, encontrar el que a usted le guste, y segundo, que el vendedor le muestre la hoja de ordenador (o la tarjeta) que demuestre exactamente cuánto han invertido en el automóvil que a usted le gusta (o puede llamar a una institución financiera y averiguar el costo al concesionario por teléfono). Es justo que ambos cuenten con la misma base de información.

LUEGO NEGOCIE LOS CRITERIOS

Una vez vista la información, ofrézcale pagarle 200 dólares por encima de su costo.

Si el vendedor no está de acuerdo con su proceso y sus criterios, váyase. Encontrará muchos que sí lo estén.

Otros ejemplos de la negociación del proceso y de los criterios al comienzo con un Tanteador:

- Si su jefe habitualmente se olvida de que ambos acordaron un aumento, ponga el acuerdo (monto del aumento, cuándo se llevará a cabo y los criterios de rendimiento) por escrito y fírmenlo los dos.

- Si la comisión de negociación sindicalista se niega a tomar decisiones y se resiste a cooperar, averigüe cuáles son los motivos, o a qué es debido que ellos no deseen alcanzar decisiones de cooperación, o cuánto les costaría hacerlo. Busque el modo de eliminar los obstáculos del proceso.

En este caso, cuando finalmente los directores hicieron lo obvio y formularon la pregunta, se sorprendieron al descubrir que la comisión sindicalista no tomaba decisiones porque nunca se les notificaba con anticipación las reuniones, siempre eran sorprendidos por los temas a tratar y no se les permitía reunirse durante la jornada laboral para discutir los temas. La dirección siempre controlaba o conducía las reuniones y cuando los representantes del sindicato no estaban de acuerdo de entrada, la dirección los acusaba de no cooperar. El sindicato se resentía del comportamiento de la dirección y retrasaba las decisiones adrede.

La cooperación aumentó y las decisiones se comenzaron a tomar con mayor rapidez cuando la dirección les mostró a los representantes del sindicato cuáles eran los temas a tratar y les permitió reunirse previamente para discutirlos. A través de las charlas entre el presidente de la corporación y el presidente de la comisión sindicalista, se llegó al acuerdo de que el contrato no siempre debía ser seguido al pie de la letra si lograban un acuerdo mutuo respecto de la necesidad de realizar excepciones, lo que significó un cambio en el proceso y en los criterios.

En el capítulo 13, "Cambie su enfoque", se describe con detalle cómo negociar el proceso y los criterios de antemano.

Existen muchos tipos de Tanteadores y sus estrategias son, por lo general, sutiles. Enumeraré respuestas específicas a medida que describa cada tipo. Las respuestas varían según la magnitud de la confrontación. Cuando no logre la atención de la otra persona con la confrontación cordial, deberá ser más firme y más directo.

TIPOS DE TANTEADORES: LOS QUE ENGAÑAN, LOS MANDADEROS, LOS QUE CONFUNDEN, LOS TONTOS, LOS TREPADORES, LOS QUE SE ENFURRUÑAN, LOS CARCELEROS, ETCETERA

1. *Los que engañan.* Los que engañan, obviamente mienten.

a. Hacen promesas que no tienen la menor intención de cumplir o intentan convencerlo de que confíe en ellos para poder aprovecharse de usted.

"Haré lo que usted quiera."

"Prometo que estaré allí."

"Lo terminaré para el martes."

"Seré franco con usted..."

"Me gustaría ayudar."

b. Le hacen creer que tienen más autoridad o competencia de la que tienen.

"Puedo hacer el trabajo por usted."

"Hágame una oferta... y luego le diré qué tengo que informarle a mi director de ventas."

"Soy justamente la persona que necesita."

"Sé todo lo que hay que saber sobre..."

c. Dicen cosas sobre sus productos que no son verdad.

"Nuestro *software* es el mejor del mercado."

"Este automóvil era propiedad de una viejecita de..."

"No encontrará una persona mejor."

"Hace 45 kilómetros con cuatro litros en la ciudad."

d. Se excusan de lo que hacen mal.

"Yo no lo hice."

"Yo no estaba allí."

"John fue el último que usó el..."

"Le dije la verdad."

e. Mienten acerca de sus costos o le engañan sobre el costo total que usted deberá pagar.

"Tengo que mandarlo a hacer. Mis gastos fijos son tan altos que no puedo abaratarlo."

"Ahora, hay un costo secundario que olvidé mencionar."

f. Interpretan erróneamente los hechos.

"Nuestras estadísticas demuestran que..."

"Yo estaba aquí a las cinco de la tarde."

"El fue el que comenzó."

"Intenté llamarlo varias veces."

g. Cambian las reglas y repentinamente usted descubre que las reglas anteriores se modificaron o que se agregaron reglas nuevas.

"Olvidé mencionarle que el ocho de corazones es el comodín." (Da la casualidad que es el que tengo en mis manos.)

"Ahora que ha firmado la oferta, tengo que llevársela al director de ventas para que la conforme."

"Ah, ya que estamos, el depósito lo tiene que pagar antes de que pueda confirmar su reserva."

"Matt no regresará hasta el viernes. No podremos firmarlo hasta ese momento."

En respuesta:

Abórdelos directamente. Confronte sus intenciones, su autoridad y su comportamiento. Solicíteles que verifiquen sus promesas y hechos e insista en criterios y procedimientos justos. Si usted está contratando un producto o un servicio, envíe una orden de compra y agréguele "Costo total". Si se ofenden, diga que usted confía en ellos. Aclare que sólo quiere ser justo y que no haya ningún malentendido en el futuro.

"Supongo que me estará diciendo la verdad y, por lo tanto, supongo que no le importará explicarme... Necesito comprender cómo llegó a esa cifra."

"Tenía la impresión de que usted tenía la autoridad para aprobar mi oferta. Me gustaría hablar directamente con su director de ventas."

"No quisiera cambiar las reglas en medio del juego. Usted no mencionó esa regla antes de que comenzáramos."

"Sé que el valor oficial de mi automóvil es de 400 dólares más que la cotización que usted hace. Sugiero que llamemos a un tasador independiente."

2. *Los mandaderos.* Los mandaderos simulan que no son nadie o que no son importantes. Se desvalorizan antes de que alguien lo haga. De ese modo, nadie los puede hacer responsables o tener expectativas respecto de ellos.

"Sólo soy un tonto granjero."

"Se está dirigiendo a la persona equivocada."

"Yo sólo me ocupo de hacer las diligencias."

"¿Y yo qué sé?"

En respuesta:

No deje que se salgan con la suya.

"A mí me parece bastante inteligente."

"Si usted no sabe, ¿quién sí?"

"Bueno, si usted se ocupa de hacer las diligencias, debe saber bien qué es lo que ocurre."

"Me parece que sabe lo suficiente."

3. *Los que confunden.* Son maestros de la confusión. Mientras puedan confundirlo, no podrá atraparlos ni llegar a tratar los

verdaderos temas. Hablan en exceso, divagan, dan rodeos y traen a colación cualquier detalle irrelevante que tengan a mano. (Los ejemplos serían tan confusos como ellos.)

En respuesta:

Hágalos callar, interrúmpalos, señáleles que se está confundiendo, resuma lo que escucha, vuelva a tratar los temas centrales (si puede descubrir cuáles son), pídales que le digan brevemente lo que usted quiere saber de ellos o solicíteles que lo ayuden a aclarar el tema cuando ambos están allí.

"Permítame interrumpirlo durante un minuto."

"Lo que le escucho decir es... No estoy seguro de que eso tenga algo que ver con el problema."

"Tratemos de resolver esto y de centrarnos en los temas básicos."

"Dígame en dos frases lo que acaba de decir."

4. *Los tontos*. Los tontos tienen un comportamiento similar a los replegados. La diferencia estriba en que los tontos juegan a que lo son como estrategia y no por temor.

"No sabía que ya habían tomado la decisión."

"Eso me sobrepasa."

"No sé."

"No puedo recordarlo."

"Nadie me dijo nada."

"No lo sabía cuando hablé con..."

En respuesta:

No se lo crea.

"Si lo hubiera sabido, ¿qué habría dicho?"

"Adivine."

"No entiendo qué significa «No sé»."

"¿Qué es exactamente lo que no sabe?"

5. *Los trepadores*. Los trepadores siempre quieren un mordisco más. Cuando usted cree haber llegado a un acuerdo, agregan otra exigencia o vuelven sobre un tema que usted pensaba que ya estaba terminado.

"Hay otro tema que debemos tocar."

"Quiero hablar nuevamente sobre el procedimiento para evaluar el contrato."

"No tengo claro cuándo decidimos quién pagaría la instalación."

En respuesta:

Aborde el tema directamente.

"Eso ya lo decidimos."

"Tenemos un acuerdo y espero que lo cumpla."

"Usted sigue agregando más condiciones. Creo que está intentando ver cuánto puede obtener de nosotros. Eso no me gusta."

6. *Los que se enfurruñan.* Enfurruñarse es una de las formas pasivas agresivas de manipulación. Los que se enfurruñan se pondrán de malhumor o lo castigarán con el tratamiento del silencio. A su vez, se supone que usted se sienta culpable y mal. No dicen nada, pero esto es lo que piensan en silencio:

"Yo no los llamaré (o escribiré) y ellos me llamarán a mí."

"Si aguantan lo suficiente, cederán."

"No les hablaré y ellos se sentirán mal."

En respuesta:

Póngale nombre al juego y aclare que usted se niega a ser castigado o a sentirse culpable. Si el que se enfurruña quiere una respuesta de usted, tendrá que buscar una forma más eficaz de obtenerla. Mientras tanto, ocúpese de sus asuntos e ignórelos. Si cede, sepa que los acaba de invitar a que lo hagan de nuevo. Cuando ya no encuentren respuesta, dejarán de lado su actitud.

"Hagáme saber cuándo desee hablar. Mientras tanto, tengo otras cosas que hacer."

"Tiene que comprender que el enfurruñarse no funciona conmigo. Yo no acepto el castigo del silencio."

"Usted puede tener esa actitud todo el tiempo que quiera y aun así no obtendrá lo que desea de mí."

7. *Los carceleros.* Los carceleros intentan encerrarlo haciendo manifestaciones públicas para avergonzarlo, para que usted acepte condiciones que lo pondrán en una situación de desventaja en el futuro o intentando hacerle cumplir viejos acuerdos ya caducos.

"La dirección rechazó negociar de buena fe."

"Los representantes del sindicato dijeron que..."

"Nos reuniremos sólo si los abogados no están presentes."

"¡Pero usted lo prometió!"

En respuesta:

Si usted sospecha que la otra parte trata de encerrarlo haciendo manifestaciones públicas para avergonzarlo, una opción es negociar un acuerdo de antemano acerca de lo que se dirá en público. Por lo general es una buena idea hacerlo por escrito y firmar el documento. Esta es, además, una situación que le permitirá señalar las consecuencias para la otra parte si deciden usar esta táctica.

No permita que lo apresuren. Considere las consecuencias antes de acordar las condiciones. Tómese un respiro. Dígales que necesita tiempo para pensar acerca del tema o para discutirlo. Cítelos para más tarde.

Si alguien quiere someterlo a un contrato que ya no es válido, reconozca el viejo acuerdo, pero diga que las condiciones han cambiado y explique por qué ya no podrá cumplir con el viejo contrato. Fije su límite.

> "Deseo anunciar públicamente que usted decidió renunciar a tomarse un año sabático para poder regresar a la escuela. No realizaré ningún comentario público o privado respecto de que lo he despedido, siempre que usted acuerde hacer lo mismo. Si intenta ocasionar un escándalo público sobre este tema, me veré forzado a presentar mi documentación al consejo escolar. No tendré otra opción. ¿Está de acuerdo con esto y con firmar un comunicado de prensa conjunto?"
>
> "No hemos tenido oportunidad de considerar su propuesta. Necesitamos reunirnos en privado para discutirlo antes de poder darle una respuesta."
>
> "Es cierto que recomendé que le dieran un 5 por ciento de aumento. Sin embargo, eso ocurrió antes de que la dirección pusiera en vigencia la congelación de los salarios. Comprendo su frustración, pero no puedo hacer nada respecto de la congelación."
>
> "Estuve de acuerdo en que utilizaras el automóvil hasta que descubrí que no concurrías a ninguna de las clases. No quiero recompensarte por no asistir a la escuela y quiero que sepas cuán serio soy respecto del concepto que tengo sobre ti."

8. *Socios serios, silenciosos.* El juego del socio silencioso es una maniobra para que realice concesiones mayores. Usando esta táctica, la otra persona le dice que él hubiera podido aceptar su solicitud o su oferta, pero que su supervisor (esposa, amigo, jefe, director de ventas) nunca estaría de acuerdo con ello. Tiene las manos atadas.

> "Si dependiera de mí, yo le diría que sigamos adelante, pero mi socio nunca lo aceptaría."
>
> "Si le llevara esa oferta a mi cliente, se reiría y me echaría de la sala."

"Creo que mi esposa me mataría si accediera a ello."

En respuesta:

Intente centrarse en los temas subyacentes formulando preguntas. Pídale a la otra persona que le explique específicamente lo que supone que son las preocupaciones de su socio. Esto le aclarará a usted su posición oculta. Luego pídale que verifique su posición preguntándole cuál piensa que es el fundamento de su socio. Si con esto no obtiene resultados, pídale que le deje hablar directamente con su socio. Si ninguna funciona, sugiera un acuerdo provisional, en base al cual ambos se irán a sus casas y considerarán los temas y los problemas.

"¿Puede explicarme específicamente cuál es la respuesta que cree que dará su socio? ¿Cuáles cree que pueden ser sus oposiciones?"

"Por qué cree que tendría esa actitud? ¿Qué necesita para estar de acuerdo con esto?"

"¿Qué le parece si hablo directamente con su esposa?"

"Me gustaría sugerirle que ambos consideremos esto como un acuerdo provisional. Usted se lo presenta a su cliente y lo discute con él y yo reflexionaré sobre ello. Podríamos reunirnos el lunes para ver qué hemos logrado."

9. *Los inventores de alborotos*. Los inventores de alborotos son directores de escena. Hacen un escándalo de cualquier cosa para que la oposición se aniquile entre sí. Su estrategia fundamental consiste en hacer que todos adopten el comportamiento del Exigente, en hacer que se peleen entre sí y luego retirarse y mirar de lejos. Su objetivo es que la atención ya no esté más puesta en ellos.

Este juego por lo general se da en las familias. El padre llega a casa tras un mal día en el trabajo e inmediatamente comienza a descargarse con los demás. "¿De quién es la bicicleta que está en la acera? ¿De quién son las medias que están sobre la mesa? ¿Quién hizo ese lío en la sala? ¿Cómo es que nadie cortó el césped? Malditos niños, siempre mienten buscando hacer alborotos." En menos de sesenta segundos, todos los niños se estarán peleando entre sí acerca de quién fue el responsable de todo ello y todos se estarán excusando de su responsabilidad.

Otra variedad familiar es aquella en la que el padre y el hijo pelean por lo que éste vestirá para ir a la iglesia o para visitar a sus abuelos. El niño ha aprendido a no estar ni de acuerdo ni en desacuerdo. Simplemente desaparece hasta que todos entran en el automóvil. A medida que sale de la casa vestido como "corresponde", sus padres estarán peleando entre sí por su actitud en aquella situación y por aclarar por qué están llegando tarde. Entonces, todo puede degenerar en compartir sus opiniones acerca de sus respectivas madres.

Esta estrategia también es común en los negocios. El Inventor de alborotos utilizará impactos, ataques, emboscadas, insinuaciones, acusaciones dramáticas y chismes. Su objetivo oculto es hacer que todos se peleen entre sí o lograr que su comportamiento se convierta en el del Exigente, porque así pierde su poder y su capacidad de pensar y de comportarse de forma racional.

"La información con la que cuento indica mala práctica. Creo que tenemos fundamentos para iniciar un juicio."

"Creo que estaba borracho."

"Hubiera pensado que un hombre de su posición lo hubiera llevado mejor."

"Si supiera lo que ocurrió cuando nos fuimos... bueno, no diré nada."

"Creo que usted es un ingenuo acerca de lo que la gente dice realmente a sus espaldas."

"Herb me dijo que no confiaba en usted y que nunca recomendaría sus propuestas al comité." (A estas alturas, probablemente ya no confíe en nadie y también se enfrentará con el dilema de si enfrentarse o no a Herb.)

"Durante el almuerzo hablé con su ex socio. Me hizo algunos comentarios interesantes que no estoy autorizado a repetir."

"Si su equipo no hubiera estropeado el trabajo desde el comienzo, ahora no estaríamos metidos en este lío."

En respuesta:

Resístase a ponerse a la defensiva. En lugar de ello, únase a su juego, reconozca con calma que puede haber algo de verdad en sus acusaciones y pídales que verifiquen sus hechos. Niéguese a jugar. Hágales saber que usted no tiene intención alguna de estar en medio y de que no acepta informaciones de terceras personas.

Confróntelos describiendo su comportamiento y pregúnteles cuál es su motivación. Hágales saber que usted no desea que lo aparten de los temas realmente importantes. Por este medio, volverá a centrar la negociación en su punto exacto. Apele a sus creencias sugiriéndoles que se sienten todos juntos.

Inventor de alborotos:

"No sé por qué me está hablando a mí. Debería estar hablando con ese ruin socio suyo. Sería bueno que despertara y averiguara qué estuvo haciendo mientras usted no estaba."

Respuesta:

"Tal vez debería hacerlo, pero no estoy seguro de qué tiene que ver eso con su incumplimiento del contrato. Si pudiera decirme qué ocurrió y cómo eso le impidió a usted hacer lo que acordó, estoy dispuesto a escucharlo."

Inventor de alborotos:

"Es mejor que le pregunte usted mismo a Al. Usted es lo suficientemente tonto como para no darse cuenta cuándo lo están engañando."

Respuesta:

"Es posible. De lo que estoy seguro en este momento es de que usted no me está dando respuestas concretas al hecho de por qué no cumplió con su trabajo. En lugar de ello, está haciendo insinuaciones, me está insultando y sugiere que no debiera confiar en Al. Creo que usted está intentando dejar de lado el tema. Si soy ingenuo respecto a Al, yo soy el que pagará el precio. Pero ése es un tema diferente del que estamos tratando. Está claro que no aceptaré acusaciones de terceros sin estar respaldadas por datos específicos. Y no me gusta que me saquen del verdadero tema que debemos tratar aquí y ahora."

Inventor de alborotos:

"Nadie puede trabajar con él."

Respuesta:

"Me doy cuenta de que Al y usted tienen algunos problemas que resolver. No deseo estar en medio de los dos."

Inventor de alborotos:

"No soy sólo yo. Usted no sabe lo que ha estado ocurriendo. Ni tampoco sabe lo que Stu dijo sobre usted."

Respuesta:

"Bueno, si Stu tiene algo que decirme, puede decírmelo directamente. Nuevamente está haciendo acusaciones vagas. Si usted puede demostrar ahora mismo sus acusaciones y convencerme, estoy dispuesto a sentarme con los dos y confrontar qué es lo que ocurre. Si usted no puede fundamentar sus acusaciones y no está dispuesto a sentarse cara a cara, sólo puedo suponer que está intentando incitarme a una pelea con

Al, para poder zafarse de su responsabilidad. Mi intención es que cumpla con el contrato, a no ser que exista una razón válida que le impida hacer el trabajo."

Inventor de alborotos:

"No soy el único que no terminó el trabajo."

Respuesta:

"No estamos hablando de nadie más en este momento. Estamos hablando de usted."

10. *Los que esperan activamente*. Los que esperan, esperan. Esperan porque suponen que tal vez el problema se desvanezca con el tiempo o que el conflicto se olvide. Esperan porque para ellos es una ventaja atascar las negociaciones. Si las obstaculizan lo suficiente, quizás usted ya no pueda hacer nada al respecto porque ha vencido el plazo.

Los niños saben que si dejan de lado la limpieza de la cocina el tiempo suficiente, tendrá que hacerlo usted antes de preparar la cena.

El negociador del sindicato sabe que tendrá más poder cuando el contrato haya vencido y el sindicato tenga libertad para convocar una votación para la huelga. El padre espera que si pospone la petición de su hijo de comprarle un perro, el niño puede llegar a olvidarse del asunto.

Tal vez desee evitar que un contratista construya condominios cerca de su propiedad. Sus esfuerzos al negociar con el contratista y su apelación a la comunidad de vecinos no han tenido éxito, de modo que se acerca a un funcionario municipal y le pide que interceda. El funcionario no desea tener nada que ver con el problema. Desea evitar las críticas públicas que podrían surgir si tomara una postura, de modo que lo demora. Sabe que, una vez colocado el hormigón de los cimientos, podrá decir que lo intentó, pero que era ya demasiado tarde. Podrá percatarse si se ha encontrado con una persona que Espera Activamente, cuando ésta se excusa para explicarle por qué no pudo cumplir con lo que le prometió o por qué no está disponible, cuando se muestra ambiguo, evita comprometerse o rehúye llegar a una resolución.

"Lo haré más tarde."

"Preferiría pensar en ello."

"Veré qué puedo hacer."

"No sé cuándo podré ocuparme de ello."

"Haré todo lo que esté a mi alcance."

"Yo me comunicaré con usted."

"Llame a mi secretaria para pedir una cita. No llevo encima mi agenda."

11. *Los que esperan pasiva y agresivamente.* Este tipo de personas se sienten engañadas o maltratadas y esperan que alguien reconozca ese hecho. Esperan su "justa recompensa". Alguien les debe algo y quieren dárselo. De modo que esperan. Y mientras esperan, hacen cuentas y apuntan sus penas. Algún día, cuando tengan lo suficiente, harán que alguien pague por ello. Quizás.

Es muy difícil tratar con este tipo de personajes. Usted nunca sabrá qué están esperando o por qué lo hacen. Con frecuencia, sólo lo sabrá después de haberse enfrentado con uno de ellos. Le harán saber que ha sido insensible o injusto y que han sido engañados. A esto se suma el rosario de comentarios ambiguos o indirectos encaminados a que usted se sienta obligado con ellos y culpable. Suponen que usted, a su vez, adivinará qué hizo mal.

"Podría haberme llamado."

"Suponía que vendrías a casa más temprano."

"Nadie me reconoce nada."

"Parece que tiene mucho tiempo para almorzar con otra gente."

"Usted nunca me apoyó."

En respuesta:

Una opción es establecer plazos de vencimiento. Intente que la otra parte se comprometa para un momento concreto a fin de que usted reciba una respuesta o una decisión que él haya tomado. Una segunda opción es jugar abiertamente. Los juegos pierden gran parte de su poder cuando dejan de ser una maniobra secreta. Una tercera opción es señalar las consecuencias para la otra parte si espera. Una vez más, esto debe decirse como una advertencia fundamentada de qué ocurrirá inevitablemente y no como una amenaza.

"Me sentiría más cómodo si pudiéramos fijar una fecha concreta para darme una respuesta. De ese modo podré planificar mejor lo que necesito hacer."

"Siento como si estuviera posponiendo el tema. Si ésa no es su intención, entonces suponga que está dispuesto a comprometerse ahora."

"Todos somos conscientes de lo que le beneficia el hecho de no llegar a una resolución hasta que venza el contrato. Me parece que usted está obstaculizando las cosas hasta que tenga más poder."

"Si no llegamos a acuerdos fundamentados para el día 15, nuestra compañía iniciará un paro patronal si deciden hacer una huelga. Podemos seguir teniendo en funcionamiento la fábrica indefinidamente con nuestro personal no sindicalizado. De hecho, eso nos ahorraría muchos costos fijos. Sus miembros son los que perderán."

Una cuarta opción es una alternativa más fuerte que las ya explicadas: confróntelos. Hágales saber que usted no está dispuesto a dejar que nada se posponga. El hecho de obtener su atención de este modo puede ser eficaz si usted cuenta con el poder de mantener el límite que ha fijado.

"No acepto más dilaciones. Quiero saber ahora mismo qué intenta hacer en concreto."

"Supongo que probablemente desee que toda esta situación se esfume. Probablemente no desee estar en medio de esto. A la vez, es importante para mí llegar a una resolución. No estoy dispuesto a aceptar dilaciones o esperar pasivamente hasta que sea demasiado tarde para una negociación. Si no sé nada de usted antes del miércoles, me veré obligado a recurrir a la prensa."

Una quinta opción que básicamente se aplica a este tipo de personajes es hacerles saber que usted no sabe leer la mente.

"Si no me dice específicamente qué desea, no espere que yo lo adivine."

"Me parece que está esperando silenciosamente y contándome sus quejas. No estoy dispuesto a adivinar qué desea."

12. *Los que culpan a los demás.* Ellos culpan, tanto activa como pasivamente. La intención de estas personas es sacarse de encima la responsabilidad. Quieren tener razón, quieren que otra persona cargue con las reprimendas (o desean que otro sea responsable por ellos), quieren castigar a los demás mediante formas solapadas, así no se lo devolverán.

Este tipo de personas tienen estrategias múltiples. Les encanta usar la lógica para convencerlo de que está equivocado y de que ellos tienen la razón. Utilizarán preguntas retóricas o "por qué" en el intento de acorralarlo para que no sepa qué hacer. Sus enunciaciones y preguntas las formulan con un tono de voz acusador.

"Si no tenías nada que ocultar, me hubieses llamado ayer."

"¿Cree que todos deben venir a trabajar cuando quieren?"

"¿Por qué no me hizo saber que todos los pedidos no estaban completos?"

"¿Cómo cree que eso nos hace sentir a los demás?"

Los que culpan de forma activa están recubiertos de grasa. Son maestros en eludir cualquier responsabilidad. Nunca tienen la culpa de nada. Otra persona lo hizo. Siempre tienen a punto una excusa.

"No me hable de ello. Yo no estaba allí cuando ocurrió."

"Yo no fui el último en usarla."

"Nadie me dijo que no la usara."

"El lo hizo, no yo."

Los que culpan a los demás de forma activa tienen memoria de elefante. Nunca olvidan ni perdonan una ofensa. Siguen viviendo en el pasado para reprocharle en el presente. Se atienen literalmente a lo que usted dijo.

"Usted no terminó su parte la semana pasada."

"Le dije que no lo tirara."

"Bueno, siempre me hace lo mismo."

Los que culpan a los demás de forma activa siempre quieren que otro pague. Quieren que otros sean responsables de sus vidas.

"No me dejarían."

"La culpa de que yo no pudiera es de ellos..."

"Si no hubieras sido tan descuidado, ahora no tendríamos este problema."

Los que culpan a los demás de forma pasiva son, en ocasiones, más sutiles. Les gusta realizar emboscadas, otorgar un *feedback* "útil" que nadie les ha pedido para decirle lo que otros dicen y hacerle saber cómo los ha desilusionado, nuevamente.

"Estás tan ocupado que, obviamente, no tienes tiempo para tus amigos."

"Su revista es fabulosa. No advertí al principio algunos errores que una revista de este tipo no debería tener. Déjeme mostrárselos."

"Nunca estuviste cuando te necesité."

En respuesta:

Nuevamente, ponga el juego al descubierto para hacer desaparecer su poder y para ocuparse de los temas centrales.

"Sus palabras y su tono de voz suenan como si quisiera culparme de algo. Podríamos perder el tiempo acusándonos el uno al otro. Pero no creo que eso nos lleve a una resolución. Sugiero que nos atengamos a los problemas reales."

No permita que lo culpen ni tome responsabilidades por el otro. Haga que la otra parte tome responsabilidades pidiéndole que convierta sus acusaciones y preguntas de culpabilidad en solicitudes específicas.

> "Lo que escucho de sus preguntas retóricas lo interpreto como culpas que quiere endilgarme. Dígame directamente qué desea de mí."
>
> "No estoy dispuesto a que se me culpe o a responsabilizarme por usted. Me gustaría escuchar específicamente qué es lo que necesita y qué desea que yo haga. Luego, le podré informar específicamente si hay algo que pueda hacer o desee hacer."

No se quede anclado en el pasado. Discutir acerca de quién hizo qué y cuándo, nunca es constructivo. Incluso si establece quién lo hizo, eso no resuelve el problema actual. Oriente el tema hacia el presente.

> "Discutir sobre el pasado no nos acerca a ninguna resolución. Sólo logra ponernos más a la defensiva. Dediquémonos a buscar qué necesitamos hacer para resolver el problema actual."

Si está tratando un conflicto de relaciones, es importante recordar que usted no tiene que intentar que la otra persona admita que estuvo equivocada para resolver el problema. Si se mantiene en la posición de que tiene que morder el polvo antes de resolver el problema, le está otorgando poder acerca de si puede o no resolverlo. Si lo resuelve, es una cuestión suya, no de ellos. Es elección suya si está dispuesto a aceptar la realidad de lo que ha ocurrido y a olvidarlo. Lo otro no tiene sentido y no es necesario.

Otra respuesta para tratar con los que echan las culpas a otros es negarse a su *feedback* "útil".

> "No me interesa lo que digan los demás. Si tienen algo que decirme, pueden decírmelo directamente. Lo que entiendo es que usted está intentando utilizar chismes para que me sienta culpable. Me gustaría que tomara la responsabilidad acerca de qué quiere decirme."

Una respuesta final para este tipo de personas es confrontarlos con sus evidencias específicas y hacerles saber que las excusas no valen nada.

> "Los hechos demuestran que las máquinas no están trabajando y que el trabajo no se hizo para la fecha que usted prometió. Quiero resultados, no excusas."

13. *Los seductores.* Los seductores se disfrazan de formas muy interesantes. Pueden ser encantadores, desolados, agradables, sensuales o halagadores. Cualquiera que sea la forma que adopten, el objetivo es el mismo. Quieren engañarlo para que les dé lo que desean, y lo logran haciéndole creer que usted obtendrá algo. Por supuesto, la seducción es generalmente tentadora. Esté alerta a los costes ocultos antes de responder. Puede que pague más de lo que valga para usted.

a. Seducción encantadora: "¿No quisiera ayudarme a...?"

En respuesta: "Me parece que es bueno que tenga la experiencia de hacerlo por usted mismo."

b. Seducción desoladora: "No puedo descubrir cómo hacer este trabajo. ¿Podría hacerlo por mí?"

En respuesta: "Le diré cómo hacerlo y luego lo podrá hacer solo."

c. Seducción sensual: "¿Estás buscando pasarlo bien?"

En respuesta: "Lo estoy pasando bien."

d. Seducción halagadora: "Usted siempre hace tan buen trabajo para organizarlo todo. Nadie sabe hacerlo como usted."

En respuesta: "Gracias, pero no deseo realizar esta tarea de nuevo. Estoy dispuesto a escribir el procedimiento sobre cómo hacerlo y ayudar a que otros se inspiren."

14. *Ambiguos.* Los *ambiguos* son escurridizos. Evitan tomar responsabilidades o comprometerse siendo ambiguos, calificando sus manifestaciones o jugando el papel del observador.

"Tal vez pueda hacerlo."

"Tendré que pensarlo."

"Tal vez."

"Veremos."

"No estoy seguro."

"Si todo está en su lugar, consideraré la posibilidad de hacerlo."

"No puedo contestarle ahora. Esperemos y veamos."

"Lo intentaré."

En respuesta:

Aclare su posición. Señale sus enunciaciones e insista en obtener una respuesta específica.

"Me parece que es un poco ambiguo. Quiero saber si va a hacerlo o no."

"¿Cuándo obtendré una respuesta específica?"

"Específicamente, ¿a qué está dispuesto a comprometerse?"

"No sé qué significa «Lo intentaré»."

15. *Transigentes 50/50.* Si pueden tenerlo todo, los Tanteadores recurren al regateo y a transigir 50/50. Quieren estar seguros de que no terminarán con menos del 50 por ciento, que obtendrán una participación justa.

Le rascarán las espaldas si usted les rasca las suyas. Le harán un favor y luego le harán sentir que usted les debe algo y puede estar seguro de que se lo recordarán. Le darán aquello, si usted acuerda a lo otro. Cederán en este punto, si usted cede en el otro.

"Es su turno, yo lo hice la última vez."

"Si ellos obtienen tres, nosotros queremos tres."

"Trabajaré este fin de semana, si usted trabaja el fin de semana que viene."

"Los gastos corren por nuestra cuenta, si acuerda hacer el *workshop* por una tarifa reducida."

En respuesta:

En ocasiones no puede evitar verse encerrado en una situación de regateo. Si debe regatear, asegúrese de hacerlo desde una posición de Generador (véase capítulo 11). Al regatear desde una actitud de Tanteador, su capacidad de sopesar la importancia relativa de los temas se ve reducida.

Es posible que se vea obstaculizado en diez temas dentro de una negociación. Si analiza todos los temas juntos, puede llegar a ver que sólo uno es importante, por lo que puede decidir darle a la otra parte lo que desee en los otros nueve temas en trueque por lo que desea del décimo, que es el único tema que, a la larga, tiene importancia.

"Estoy dispuesto a darle todo lo que quiera... siempre que yo mantenga derechos exclusivos sobre el contrato."

16. *Los quejosos.* ¡Oh, los quejosos! Son un castigo. Obtienen lo que desean desgastándolo a usted. Uno siente la tentación de darles lo que quieren con tal de que se callen. Para los quejosos, la vida nunca es justa. Uno nunca hace lo suficiente por ellos. Siempre tienen que tener más de lo que les corresponde, las cosas nunca salen como esperaban y son los únicos a quienes les ha ocurrido esto.

"No es justo que ellos lleguen primero."

"¿Por qué Jan obtuvo un aumento y yo no?"

"Nunca me compras nada."

"No debiera hacer esto yo solo."

"¿Por qué soy el único que...?"

En respuesta:

Nuevamente, ponga el juego en evidencia. Hágales saber cuán desagradables le son los gimoteos y las quejas. Sugiérales que intenten adoptar otras opciones si desean obtener una respuesta positiva.

"Me enojan mucho los gimoteos y las quejas. Me da ganas de ignorarlo en lugar de prestarle atención. Si desea que le preste atención, debe cambiar su comportamiento."

"Sus quejas tienen el tono de punitorias. Siento como si me echara la culpa a mí. Si está enojado por algo, expréselo directamente y dígame qué quiere en respuesta."

Otra respuesta que se les puede dar a los quejosos es negarse a tomarlos en serio.

"Supongo que es el único porque Dios no le quiere."

RESUMEN

Los Tanteadores son como niños resentidos en cuerpos de adultos que se sienten engañados o que temen no obtener lo suficiente. Por ello, tienen un fuerte sentido de la injusticia. Son resentidos y desconfiados. Les gusta hacer trampas y cambiar las reglas a mitad del juego.

La regla básica para negociar con ellos es negociar el *proceso* y los *criterios* del acuerdo antes de hablar del contenido específico del mismo. El objetivo es encerrarlos en procesos y normas justas antes de comenzar.

Una segunda respuesta es poner el juego en evidencia, describir su comportamiento de modo que sea público y no oculto. Las estrategias son poderosas, fundamentalmente porque son secretas. Cuando se expone la estrategia, pierde gran parte de su poder.

7

PERFIL DEL CONCILIADOR

Estilo de pensamiento	No crítico. Idealista. Abstracto. Lógico. Perspectiva de tercera persona.
Forma de relacionarse	Dependencia interpersonal. Cohibido.
Necesidades básicas	Aprobación. Pertenencia. *Status.* Satisfacer sus expectativas.
Emociones clave	Estar enamorado. Dolido. Avergonzado. Traicionado. Desilusionado. Culpable.
Sentido del poder	La capacidad de obligar a los demás. Autoridad reconocida oficialmente.
Comportamiento	Evita la ira. Mantiene la paz. Se ocupa de todos. Es un "buen tipo", una "buena muchacha". Cordial. Sigue las reglas. Trabajador.
Creencias	La ira es mala. Hablar de ello sólo lo empeora. Debo contar con la aprobación de todo. El tiempo lo cura todo. Mi valor depende de lo que piensen los demás. Hay una única respuesta correcta. No puedo cuestionar a la autoridad. Debería...
Estilo de negociación	Niega. Juega al avestruz. Se adapta. Concilia. Pide perdón. Hace regalos. Transige 20/80.

7

CONCILIADOR: COMO OBTENER LO QUE DESEA A TRAVES DE LA CULPA Y DE LA OBLIGACION

¿COMO RECONOCER A UN CONCILIADOR?

¿Cómo sabe cuándo usted o los demás están pensando como un Conciliador? Bien, ¿alguna vez...

- se preocupó por lo que los demás pensaran de usted?
- se vistió de manera que los demás pensaran bien de usted?
- intentó hacer desvanecer los conflictos?
- dijo "Sí" cuando quería decir "No"?
- sintió que debía ocuparse de todos los demás y que nadie se ocupaba de usted?
- dio consejos o pequeños discursos?
- se sintió disgustado porque nadie apreció lo que había hecho?
- quiso una posición o un título porque de ese modo aumentaría su estima ante los ojos de los demás?
- cedió en favor de la paz?
- intentó vivir de acuerdo con las pautas de los demás?
- sintió que no tenía derecho a desafiar a una figura de autoridad?
- buscó la única respuesta correcta?
- cambió su comportamiento en diferentes situaciones porque creía que eso era lo que se esperaba de usted?
- se sintió obligado y culpable?

- creyó que alguien era agradable con usted aunque usted no le cayera bien?
- se disculpó para que otros no se enojaran con usted?
- intentó que alguien se responsabilizara por algo que le correspondía a usted?
- obtuvo una crítica negativa entre veinte, y sintió que sólo la negativa importaba?

ESCENARIOS DE LOS CONCILIADORES

Los siguientes son algunos ejemplos de situaciones en las que intervienen los Conciliadores:

- Imagínese hablando con una empleada acerca de su rendimiento. Ella no hace más que sonreír y estar de acuerdo y usted sabe que nada que le diga dará resultado.
- Imagínese entrando a su oficina y que encuentre un ramo de flores de su jefe en su escritorio. El piensa que de este modo la comprará y no lo abordará para pedirle un aumento.
- Imagínese abordando a un cliente que no ha pagado su cuenta porque el padre de usted, que es el presidente de la compañía, no está de acuerdo con los costes. Su cliente teme vérselas con su padre y confrontarlo.
- Imagine un arreglo de 20/80 sólo para dar fin al conflicto.
- Imagine acordando hacer algo que realmente no quiere hacer por no herir los sentimientos de alguien.
- Imagine que no toma una posición porque lo pueden criticar.
- Imagine que le gusta una clienta de un grupo étnico en particular por su relación personal con esa persona. Pero siente prejuicios hacia su grupo étnico porque supone que en realidad ella es una excepción.

UN CONCILIADOR CON OTRO NOMBRE

Yo utilizo muchos títulos para describir a las personas que se encuentran en este estado de desarrollo del pensamiento. Todas son variedades de un mismo tema. Las variedades incluyen: los Conciliadores, los Cuidadores, las Madrazas, los Padrinos, los Dictadores Benevolentes, los Placenteros Perfectos, los Efusivos, los Buenos Muchachos, las Buenas Muchachas, los Servidores, los Compañeros, los Felpudos, los Avestruces y los Adaptables que se disculpan.

¿Alguno le suena vagamente familiar? Lo que todos tienen en común es que intentan controlar a los demás para obtener lo que necesitan de ellos siendo agradables y serviciales y evitando cualquier conflicto o situación enojosa. Los Conciliadores creen que deben ganarse lo que desean de los demás ocupándose de ellos o satisfaciendo las expectativas de los otros. Esperan que los buenos muchachos o muchachas terminen primero.

PENSANDO CON SU TERCER OJO

En algún momento, cerca de la pubertad, desarrollamos la capacidad de pensar con la perspectiva de una tercera persona. Esto significa que podemos salirnos de nosotros mismos y observarnos conscientemente. Podemos pensar en nuestro propio pensamiento.

El pensamiento de los Conciliadores no es crítico. Ellos no evalúan críticamente los sistemas sociales (la sociedad, la familia, la tradición religiosa) en los que se encuentran. Pueden salirse de sí mismos, pero no pueden apartarse de sus sistemas. Simplemente se vuelven conscientes de sí mismos dentro de sus sistemas. Conscientemente adoptan las creencias y los valores de sus sistemas (autoridades sociales, padres, figuras religiosas) y utilizan esos valores para crear imágenes ideales de cómo "debería" ser el mundo o de cómo "tendrían" que comportarse las personas.

Por ejemplo:

Allen es un agente de compras muy agradable que trabaja en una fábrica de artículos deportivos. Goza de un buen concepto dentro del ámbito de su organización, así como de sus proveedores. Casi siempre es amistoso y escucha a los demás.

Criado en una familia de clase media baja, blanco, protestante republicano, proveniente del Medio Oeste, Allen vive en una casa de estilo campestre con tres dormitorios, tiene dos hijos, asiste a la Iglesia Metodista y aún vota a los Republicanos. Se relaciona con su esposa y con sus hijos de modo parecido a la forma en que su padre se relacionaba con su familia. Si le preguntáramos a Allen quién es, nos diría que es padre, esposo, agente de compras, republicano y metodista.

En suma, Allen se comporta y piensa como sus padres. Vive según los valores y normas que aprendió de niño. Cree que es importante darles a sus hijos una vida familiar estable con madre y padre y un respaldo religioso. Considera que es importante ser respetable, obtener una buena educación, trabajar duro y hacer lo que es correcto. A Allen le importa mucho lo que piensan de él sus padres, el pastor y sus compañeros de trabajo. No aprueba que su hermana haya decidido darle la custodia de su hijo a su ex marido. Nunca se le ocurrió a Allen cuestionar o desafiar ninguno de sus valores.

Los Conciliadores se ocupan de la tarea de desarrollar una identidad consciente. La identidad que forjan se basa en lo que otras personas, especialmente las figuras investidas de autoridad, dicen qué debe ser. Los Conciliadores creen conscientemente que son buenos o malos, correctos o incorrectos, según sea el método que utilicen para medir dichas pautas.

Su identidad no es fruto de haber examinado críticamente sus valores, sino una función de sus roles (madre, esposo, contador, abogado), sus títulos o posiciones (vicepresidente, gerente general) y lo que consideran importante que otras personas esperen de ellos. Las siguientes son tres características clave de su forma de pensar:

1. Pueden pensar desde la perspectiva de una tercera persona. Pueden apartarse y ser conscientes de sí mismos en el mundo.
2. Su pensamiento no es crítico. Aceptan como verdad los valores que le fueron transmitidos por la autoridad.
3. Creen que hay una forma "ideal" o "correcta" de ser y que todos deben intentar vivir de acuerdo a dichas expectativas.

Estas características comportan varias consecuencias, cuando los Conciliadores intentan resolver problemas y conflictos.

1. Debido a su capacidad de adoptar una perspectiva de tercera persona, *los Conciliadores pueden tener un pensamiento abstracto y racional.* Pueden dar un paso atrás y pensar de forma consciente qué está ocurriendo. Pueden seguir una secuencia lógica de pensamiento. Son capaces de mantenerse centrados en un tema y de no distraerse con hechos difusos como los Tanteadores o los Exigentes. Pueden reconocer y obviar temas irrelevantes cuando se los trae a colación. Los Conciliadores pueden pensar con una perspectiva de tercera persona, pero su tercer ojo no es crítico.
2. Debido a su formulación de un sistema consciente de creencias, los Conciliadores pueden evaluar y juzgar temas y comportamientos a la luz de sus valores preestablecidos. Por lo tanto, Allen puede evaluar las decisiones de su hermana de

divorciarse y otorgar la custodia de su hijo de acuerdo con sus valores religiosos y sociales.

Pero, los Conciliadores tienen una limitación. Puesto que no pueden salirse de su sistema de creencias y evaluarlos de forma crítica, suelen sentir que lo que creen es lo correcto. Si otra persona tiene una perspectiva diferente, que no encaja con el sistema de valores del Conciliador, juzgará que está equivocada. *Los Conciliadores suelen colocar las diferencias en un contexto de correcto/incorrecto.* Suponen que son dueños de la verdad. En una negociación, se convierten en santones y moralistas.

3. Los Conciliadores tienden a buscar la única respuesta correcta a un problema. Suponen que existe una respuesta correcta y su tarea es encontrarla. Mientras buscan la única respuesta correcta, los Conciliadores se ciegan a todas las demás opciones disponibles. En una negociación, se empeñarán en defender su respuesta "correcta" y no podrán ver más allá de eso y de considerar objetivamente las necesidades subyacentes.
   Por ejemplo:

Marcia y Harry tienen una asesoría. En un esfuerzo por reducir los costes de imprenta, investigaron varias fotocopiadoras. Durante mucho tiempo, Harry aplazó la toma de una decisión porque temía tomar la decisión "incorrecta". Dan, su hijo de diecinueve años, decidió no ir a la Universidad durante un año. Dan había trabajado mucho en la escuela secundaria y había sido muy activo en los deportes y, además, trabajaba. Ahora se sentía exhausto y quería viajar, trabajar y ahorrar algo de dinero durante un año.

Harry quería que Dan fuera a la Universidad y con frecuencia discutía con él. No podía escuchar ni aceptar las necesidades de Dan de hacer otra cosa durante un año. En la mente de Harry, las personas normales van directamente a la Universidad cuando terminan la escuela secundaria. Después de todo, él lo había hecho.

En sus peleas con Dan, Harry repetía sus clichés no cuestionados: "Vas a ser un Don Nadie sin una educación universitaria. Si no vas ahora, nunca irás. Primero estudia y luego tómate un tiempo para pasarlo bien."

4. La capacidad de los Conciliadores para interpretar el comportamiento está limitada por su dogmatismo poco crítico respecto de sus propios valores personales. Interpretan el comportamiento en términos de sus propios valores ideales y no pueden reconocer el contexto social o ambiental de los cuales derivan

otros comportamientos. Los Conciliadores se ven limitados en su capacidad de comprender contextualmente el comportamiento de los demás.

Por ejemplo:

Si soy norteamericano y usted es un empresario mexicano, tal vez no comprenda ni acepte su modelo de negociación "a la mexicana". Puede que no pueda apreciar que por su necesidad de no sentirse avergonzado o equivocado, pueda recoger toda su información y luego salirse del trato sin siquiera hacer una oferta. Si deseo hacer un trato con usted, probablemente sea yo quien tenga que hacer la primera oferta.

TRATAR DE QUE TODOS QUEDEN CONTENTOS

Dada su forma de pensar, el comportamiento de los Conciliadores característicos incluye:

Anticiparse a las expectativas	*Efusividad*
Ser agradables	*Comportarse como un camaleón*
Apaciguar	*Aconsejar*
Amoldarse	*Ser confiables*
Negar los sentimientos negativos	*Negar los conflictos*
Ser un dictador benevolente	*Seguir las reglas*
Conciliar	*Negar los problemas*
Entretener	*Ser agradables*
Alentar a los demás	*Disculparse*
No tomar partido	*Racionalizar*
Decir siempre que sí	*Ceder/Conceder*
Utilizar clichés	*Pedir permiso*
Salvar a los demás como sea	*Ser serviciales*
Ser perfeccionistas	*Ser "como deben ser"*
Ser un buen muchacho/muchacha	*Responsabilizarse por los demás*

Lo que es común entre estos comportamientos es la necesidad del Conciliador de crear un mundo ideal, para agradar a todos y para evitar los conflictos.

QUE SE DICEN LOS BUENOS MUCHACHOS A SI MISMOS

Detrás de estos comportamientos existen creencias similares, a saber:

- Mis necesidades no son tan importantes como las de los demás.
- Debo agradar a todos.
- No puedo decir "No".
- Debo cumplir con las expectativas de los demás.
- Es importante parecer bueno.
- No tengo derecho a desafiar a los investidos de autoridad.
- Debería...
- Hay una única respuesta correcta.
- Debo darles lo que desean para que no se enojen.
- Si me ocupo de los demás, ellos se ocuparán de mi.
- Es egoísta pensar primero en mí.
- Mi función es hacer que todos estén contentos.
- Es importante actuar y vestirse adecuadamente.
- Mi valor depende de lo que piensen los demás.
- Afrontar un conflicto sólo lo empeorará.

LAS RELACIONES CON LOS CONCILIADORES: "HARE LO QUE SEA NECESARIO PARA QUE USTED ME APRUEBE"

Las relaciones de los Conciliadores están caracterizadas por la empatía, la falta de naturalidad y la necesidad de aprobación. Puesto que son capaces de salirse de sí mismos con su perspectiva de tercera persona, pueden invadir a otros. Son capaces de saber qué piensan los demás, qué necesitan y qué sienten. Tienen cierta capacidad para la empatía y, por lo tanto, para la intimidad. Valoran las relaciones personales cercanas.

Pero sus relaciones suelen ser mutuamente dependientes, faltas de naturalidad, relaciones de cuidado. El motivo es simple. Si saben qué les ocurre internamente a los demás, creen que el otro sabrá qué les ocurre internamente a ellos y se sienten vulnerables y expuestos. Se vuelven tímidos. Esto comporta varias conclusiones.

1. La opinión de otras personas se torna muy importante.
2. Los Conciliadores se responsabilizan por los demás. Pueden hacerlo ocupándose de otros o adoptando el rol de padres y dando consejos.
3. Valoran la perfección. Es más importante parecer bueno que serlo. Cuando se encuentran ante el dilema entre lo que necesita hacerse y lo que lo mantendrá en buenas relaciones con los demás, el Conciliador se verá tentado a elegir lo que le haga parecer más bueno. En los negocios, los Conciliadores tenderán

a hacer más lo que cubra sus traseros que a arriesgarse a hacer lo que deba hacerse.

Cómo viste, qué automóvil conduce, a quién conoce, dónde vive, a qué clubes pertenece, cómo actúa, son todas prioridades básicas para los Conciliadores. ¿Dónde estarían los diseñadores de renombre si no fuera por los Conciliadores? Alguien tiene que vestir la ropa con la marca de los diseñadores.

4. El patrón de comportamiento que caracteriza las relaciones en este nivel de pensamiento es el "Síndrome de la Prueba de Amor". Es así: tomamos un nuevo empleo o iniciamos una relación nueva e inmediatamente comenzamos a anticipar qué espera el jefe o la otra persona de nosotros. Luego, hacemos todo lo posible para satisfacer dichas expectativas.

Los complacemos, los apaciguamos, nos adaptamos a ellos, nos disculpamos aunque no tengan razón, trabajamos horas extras, hacemos más de lo que nos corresponde, ofrecemos ayudar y nunca expresamos enojo, no importa qué ocurra. No obstante, todos sabemos que no existen las comidas gratis (dicho como un verdadero Tanteador).

Hay algunas cosas más. Lo que el Conciliador realmente está haciendo es pagar una póliza de seguro. El pensamiento inconsciente es que, si hacemos todo esto ahora por los demás y nos ocupamos de ellos, finalmente ellos se verán obligados a ocuparse de nosotros y a darnos lo que queremos.

Y así se va agrandando el argumento. En algún punto desconocido en el tiempo, decidimos realizar una prueba de amor. "Si en realidad me aprecian (me aman), leerán mi mente y adivinarán que deseo... una palmada en la espalda, que me lleven a cenar afuera, descansar de los niños, un aumento, un nuevo cargo, una promoción, una oficina privada, una nueva tarea, una carta de agradecimiento, vacaciones más prolongadas o un banquete público donde se reconozca toda mi aportación a esta empresa."

Tontas como son, las otras personas nunca leen nuestra mente con precisión. Nos desilusionan, lo que nos hace sentir heridos, explotados y traicionados. "Después de todo lo que hice por ellos, desagradecidos..." Luego nos convertimos en mártires, nos quejamos a los demás o nos encubrimos en nuestra actitud de Tanteador y encontramos alguna forma solapada de castigarlos. Las necesidades comunes que subyacen a estos patrones de relación son:

Ser apreciados
Ser aprobados
Ser reconocidos
Ser amados
Ser cuidados
Pertenecer
Hacer lo correcto
No ser excluidos
Parecer buenos

Dadas estas necesidades, las emociones favoritas de los Conciliadores incluyen:

Vergüenza
Timidez
Culpa
Inseguridad
Frustración
Dependencia
Envidia
Sentirse irritado
Sentirse marginado
Sentirse obligado
No sentirse apreciado
No sentirse reconocido
Sentirse excluido
Sentirse herido

EL PODER DEL CONCILIADOR:
LA OBLIGACION Y LA AUTORIDAD SANCIONADA SOCIALMENTE

En este estilo de pensamiento, el poder o la seguridad provienen de dos fuentes. La primera, nuestra capacidad de obligar a los demás a ser o hacer lo que deseamos. La segunda reside en las personas investidas de autoridad socialmente aprobadas.

El cuidar y agradar a los demás, que son variaciones del tema del Conciliador, son formas sutiles de controlarlos y manipularlos. Al igual que en los Cuidadores, el poder surge de lo eficaces que somos para hacer sentir culpables y obligar a los demás. Si hemos sido tan buenos con ellos y somos muchachos (muchachas) tan agradables, ¿cómo es que no nos dan lo que queremos? Las personas que no se sienten lo suficientemente obligadas o culpables son tachadas de egoístas o perezosas.

La segunda fuente de poder de los Conciliadores es la autoridad oficial. Los Conciliadores suponen que, si la otra persona cuenta con las credenciales, títulos, rango o posición adecuados, debe saber más. Los Conciliadores suponen que sus padres, los líderes religiosos, los médicos, los terapeutas, los líderes políticos, el agente de seguros y el peluquero saben más acerca de lo que es bueno para ellos que ellos mismos.

Es como si los Conciliadores supusieran que existe un cuerpo de verdad ordenado previamente y definido en algún lado "allí afuera" y que las personas investidas de autoridad son las únicas que tienen acceso a él. Por ende, aunque disientan de lo que dicen o no dicen las personas con autoridad, los Conciliadores no creen tener derecho a cuestionarlos o desafiarlos.

Por ejemplo:

Hace unos años, actué como asesor de una agencia de acción comunitaria. Los comisionados del condado habían recortado el presupuesto de la agencia y era poco probable que ésta pudiera sobrevivir. Hablé con la directora de la agencia para desafiar la decisión del comisionado. Su respuesta fue: "No podemos hacer eso. Ellos son los comisionados del condado. Obviamente tienen un panorama más amplio de las necesidades del condado que el que tenemos nosotros."

La forma de pensar del Conciliador es una fuente de seguridad y consuelo. El hecho de suponer que alguien allí afuera tiene la verdad significa que hay muchas cosas de las que no debemos preocuparnos. No debemos preocuparnos por los temas sociales o políticos o económicos porque las personas en los puestos oficiales que saben más que nosotros se ocupan de esos problemas. Incluso si no entendemos algo, alguien de allí afuera sí lo entiende. No debemos preocuparnos.

Al mismo tiempo, cuando queremos hacer algo, podemos acudir a una persona con autoridad y pedirle permiso. Si están en "sus" funciones, pueden ocuparse de nosotros dándonos permiso y diciéndonos cómo debemos hacer lo que queramos hacer. Luego, si nos va mal, no es culpa nuestra: ellos nos dijeron que lo hiciéramos.

Es un estupendo sistema, siempre que funcione. El único problema es que somos libres para pensar por nosotros mismos, para cuestionar o desafiar, para hacer lo que nos parezca correcto. Nuestra obligación como Conciliadores es mantener el statu quo y encajar en el programa.

SUGERENCIAS PARA NEGOCIAR A PARTIR DE UNA POSICION CONCILIADORA

Cuando llega el momento de negociar, los Conciliadores pueden resolver problemas con mayor facilidad que los Tanteadores o los Exigentes, pero no son igualmente aptos para resolver conflictos. Su capacidad de pensamiento racional abstracto les permite analizar problemas, planificar una negociación y participar en programaciones a largo plazo, sin contar con datos concretos frente a ellos.

Sin embargo, cuando surge un conflicto, los Conciliadores juegan a la táctica del avestruz. Por su necesidad de que todos los aprueben, los Conciliadores hacen todo lo posible para que el conflicto desaparezca en lugar de resolverlo. Temen que si intentan abordar los temas negativos de una relación, alguien pueda enojarse con ellos y desaprobarlos.

Si bien este estilo de pensamiento comienza en los primeros años de la adolescencia, muchos adultos nunca evolucionan más allá de esta etapa. Ser un Conciliador ha sido la norma que significa ser adulto. Nuestros modelos de negociación, particularmente en nuestras vidas personales, han sido modelos Conciliadores. Vemos negociadores Conciliadores en:

El empleado que niega (con los dientes apretados) que está enojado.

La empleada que acuerda con todo el *feedback* negativo que usted le está expresando. (Usted supone que ella desea que esta entrevista se olvide.)

El cliente que insiste en centrarse en resolver el problema y evita hablar de los conflictos de la relación.

Los empleados que le piden continuamente que aclare sus expectativas respecto a ellos.

El empleado que siempre es agradable y nunca tiene una actitud impopular.

ALGUNAS SUGERENCIAS ESPECIFICAS

1. Como Conciliador, podrá pensar en términos abstractos y racionales. Podrá teorizar acerca de las causas de un problema y especular (en su mente) sobre posibles soluciones. No obstante, tendrá la tendencia a buscar la única respuesta adecuada e ignorar todas las opciones disponibles.

Por lo general, será indeciso o dilatará las situaciones porque teme tomar la decisión incorrecta. Está más preocupado por lo que los demás pensarán de usted que sobre qué debe hacerse.

2. Tendrá cierta capacidad de empatía, de comprender la perspectiva de la otra persona y de las necesidades expresadas por su comportamiento. Esto se aplicará especialmente a las personas que lo quieren.

Le resultará fácil comprender a los demás que trabajan con usted o que se parecen a usted o que provienen del mismo entorno étnico. Si ambos están en el departamento de comercialización, les será fácil comprenderse, pero esto no se aplicará a las personas que están en el departamento de producción.

3. Establecerá relaciones más productivas con otros que con los Exigentes o los Tanteadores. Confiará más, será menos paranoico, menos temeroso de ser engañado. Las personas lo describirán como amistoso y apacible.

4. Podrá resolver problemas pero no conflictos. Evitará los conflictos jugando a la táctica del avestruz. Intentará calmar toda expresión de enojo. Jugará al papel del Conciliador, intentando que todos estén contentos. Negará su propia ira.

5. Concederá o cederá para agradar a los demás y hará que los sentimientos desagradables desaparezcan. Cederá en un trato 20/80, dándole a la otra persona el 80 por ciento para que no se enoje. Por supuesto, más adelante, la odiará por haberse aprovechado de usted. (Muchos divorcios se producen por esto: "Estaba cansada de pelear. Sólo quería que esto terminara".)

6. Se disculpará aunque tenga razón. Espera que si se disculpa, olvidarán el tema y ya no tendrá que volver a tratarlo.

7. Cuando no esté de acuerdo con las personas investidas de autoridad, se adaptará a su cara pero marchará sintiéndose resentido y quejándose a los demás. Vemos ejemplos de esto en empleados que no elevan objeciones a su jefe en una reunión, pero que cuando regresan a su departamento se quejan ante sus compañeros.

8. Podrá utilizar su experiencia y reflejarla. Como resultado, será más preciso que los Tanteadores en sus percepciones y estará más consciente del proceso que se lleva a cabo, además del contenido de la discusión.

9. Tenderá a juzgar a los demás diciendo que están equivocados o que son egoístas si no encajan dentro de su escala de valores.

10. Sus soluciones futuras tenderán a ser idealizaciones de sus valores y no innovadoras y diferentes. Sus soluciones también tenderán a ser aquellas que le permitan volver a su casa y mirarlos a los ojos.

Si los Conciliadores son tan "serviciales", ¿cómo podrá negociar con ellos? Las opciones para negociar con los Conciliadores se describen en el próximo capítulo.

8

COMO PACIFICAR AL CONCILIADOR

Recuerde que los Conciliadores se ocupan de lo que las otras personas piensan de ellos. Necesitan parecer buenos y satisfacer las expectativas de todos. Se sienten incómodos si alguien se enoja con ellos o los desaprueba. Trabajan duro para mantener la paz, para calmar las aguas, para que todos estén contentos.

Respecto de los conflictos, los Conciliadores juegan a la táctica del avestruz. Hacen todo lo que pueden para que desaparezca el conflicto en lugar de afrontarlo. En cuanto a la resolución de problemas, evitarán todo lo que pueda conferirles una mala imagen.

La filosofía básica de los Conciliadores es que los buenos muchachos terminan primero. Creen que si pueden contentar a todos y evitar cualquier enfrentamiento real, los demás se verán obligados a darles lo que desean. Después de todo, ¿por qué no? Son tan agradables.

En la respuesta a los Conciliadores, el objetivo es impedir que se escapen o desaparezcan, o dejarse subyugar por sus encantos. Necesita sacar suave pero firmemente la cabeza de avestruz fuera del agujero y hacer que lo mire, ojo a ojo.

O, como un cliente me describió una vez, es como ser hábil con una pistola de calafatear. Hay que seguir tapando los agujeros por los que los Conciliadores intentan escapar.

Los Conciliadores son duros de confrontar. Le endilgan sus responsabilidades. Hacen que se sienta culpable por confrontarlos.

Son maestros en hacer a los demás sentirse temerosos de herir sus sentimientos.

En los siguientes ejemplos, reconocerá algunos rasgos comunes y superpuestos. Esto se debe a una secuencia de comportamiento general que se describe en el capítulo 7 como síndrome de la prueba de amor. Los diferentes ejemplos representan los diversos roles que adoptan las personas a medida que llevan a cabo la secuencia del síndrome de la prueba de amor.

1. *Los negadores.* Los negadores intentan que usted mismo vaya negando la existencia de un problema o conflicto. O niegan que acaban de clavarle un cuchillo en su espalda. Los Conciliadores, como todo el mundo, se enojan, pero temen mostrar su enojo de forma directa. Lo "atraparán" con sus encantos y luego, cuando se los confronte, negarán que quisieron conseguir algo con su comportamiento.

Habitualmente podrá saber cuándo alguien está negando algo por la incongruencia existente entre sus palabras y su comportamiento o por el tono de su voz.

"No sé de qué está hablando."
"¿Qué quiere decir? ¡Yo no haría eso!"
"¡No estoy enojado! (con un tono irritado)"
"Es poca cosa. No hay ningún problema."
"Yo puedo manejarlo."
"Nunca tuve la intención de lastimarlo."

En respuesta:

No deje que lo engatusen con sus negociaciones. Si niegan que tienen un problema, dígales que usted tiene uno y que necesita su ayuda para resolverlo. Considere qué condiciones pueden necesitar para sentirse lo suficientemente seguros como para negociar abierta y directamente con usted.

Si el negador es persistente en su negación, usted sea igualmente persistente en su respuesta. Señale los datos de comportamiento a los que está respondiendo. Particularmente, señale las incongruencias que percibe en su comportamiento.

"Le creo cuando dice que no tiene ningún problema. Desgraciadamente, yo sí lo tengo y lo involucra a usted. Necesito su cooperación para resolverlo."

"Si no sabe de qué estoy hablando, déjeme que se lo explique. Cuando llegué a trabajar, las luces estaban encendidas, la máquina de escribir funcionando y la puerta sin cerradura. A no ser que me equivoque, usted fue el último en irse ayer. Eso me hace suponer que el responsable es usted."

"Usted dice que no está enojado, pero su tono de voz dice lo contrario. Me está dando un doble mensaje."

2. *Los que sienten culpa/los que se disculpan.* Estas personas se culpan de cualquier cosa que haya ocurrido para que desaparezca. Son rápidos en disculparse, esperando que con su disculpa lo engatusarán y usted olvidará el tema. Sea consciente de que el otro lado de la moneda de la disculpa es el resentimiento. Las personas que se disculpan son personas resentidas temerosas de su propia ira y de la suya. Hacen lo que pueden para evitar confrontaciones enojosas.

"Probablemente fui el último en usarlo."

"Lamento llegar tarde."

"No, no. Fue culpa mía. No tendría que haber dicho lo que dije."

En respuesta:

No permita que se culpen de todo. Pueden pedir disculpas ahora, pero eso no resuelve nada. Es importante distinguir entre disculparse y evitar disculparse. En una disculpa, usted experimentará un contacto directo y una congruencia con la otra persona. Sentirá que se ha resuelto el conflicto.

Con una disculpa elusiva, algo falla. Se sentirá como si lo empaquetaran. No sentirá que se haya resuelto nada y probablemente no tenga claro qué es lo que desean hacer luego. Tendrá la sensación de que el ciclo se repetirá.

"Aprecio su disculpa, pero hacer que se sienta culpable no es el motivo por el que saqué el tema. No quiero culpar a nadie. Quiero resolver el problema para que no vuelva a ocurrir."

"Sí, volvió a llegar tarde y tengo que hablar con usted de ello. Eso ocurre a menudo cuando tenemos una cita. Me hace sentir que no soy lo suficientemente importante o que no se valora mi tiempo. Quisiera que se comprometiera a llegar a tiempo en el futuro."

"No quiero que se culpe de todo. Ambos contribuimos al conflicto. Quiero que tomemos distancia y que veamos qué ha hecho cada uno de nosotros y cuál ha sido nuestra parte de responsabilidad en ello. Y quiero resolver los temas latentes. No quiero volver a pasar por esto. Y no quiero que se marche sintiéndose resentido, para luego no tener que pagar un precio por ello."

3. *Los adaptables*. Estas personas se adaptan para satisfacer a los demás. Estarán de acuerdo con cualquier cosa con tal de mantener la paz y obligar a los demás. Esperan que si son modestos ahora, usted se sentirá responsable por ellos después. Le dan lo que usted quiere ahora. Luego, esperan que lea sus mentes y adivine qué quieren.

"No tiene importancia."

"No, adelante, yo espero."

"Haga lo que quiera."

"Mis planes no son importantes."

"Está bien. Lo haremos a su manera."

En respuesta:

Sea consciente del precio que podrá tener que pagar más adelante. No los deje hacer más de lo que realmente deseen hacer, a no ser que le guste sentirse obligado a hacer algo que no desee hacer.

"Aprecio su generosidad. No obstante, quiero asegurarme de que no haga más de lo que realmente desee hacer. No quiero sentirme obligado a hacer algo por usted."

"Cuando se retrae, me preocupo acerca de pagar un precio por el resentimiento que pueda surgirle más adelante."

4. *Apaciguadores, pacificadores y otorgantes*. Estas personas intentan calmar las aguas apaciguando y pacificando. Suavizarán o calmarán la situación haciendo concesiones y, con frecuencia, sacrificarán principios. Serán transigentes en un 20/80: se llevarán el 20 por ciento y le darán el 80 por ciento a usted, si de ese modo usted se apacigua y pueden zafar del mal momento. Luego, se van y sienten resentimiento hacia usted por haberse aprovechado de ellos.

"Dígame lo que quiere y yo se lo daré. Pero no esté enojado conmigo."

"No es bueno discutir. No levantemos el tono de nuestra voz. El enojo nunca resuelve nada. Sólo empeora las cosas."

"Puede tener cualquier otra cosa. Déme sólo el viejo camión."

"Si usted maneja los acuerdos, yo haré todo el resto."

En respuesta:

No los deje que le den más de lo que deseen. Insista en lo equitativo de los bienes y de las tareas. Asegúrese de que sea un trato o una división justa, si no realizará pagos a largo plazo. Asegúrese de estar emocionalmente comprometido con las normas subyacentes y los resultados deseados. Niéguese a que lo calmen. El enojo no mata las relaciones, lo que las destruye es no expresarlo.

"No quiero que me ceda nada."

"Creo que es importante que establezcamos criterios justos para que ninguno de nosotros se sienta con resentimientos más adelante."

"No quiero que usted tenga que hacerlo todo. Quiero hacer lo que me corresponde para que ambos nos sintamos bien al respecto."

"No estoy dispuesto a sofocar mi enojo y a simular que todo está bien, si no lo está. Tenemos que hablar de lo que sucede entre nosotros y tratar de comprenderlo para llegar a alguna resolución."

5. *Los complacientes.* Los complacientes esperan que si son lo suficientemente agradables, usted se sentirá demasiado culpable como para confrontarlos. Serán complacientes, nunca demostrarán su enojo en forma directa, sonreirán mucho y se quedarán en lo superficial. Por lo general son halagadores y encantadores. También son grandes "Efusivos", uno de los "buenos y viejos muchachos" que le palmearán la espalda. Para ellos es importante parecer buenos y agradar a todos satisfaciendo sus necesidades. Son tan dulces, que los puede comer con tostadas.

"Bueno, es fabuloso volver a verte. Hace tanto tiempo que no nos encontramos. ¿Cómo está Molly? ¿Qué tal la familia?"

"Hace un trabajo tan maravilloso. Todo el mundo lo dice."

En respuesta:

Señale la falsedad, ayúdelos a parecer buenos y sea persistente.

"Para mí también es agradable volver a verte, porque tengo algunas cosas que hablar contigo. Es difícil para mí confrontarte porque siempre eres tan amable. Temo herir tus sentimientos pero no quiero que mi temor me impida abordar el conflicto que tengo contigo."

"Aprecio sus halagos, pero sus halagos me dificultan hacer lo que debo hacer ahora mismo. Me siento atrapado. Si lo confronto, puede que resulte ser una persona insensible y desagradecida, pero debo confrontarlo. Tenemos que hablar."

6. *Madrazas, padrinos, cuidadores.* A estas personas les encanta ocuparse de usted. Le harán favores, diligencias, le ofrecerán ayuda, trabajarán horas extras, harán más de lo que les corresponde, se anticiparán a cada una de sus necesidades.

Sin embargo, este cuidado útil no es gratis. Tienen una agenda oculta. Se ocupan de usted ahora, pero finalmente se supone que usted se ocupará de ellos.

Están firmando una póliza de seguros que se cobrará en el futuro. Y, después de todo lo que han hecho por usted, ciertamente no será tan desagradecido como para confrontarlos o hacerlos responsables de algo.

"Trabajaré el fin de semana para que los demás puedan irse."

"Creo merecer un aumento después de todo lo que hice."

En respuesta:

No deje que le engatusen. Acláreles que usted no quiere que hagan más de lo que realmente quieran hacer. Usted no le debe nada a nadie. Esto no significa que usted sea un Tanteador insensato que obtiene lo que desea de cualquier persona. Sino que nadie tiene derecho a obligarlo secretamente a deberle algo o a ser responsable por él.

Querer ser generoso libremente con los demás porque han sido libremente generosos con usted es diferente a estar obligado a hacerlo y de responder por un sentido del deber. La obligación genera resentimiento y no es constructivo para ninguna de las dos partes.

"Aprecio todo lo que ha hecho por mí personalmente y por la empresa. Ha hecho un buen trabajo y quiero mantenerlo en la compañía. Sin embargo, no hay dinero en el presupuesto en este momento para otorgarle un aumento adicional. Estoy dispuesto a revisar esto con usted nuevamente dentro de tres meses, cuando quizás estemos en mejor posición financiera."

"Me preocupa que haga más de lo que realmente desea hacer. Quiero que respete sus propios límites para que no sienta más adelante que se aprovechan de usted."

"Aunque le estoy sumamente agradecido por todo lo que ha hecho, todavía tenemos un problema por resolver."

7. *Animales heridos*. Los Animales heridos se lastiman. Esta es la postura que por lo general toman los cuidadores cuando deciden cobrar su póliza de seguros. Se convierten en mártires para que usted se sienta culpable. Esperan que su culpa lo haga dar un paso atrás. No los culpe, pero insista en que son ellos los responsables de su propio comportamiento. Si usted no es específico al describir su comportamiento, probablemente lo nieguen o se confundan.

"Cuando dijo eso y actuó como si se sintiera herido, el mensaje que obtuve fue que no tengo derecho a responder."

"Todo lo que he hecho por mí no niega lo que también *me* hizo a mí. Ignorar mis sentimientos no resolverá el conflicto. Si usted se siente herido y yo me siento culpable, eso no nos ayudará a avanzar."

"Creo que hizo lo mejor que pudo. También sé cuál ha sido mi experiencia. Aun así, usted hizo lo mejor que pudo. También siento enojo y tristeza por ciertas cosas que hizo y no hizo. Y tengo que resolverlo con usted."

"Así es como me siento y quiero hablar de ello. No estoy dispuesto a que me despidan porque usted se siente herido. Quiero que entienda qué siento y necesito y qué respuesta espero de usted."

8. *Regañones.* Los regañones son una variedad de los mártires, de los quejosos, de los carceleros y de los que culpan a los demás. Los regañones hacen algo más que simplemente pedir lo que desean. Saben cómo clavarle un cuchillo y hacer que se arrastre mientras formulan sus solicitudes. Con frecuencia, se repiten y les encanta hacer preguntas en lugar de enunciaciones. Sus preguntas tienen un gancho, un mensaje punitivo latente.

Regañar es el comportamiento favorito de los cuidadores, que se sienten resentidos por todo lo que han hecho en el pasado.

Expresan su enojo indirectamente y esperan que usted pague por ello. Son buenos para recordarle sus obligaciones y promesas pasadas.

"¿Cuándo terminará de limpiar los ficheros como lo *prometió*?"

"*¿Cuántas veces* tengo que recordarle lo mismo?"

"El trabajo *aún* no está terminado."

En respuesta:

Niéguese a ser castigado y a que le recuerden acuerdos pasados que ya no son vigentes. Señale el cuchillo punitivo de su mensaje y aborde el conflicto subyacente.

"Tiene razón. Yo le prometí hacerlo. No obstante, cuando lo hice, no habíamos terminado el inventario. Nuestra situación ahora es diferente."

"Su tono de voz y sus palabras me dicen esta vez que se siente resentido. Obviamente estamos ante un conflicto que debemos abordar. Dígame qué siente."

"Su uso de la palabra «aún» me hace sentir como si me estuviera castigando. No me gusta que me castiguen. Estoy dispuesto a escuchar qué siente y necesita. Quisiera resolver cualquier tipo de conflicto que exista entre nosotros dos."

SEIS PAUTAS PARA PACIFICAR A LOS CONCILIADORES

Recuerde:

1. Si usted no es su padre, y si no es un niño, usted no es responsable por él. *Nadie tiene derecho a hacer que se sienta culpable ni obligarlo a hacer algo que no desea.*
2. El hecho de que se sientan *heridos*, no significa que:
   - Sea su culpa.
   - Sean inútiles y desvalidos.
   - Se sientan destruidos y mueran si los confronta.
3. El gran poder de los Conciliadores reside en su gentileza. No se deje engañar ni entregue su poder.
4. Esté atento a las variedades del enojo oculto del Conciliador. Suele llegarle a usted antes de que usted se entere.
   Los ejemplos del enojo oculto del Conciliador incluyen:
   - Sentirse herido
   - Sentirse desilusionado
   - Ser tímido
   - Ser demasiado gentil o servicial
   - Emitir mensajes incongruentes
   - Negar
5. Sea persistente. Dígales cuán difícil es confrontarlos y manténgase en esa posición.
6. Escuche la incongruencia existente entre lo que dicen sus palabras y lo que demuestra su comportamiento o su tono de voz. Manifieste dicha incongruencia.

9

PERFIL DEL REBELDE

Estilo de pensamiento	O uno u otro. Acentúa diferencias.
Forma de relacionarse	Superficial. Independiente. Elude el compromiso.
Necesidades básicas	Probar la idoneidad y la autonomía. Ser libre.
Emociones clave	Excitación y miedo. Determinación. Impaciencia.
Sentido del poder	Ser competente y producir resultados.
Comportamiento	Empresarial. Desafía la autoridad y las instituciones. Superior. Rudo. Pragmático. Abrupto. Orientado a la tarea. Serio. Va directamente a los negocios. Evita justificarse. Moldea o reforma.
Creencias	Les demostraré que me puedo cuidar solo. Debo probarme a mí mismo. Si no soy rudo, perderá mi autonomía. No tengo tiempo de tratar con la gente.
Estilo de negociación	Rudo. Acentúa las diferencias. Tiene argumentos para todo. Orientado hacia los resultados respecto de los problemas, aunque evita los conflictos. Superior. Soberbio. Arrogante. Sarcástico. Transige de forma pragmática.

9

REBELDE: COMO OBTENER LO QUE DESEA HACIENDOLO USTED MISMO

Ya hemos visto descrito el perfil de los Exigentes, los Tanteadores y los Conciliadores: tres niveles de pensamiento que encontrará en sus negociaciones. Los Rebeldes son el cuarto tipo.

¿Cómo saber cuándo uno trata con un Rebelde? Bien, ¿alguna vez...

- sintió como si estuviera abandonando su hogar?
- se sintió impaciente porque quería resultados de inmediato?
- se negó a justificarse?
- disfrutó diciéndole a alguien: "No"?
- actuó rudamente para sentirse más fuerte?
- deseó ser reconocido por quién era como persona y no por su cargo?
- sintió la necesidad de probarse a usted mismo?
- desdeñó a los demás para desembarazarse de ellos?
- se negó a seguir el programa?
- se sintió atrapado entre dos posiciones extremas?
- deseó moldear a alguien?
- fue desobediente como ciudadano?
- sintió la necesidad de mantener a los demás a distancia para no sentirse encerrado o perder el control?
- fue acusado de ser testarudo?
- actuó como un ser superior o fue arrogante?

- se puso ansioso cuando no pudo hacer que algo funcionara?
- creyó que su poder dependía de su experiencia?

QUIERO SER YO MISMO

Como se deduce del nombre, los Rebeldes son rebeldes y productivos.

Son ex Conciliadores que se han cansado de buscar la satisfacción de las expectativas de los demás. Están cansados de conceder lo que quieren para que todos estén contentos. Odian que se los defina por sus roles. Han decidido que el precio para contar con la aprobación de todo el mundo es demasiado alto.

Por lo tanto, se rebelan y abandonan el hogar. Su postura básica es la de desdeñar a los otros y probar que ellos solos pueden hacer las cosas. Su objetivo es probar que pueden ser adultos con autonomía e independencia. Hacen esto probando que pueden ser productivos y lograr que las cosas funcionen.

Los Rebeldes tienen un dilema. Por un lado, quieren ser independientes y autónomos y, por el otro, quisieran ser apreciados. Por un lado, les encanta explorar, crear nuevas posibilidades para sus vidas, pero, por el otro, temen no ser lo suficientemente aptos para hacerlo por sus propios medios.

Los Rebeldes están experimentando con quiénes pueden estar en este mundo. Si no saben quiénes pueden ser, no saben quiénes quieren ser. No quieren ser dependientes y adaptables. No quieren tener que agradar a todos y seguir un programa al pie de la letra. No quieren comprometerse ni sentirse atados o atrapados. No quieren ser Conciliadores.

Por lo tanto, comienzan a definirse en términos negativos, respecto de lo que no quieren ser. Comienzan a lograr una definición alejándose de figuras anteriores de autoridad y estructuras limitativas.

Muchas personas se encuentran en este nivel durante los últimos años de su adolescencia o los primeros de su juventud. El cambio para tener un estilo de pensamiento Rebelde requiere habitualmente cierto distanciamiento de ex personas con autoridad y la decisión de ser personalmente responsables de sus propias vidas. Típicamente, esto ocurre durante los años universitarios.

En el pasado, las mujeres podían llegar a tener la capacidad de los Rebeldes durante su etapa universitaria, pero con frecuencia, volvían al pensamiento Conciliador, especialmente si no llegaban a licenciarse en ninguna carrera. Por otra parte, los hombres solían trasladarse a la forma de pensamiento del Rebelde en sus vidas profesionales, funcionando, sin embargo, como Conciliadores en sus vidas personales.

Todo esto ha cambiado desde la década de los años 60. Hemos vivido una enorme revolución cultural cuyo resultado ha sido un cambio en la norma social para las capacidades adultas de pensamiento y de relacionarse.

Observamos esto en los movimientos en favor de los "derechos": los derechos civiles, las Panteras Negras, el Poder Homosexual, el movimiento feminista. Observamos un cambio también en las protestas contra los conflictos armados, comenzando por el Vietnam, el aumento en los índices de divorcios, los cambios habidos en las religiones organizadas (por ejemplo, el Concilio Vaticano II de la Iglesia Católica), y otros.

El resultado es que hay más hombres y mujeres del grupo que va de los 20 a los 50 años de edad que funcionan desde el pensamiento Rebelde. Estos incluyen:

La madre soltera que prueba que puede mantenerse a ella y a sus hijos.

El profesional que desarrolla su carrera.

La profesional que tiene una posición en la alta dirección, que anteriormente era un ámbito privativo de los hombres.

El gran número de parejas que eligen vivir juntos sin casarse.

El empresario que se sitúa en el limbo y elige quedarse allí.

En las negociaciones encontrará a estas personas duras e independientes con mayor frecuencia que hace veinte años. Las necesidades comunes de los Rebeldes son:

Ser respetados	Ser competentes
Ser autosuficientes	Lograr resultados
Probarse a sí mismos	

Dadas estas necesidades, las emociones comunes de los Rebeldes incluyen:

Soledad	*Excitación*
Impaciencia	*Superioridad*
Enojo	*Miedo*
Indignación	*Esperanza*
Resistencia	*Fatiga*

Resignación firme	*Rudeza*
Determinación	

ESCENARIOS DE LOS REBELDES

Imagínese sentado con la inspectora de la compañía. Ella está "vestida para el éxito" con su traje azul y una pequeña corbata de seda. Parece bastante amigable, pero cuando le pide que le explique algo, se niega a justificarse.

Imagínese diciéndole a su socio que necesita que termine un informe. El le echa una mirada de desdén y se marcha sin decir nada.

Imagínese preguntándose dónde está su secretaria. Tiene el hábito de llegar tarde a trabajar y de no decirle cuándo no va a venir. No le gusta sentirse atada a un esquema rígido.

Imagínese confrontando a un empleado acerca de su desempeño. Responde indignado que hace su trabajo y que no necesita que un padre le diga lo que debe hacer o no hacer.

Imagínese intentando que un cliente cierre una operación mientras él le da largas porque no le gusta que lo presionen.

Imagínese preguntándole a su jefe si puede probar una idea nueva y su respuesta es: "No", porque "nunca antes lo hicimos así".

Usted, a su vez, lo desafía para justificar su postura.

Imagínese intentando devolver un producto defectuoso que compró recientemente. Puesto que no tiene recibo, le informan que la tienda no lo puede recibir, "porque va en contra de la política del establecimiento".

Usted se impacienta y pide ver al gerente. El gerente aparece y usted desafía la política de la tienda.

Imagínese llamando a una clienta para concertar un almuerzo. Ella es la persona más importante de la compañía. Mientras todavía está al teléfono, le dice con voz firme que está felizmente casada y que ella pagará su propio almuerzo.

Los Rebeldes suelen usar el pensamiento "uno u otro". En parte, esto es en función de su necesidad de definirse apartándose de los demás. Se definen a sí mismos tomando posiciones extremas. "O mi jefe tiene razón o yo la tengo, no puede ser que ambos la tengamos."

En sus relaciones con los demás, los Rebeldes suelen mantenerse alejados evitando compromisos personales. Temen ser absorbidos y ser dependientes de nuevo como lo fueron cuando funcionaban como Conciliadores.

Su fuente de poder reside en cuán duros pueden ser y en qué pueden producir. Tenderán a desconfiar de la autoridad tradicional. En lugar de ello, respetarán a las personas que hacen bien su trabajo, cualquiera que sea su posición.

CREO QUE PUEDO

Las creencias comunes de los Rebeldes incluyen:

- Puedo cuidarme solo.
- ¿Por qué debería hacerlo? ¡No pueden obligarme!
- Los compromisos equivalen a perder el control.
- Tengo que ponerme a prueba.
- Yo les demostraré.
- Tengo que mantenerme rudo para evitar perder el control.
- No tengo tiempo de relajarme ni de jugar.
- No tengo tiempo de tratar los problemas de las personas.
- Soy superior, creo.
- Necesito mejorar y continuar haciéndolo.
- No necesito que nadie me diga cómo he de hacerlo.

La característica de estas creencias es la necesidad que el Rebelde siente de probar que es rudo y competente y puede hacerlo por sí solo.

PENSAMIENTO "UNO U OTRO"

Los Rebeldes, en su necesidad de ser productivos y de probarse a sí mismos, están orientados hacia los "resultados". "No quiero excusas. ¡Quiero resultados!" Los Rebeldes son capaces de analizar una idea por sus factores prácticos. Definirán un problema de forma lógica, fijarán objetivos y desarrollarán planes para obtener resultados prácticos.

Serán impacientes con los que no sean productivos. Tienen una mente centrada, direccional, alerta, disciplinada, incisiva y enérgica. Se mueven por un objetivo. Quieren que el trabajo se haga. "Quiero esto envuelto antes de que hoy nos vayamos de aquí. Si no lo termina hoy, tendrá que venir mañana por la mañana (sábado) para acabarlo."

Los Rebeldes se convencerán más por la evidencia empírica y la lógica que por teorías o por la autoridad. Aunque ellos se niegan a justificarse, esperan que todos los demás se justifiquen. Necesitan convencerse con hechos concretos. Su actitud es: "¡Pruébemelo!" "¡Demuéstremelo!" "¡Muéstreme evidencias o cállese!".

Debido a su pensamiento dicotómico, los Rebeldes se centran en las diferencias entre los ítems y no en las similitudes. Tenderán a percibir los temas como extremos. Esta es una limitación a su capacidad de resolver problemas. Es probable que encuentren soluciones por su impaciencia de que las cosas se hagan, pero estas soluciones serán extremas y ninguna muy apropiada. En ocasiones, los Rebeldes no pueden ver las áreas grises existentes entre el negro y el blanco.

Por ejemplo:

Como contable, Jonathan estaba sumamente disconforme con su sociedad. Los otros socios mantenían clientes antiguos y no estaban motivados para que la firma creciera. Jonathan les manifestó su preocupación, pero nadie lo escuchó y sintió tal presión interna que le impidió seguir adelante. Luego, una firma más importante le preguntó si estaría interesado en ingresar como socio. Jonathan estaba muy entusiasmado con la oferta: sería su forma de salir de la empresa. Pero su entusiasmo se convirtió rápidamente en frustración y enojo durante la primera reunión de negociación. La nueva firma no estaba dispuesta a tomar a Jonathan como socio hasta que no tanscurriera un período de un año de prueba, y además el salario era demasiado bajo.

Jonathan se sintió atrapado. Creía que contaba con tan sólo dos oportunidades y ninguna le gustaba. En realidad, como se percató unas semanas después, tenía otras opciones. Podía negociar entrar como socio por un salario superior en otra firma. Pero, en el momento de la primera negociación, Jonathan se quedó atrapado en la forma dicotómica del pensamiento del Rebelde y sólo pudo ver las dos opciones extremas.

Los Rebeldes se centran en las diferencias. Esto les permite desafiar, arremeter contra alguien y sentirse superiores. Pero con frecuencia esta actitud crea conflictos innecesarios. Son incapaces de ver qué tienen en común con la otra persona. Por lo general, se ocupan más de lo que no les gusta en lugar de buscar áreas de acuerdo.

Por otra parte, la forma única de pensar de los Rebeldes los hace mantenerse en la brecha. Determinados y persistentes, es difícil apartarlos de sus metas.

Por ejemplo:

Roger y Ann trabajan juntos. Roger intenta describirle a Ann su interés en intentar resolver los problemas que tiene con ella. Describe el hecho de que cada vez que le dice que necesita su ayuda, ella supone de inmediato que la está criticando por no haber hecho lo suficiente y, por lo tanto, se pone a la defensiva y se justifica. Esto, por lo general, tiene como consecuencia que Roger se canse y la desdeñe diciéndole: "Olvídalo". Roger quiere que ambos comprendan a su socio para poder trabajar en conjunto y cambiar la situación.

Atenta a las formas, Ann se pone a la defensiva y comienza a justificarse diciendo qué hizo en una reunión el día anterior y Roger, que está centrado en lo suyo, no le permite andarse por las ramas, y la trae nuevamente al tema básico: el patrón característico entre ellos en el que están atrapados en ese momento.

Entonces le dice a Ann: "La reunión de ayer es sólo un ejemplo. Lo que estamos haciendo ahora es otro ejemplo. No quiero que te andes por las ramas discutiendo ejemplos en particular. Quiero apartarme de ello e intentar comprender el patrón repetitivo en el que estamos". Y luego, como un verdadero Rebelde, hace un comentario superior y sarcástico: "¡Si es que tú puedes centrarte en un tema!".

Los Rebeldes son más capaces de ver un panorama completo porque están menos afectados por sus prejuicios anteriores. No toman en consideración si algo encaja o no en sus creencias y valores preconcebidos acerca de cómo deben de ser las cosas. No son tan dados al prejuicio. Pueden apartarse de sus sistemas y aceptar las cosas tal como son. Una persona que está en esta etapa aún puede valorar los compromisos de por vida y, al mismo tiempo, comprender y aceptar que las personas tienen motivos sólidos para divorciarse.

Por lo mismo, los Rebeldes son creativos y con amplitud de miras, porque están dispuestos a experimentar de cuantas formas sea posible a fin de obtener introvisiones nuevas. Son libres para soñar. Su postura sería: "¿Y por qué no?". Como dijo un director de ventas de equipos para oficinas: "Si desea motivarme, sólo dígame que no puedo hacerlo. Le aseguro que encontraré el modo de hacerlo, sólo para probarle que está equivocado".

Los Rebeldes también tendrán mayor amplitud de miras y serán menos críticos en sus inspiraciones. Podrán descentralizarse y ver las cosas en retrospectiva, revertir su proceso de pensamiento para experimentar qué ocurrió en el pasado. También podrán proyectarse en el futuro, anticipando visualmente lo que podría ocurrir, podrán verse en esa situación futura. Esto les permite anticipar creativamente las respuestas de los demás y prepararse para negociaciones futuras.

Por ejemplo:

No hacía mucho tiempo que Kay se había separado de su marido y aún se sentía extraña para concertar citas con hombres. Cuando Morris la invitó a pasar un fin de semana en San Francisco, ella le dijo que tenía que pensarlo. Se sentía atormentada.

Le gustaba Morris y no quería perderlo, pero aún no se sentía preparada para tener intimidad sexual con alguien. Se imaginaba a los dos en San Francisco juntos, caminando por el muelle, cenando, le parecía divertido. Luego, visualizó a ambos en el motel y sabía que no podría hacerlo.

Anteriormente (como Conciliadora), Kay hubiera encontrado alguna excusa. Esta vez, dijo la verdad: que le asustaba y que no quería sentirse usada. "Ojalá hubiera podido decírselo sin que mi voz sonara ruda, pero al menos se lo dije. Luego, al imaginarme a los dos en el motel, supe, incluso a sabiendas de que me exponía a no verlo jamás, que tenía que decir no."

Los Rebeldes toman posturas y dicen "no". Son menos competitivos que los Tanteadores, pero probablemente se los perciba como más competitivos que los Conciliadores. En realidad compiten consigo mismos, hecho que proviene de la necesidad de probarse que pueden hacerlo.

Esto puede verse reflejado en el creciente número de personas que hacen *jogging* en contraste con el número de los que participan en deportes competitivos.

RELACIONES: "LO HARE YO SOLO, GRACIAS"

Para los Rebeldes, las relaciones suelen ser distantes y estar por encima de todo. Esta es la etapa en que las personas deciden divorciarse, iniciar carreras nuevas o comenzar sus propios negocios.

A los Rebeldes no les gusta que les digan qué hacer y cómo hacerlo.

Si quiere motivar a un Rebelde, déle una tarea y déjelo libre para que lo haga a su propio ritmo. "Sólo dígame qué quiere que haga. Sé arreglármelas para hacerlo solo."

Los Rebeldes suelen ser solitarios independientes. Si desean que algo se haga, lo más probable es que lo hagan ellos mismos en lugar de pedir ayuda. No quieren intentarlo y que les digan "No", y no quieren esperar que los demás actúen en conjunto. "Si quieres que algo se haga, tienes que hacerlo tú solo."

O como dijo un vicepresidente respecto de su mala relación con sus trabajadores sindicalizados: "No tengo ni el tiempo ni las ganas de sentarme a hablar sobre nuestra relación. Tenemos cupos que cumplir."

Si se los confronta, los Rebeldes probablemente se indignen y se nieguen a justificarse. Tienen dificultades para distinguir entre explicarse como adultos para que los demás puedan comprenderlos y tener que justificarse para obtener aprobación, al igual que los niños. También tienen la tendencia a actuar como si fueran superiores y desdeñosos, como si explicarse fuera rebajarse ante los demás. "Yo no le debo ninguna explicación. No es de su incumbencia. ¿Quién se cree que es?"

Los Rebeldes tratarán de reformar y de arreglar. Creen que es su responsabilidad desafiar la autoridad tradicional y las formas tradicionales de hacer las cosas. Son inflexibles en cuanto a tratar de modificarlo todo y a todos. "No tenemos tiempo para sentarnos a sentir lástima de nosotros mismos. Cambie y vuelva a trabajar."

Si puede soportar todas sus tendencias reformistas, son útiles y trabajadores productivos. Hacen todo lo que debe hacerse, antagonizando con las personas en el camino. Son buenos directores de proyectos, pero no tan buenos supervisores y consejeros.

Por ejemplo:

Un presidente de una corporación se preguntaba por qué su gente no confiaba en él y sentía resentimiento. Lo primero que advertimos es que los llamaba por sus sobrenombres infantiles: Tommy, Jimmy, Bobby, una forma sutil de sentirse superior. Lo segundo que advertimos es que cuando el capataz le solicitó qué era lo que quería de su equipo (habían estado discutiendo sobre la fecha final del proyecto), la respuesta inmediata del presidente fue: "No quiero nada de ustedes. Esta compañía seguirá estando aquí después de que te vayas, Jimmy". Después de esta provocación a su capataz, el presidente pasó a enumerar las seis cosas que necesitaba del personal a cargo del capataz. No comprendía por qué el capataz era tal hostil y poco cooperador.

El comportamiento característico de los Rebeldes incluye:

Ser beligerante	*Tener accesos de ira*
Ser rudo	*Resolver problemas*
Desdeñar	*Ser eficiente*
Negarse a justificar	*Ser determinado*
Desobedecer las normas ciudadanas	*Ser negativo*
	Usar el sarcasmo
Recolectar información	*Ser independiente*
Explorar y experimentar	*Evitar compromisos*
Desafiar	*Probarse a sí mismo*
Negarse a explicar sus acciones	*Abandonar el hogar*
	Sentirse superior
Requerir evidencias	*Trabajar sin cesar*
Ser pragmático	*Estar orientado a las metas*
Tomar "una u otra" posición	*Requerir pruebas*
Rechazar la autoridad tradicional	*Mantenerse distante*
	Ser testarudo
Debatir	*Pensar en términos binarios (o lo uno o lo otro)*
Ser comprensivo	
Estar por encima de todos	

EL PODER DEL REBELDE: "YO LE DEMOSTRARE"

El poder de los Rebeldes reside primero en su capacidad para ser rudos, independientes y productivos. Como ex Conciliadores, han aprendido que cuando se enojan se sienten más fuertes. Su enojo les permite objetivizar a los demás y colocar un cerco protector a su alrededor. Mientras están enojados, se mantienen en su rudeza y hieren los sentimientos más vulnerables. No tienen posibilidades de sentir lo que sienten los demás.

Por lo tanto, para los Rebeldes es fundamental mantenerse rudos y superiores. Por lo general temen ser cordiales o bajar la guardia por temor a que los demás los vean débiles. En su pensamiento polarizado, de "o una cosa o la otra", también temen que, si no son siempre rudos, se volverán desvalidos y dependientes.

Ejemplo:

Hilda tiene su propia agencia de empleos. Estaba decidida a demostrarle a su ex marido que podía tener más éxito que él en su negocio. Tenía la reputación de ser muy exigente. Durante seis meses, contrató y despidió a veintidós empleados. Cuando su negocio cayó en la bancarrota en la recesión económica, un columnista de un periódico incluyó un comentario sarcástico en su sección semanal de "artículos nuevos" referente a que los ex empleados de Hilda realizarían una fiesta en el estadio deportivo local. Hilda había sido una patrona ruda. Sus empleados producían resultados rápidos o se marchaban en busca de otro trabajo.

La otra fuente de poder para los Rebeldes radica en los líderes carismáticos. Si bien desdeñan a las personas con autoridad tradicionales, los Rebeldes no siempre están seguros de que saben lo suficiente como para confiar en sus propias creencias. Por lo tanto, buscan a un líder carismático que posea la verdad.

SUGERENCIAS PARA NEGOCIAR DESDE UNA ACTITUD REBELDE

En las negociaciones, los Rebeldes tienen más ventajas que desventajas. En el aspecto positivo, su capacidad de apartarse de sí mismos y de sus sistemas tradicionales los faculta para ver un panorama más complejo y completo.

El cuestionamiento y los desafíos que hacen los Rebeldes no sólo les ayuda a ver más de lo que existe, sino que les permite también generar soluciones más innovadoras. Sus pocos prejuicios y, por ende, su mayor introvisión respecto de los demás, les permite ser más objetivos. Su mente orientada hacia una única cosa, pragmática, les ayuda a evitar ser atrapados en juegos de menor nivel.

En cuanto al aspecto negativo, el pensamiento dicotómico de los Rebeldes les limita innecesariamente en la adopción de opciones. Su necesidad de actuar rudamente y de mantenerse en una actitud de enojo para sentirse fuertes, les crea conflictos innecesarios con los demás y, por lo general, les impide resolver conflictos, Lo mismo hay que aplicar a su necesidad de probarse y a su consecuente impaciencia y actitud de superioridad.

Encontramos Rebeldes en:

- El socio que se niega a darle la satisfacción de informarle qué intenta hacer y cuándo. El mensaje oculto es: "Yo haré, pero según mis condiciones".
- La mujer ejecutiva que tiene que actuar rudamente para competir en un entorno mayormente masculino.
- El ejecutivo que se sienta frente a usted en su escritorio con los

brazos cruzados sobre su pecho, con una mirada distante y un gesto de superioridad que significa: "Demuéstremelo".

- El ascendente empleado joven que va contra sus superiores desafiando la forma en que se han hecho las cosas en el pasado. Cuando uno lo confronta, probablemente utilice argumentos y sea insistente, esperando que usted se justifique.
- El cliente que, cuando se lo confronta, le desdeña y dice: "¡Yo no lo necesito y no tengo por qué pasar por esto!".
- El miembro del *staff* de la empresa que siempre está en desacuerdo con usted, antes de hacer una enunciación que al fin de cuentas afirma lo mismo que usted acaba de decir.

Como Rebelde, usted tendrá ciertas capacidades e incapacidades básicas:

1. Podrá utilizar sus capacidades abstractas, racionales y analíticas para resolver problemas de forma pragmática y plantear las negociaciones. Por ejemplo, podrá pensar de forma crítica y observar objetivamente la información, en lugar de esperar simplemente a que todo funcione por sí solo.
2. Tendrá mayor empatía con los demás, que son diferentes de usted. Podrá comenzar por aceptar el hecho de que las personas tienen diferentes estilos de vida.
3. Al mismo tiempo, su comportamiento superior, arrogante, desdeñoso e impaciente chocará con los demás y creará conflictos innecesarios. Sentir la necesidad de ser siempre rudo le impedirá resolver los conflictos. Se pondrá innecesariamente en contra de los demás.
4. Del mismo modo, su tendencia a estar en contra de los demás hará que pugne con ellos y los abrume. En ocasiones utilizará un comportamiento que no se adecua a una confrontación que podría ser cordial.
5. Su tendencia a centrarse en las diferencias y en aquello que está mal, en vez de en las similitudes, distanciará a los demás de usted y pospondrá la resolución del problema o conflicto.
6. Su pensamiento dicotómico limitará su capacidad de ver todas las soluciones posibles. Ante el conflicto, tenderá a tomar posiciones extremas, o bien adoptando una actitud ruda y testaruda o bien transigiendo.
7. Confundirá la diferencia entre explicarse y justificarse. Como resultado de ello, los demás podrán tener presunciones falsas acerca de sus intenciones.

8. Lo convencerá más la evidencia empírica que la persuasión emocional.
9. Su determinación y persistencia lo mantendrán en la senda hasta que obtenga resultados satisfactorios. Su forma singular de pensamiento lo ayudará a atender lo inmediato y obvio.
10. Estando menos limitado por prejuicios, verá lo factores interrelacionados de una situación en su totalidad.
11. Estará más dispuesto a intentar soluciones innovadoras.
12. Su necesidad de probarse, en ocasiones lo pondrá en actitud de vencer al otro en lugar de comprenderlo. Y si no lo vence, probablemente intentará cambiarlo.
13. Podrá mantener una distancia más objetiva. Por el hecho de dar un paso atrás y observar qué ocurre, podrá diferenciar el problema en ciernes de los temas asociados con las relaciones.

Los Rebeldes generan negociaciones arduas. Eso es bueno para resolver problemas, pero menos para resolver conflictos. Como hemos visto en los niveles inferiores (Exigentes, Tanteadores, Conciliadores y Rebeldes), los problemas pueden negociarse más o menos eficazmente, pero los conflictos de las relaciones no se pueden resolver. Sólo en el nivel siguiente, los Generadores (descritos en el capítulo 11), podremos negociar problemas y conflictos con éxito.

¿Cómo negociar con un Rebelde? Esa pregunta se responde en el siguiente capítulo.

10

COMO MANEJAR A LOS TIPOS DUROS

Los Rebeldes trabajan duro para ser independientes y, de este modo, probar que pueden ocuparse de sí mismos. Quieren hacer las cosas a su manera. No quieren tener que responder ante nadie. Tienden a exagerar su rudeza y competencia con el objeto de protegerse.

Los Rebeldes emplean tácticas que les permiten mantener distancia y alejamiento de la oposición. Adoran vencer a los demás siendo rudos. Actúan con aires de superioridad y desdén. Se mantendrán ocupados para alejar a los demás. Y, mientras se niegan a justificarse, desafiarán a los demás a que se justifiquen y argumenten sus posiciones.

El comportamiento externo del Rebelde es en ocasiones difícil de distinguir del que muestra el Exigente. La diferencia estriba en que los Rebeldes no intentan básicamente castigar o vencer a los demás. Sencillamente, intentan mantener su propio terreno y logros. Las pautas de comportamiento de los Rebeldes es que son más calmos, analíticos, fríos y superiores. Se asemejan a los adolescentes rebeldes que están a la defensiva y no son bravucones.

Por lo general, la mejor respuesta al tratar con los Rebeldes es intentar desvanecer su orgullo. En lugar de luchar en su contra, invítelos a trabajar con usted. En lugar de desdeñar su comportamiento, use su gran energía para generar soluciones mejores y más creativas. Tenderán a ver las diferencias que hay entre las cosas (dicotomías: "una cosa o la otra", pensamiento analítico). Ayúdelos a ver la relación entre las cosas (ambos/y, pensamiento holístico). Tenderán a ser negativos e independientes en su forma de pensar. Ayúdelos a ver los beneficios positivos que comporta trabajar juntos.

Existen varios tipos de Rebeldes:

1. *Los que delegan.* Los que delegan son bailarines. Con suma gracia hacen el viejo paso al lado. Los que delegan evitan los conflictos o las situaciones incómodas delegándolos a la ley o a una autoridad superior. Utilizan el peso de la ley para vencer a la otra parte sin tener que decirles directamente que no. Les permite evitar ser responsables y escaparse solapadamente de situaciones potencialmente problemáticas. Toman la actitud superior de ser el vocero de la conciencia social, moral o legal.

"No puedo hacer eso. Va en contra de la ley."

"¿Dónde estaríamos si todos hicieran eso?"

"Esa es una enunciación heterodoxa."

"Lo lamento, pero eso va en contra de la política de la empresa."

En respuesta:

Vuelva a centrar la discusión en los temas subyacentes. Confronte y desafíe. En el caso de un conflicto, señale que los temas deben tratarlos con ellos y no con un superior. Confróntelos directamente con el hecho de que quieren dar un paso al lado y de que evitan la responsabilidad personal. Hágalos responsables y señale las consecuencias de la falta de acción. Explore con ellos qué necesitan para poder cooperar con usted abordando directamente el problema o conflicto en lugar de eludirlo.

Por ejemplo:

"No le pido que viole la ley. Le pido que aborde honestamente los temas que tienen que ver con nosotros y que trabaje conmigo para resolverlos."

"Siento como si quisiera delegarme. Me gustaría ocuparme de qué ocurre con nuestra relación. Me pregunto qué necesita para estar dispuesto a hacer eso."

"Soy consciente de que mi propuesta quizá requiera un cambio o una excepción a la política actual. Creo que las necesidades actuales justifican dicho cambio. No permitiendo tal flexibilidad en el tiempo, perderemos a algunos de nuestros empleados más competentes. Si lo hacemos, aumentaremos nuestra productividad en un 10 por ciento."

Por ejemplo:

Empleado de la tienda: No puede devolver artículos sin un justificante.

Cliente: Sé que su política es no aceptar devoluciones sin un justificante. No obstante, compré este artículo aquí, tiene la etiqueta de la tienda con el precio y obviamente es defectuoso. Entiendo su necesidad de seguir la política de la compañía. Necesito que comprenda que no quiero ser engañado. No estoy dispuesto a irme de aquí sin que se satisfagan mis necesidades.

Empleado de la tienda: No tengo la autoridad para permitir que lo devuelva.

Cliente: Entonces quisiera hablar con la persona que tenga autoridad. No me voy hasta que me sienta tratado con justicia. Compré el artículo de buena fe y espero ser tratado del mismo modo.

Otro ejemplo:

Dueño de la guardería de niños: Llamo porque no recibí el pago de la factura Nro. 123 y lleva dos meses impagada.

Empleado administrativo del Jardín: Nuestra política es no pagar por facturas. Tenemos que recibir un resumen de cuentas antes de poder emitir un cheque.

Dueño de la guardería: Estoy seguro de que tendrán sus razones contables para dicha política. No obstante, no la mencionó en su orden de compra. No me gusta el hecho de que haya dejado pasar dos meses sin pagar su factura ni aclarado su política. El hecho de que no la haya aclarado me hace pensar que lo usa como una excusa para retrasar los pagos. No estoy dispuesto a ser víctima de políticas no explicitadas. No estoy dispuesto a ser su banco. Quiero el pago inmediato de su factura impagada.

Empleado administrativo: Lamento que se sienta así, pero necesito un resumen de cuentas antes de emitir el cheque.

Dueño de la guardería: ¿Qué ocurre si emite un cheque sin el resumen?

Empleado administrativo: Debo tener la autorización de nuestro contable.

Dueño de la guardería: Ya veo. Creo que un acuerdo justo sería que ambos satisficiéramos nuestras necesidades. Puesto que usted me debe una factura y que está vencida, y ya que no me informó acerca de la política de su compañía, y ya que no tengo por qué tener listo inmediatamente un resumen de cuentas que sólo sirve a sus registros, ¿estaría de acuerdo en mandarme un cheque por correo hoy mismo y yo le enviaré el resumen también hoy? De ese modo yo tendré mi cheque y usted tendrá su resumen.

Empleado administrativo: Supongo que eso está bien. Le enviaré el cheque.

2. *Los que rehúsan*. Los que rehúsan tienen miedo de sentirse atrapados y juzgados o de perder el control de alguna manera. Desdeñan a los demás estando por encima de todo. Rehúsan rebajarse justificando sus acciones. Los que Rehúsan tienen dificultades en distinguir entre explicarse de manera que los demás puedan comprender su comportamiento e intenciones y justificarse. Temen estar en una posición infantil, pidiendo aprobación.

"Rehúso justificarme ante usted."

"No le debo ninguna explicación."

"Lo que hago es elección mía."

"Eso es personal. No tengo por qué compartirlo con usted."

En respuesta:

Ante todo, intente salirse del rol de padre crítico. Trate de derretirlos explicándoles que usted sólo quiere comprenderlos y no controlarlos. Señale los beneficios mutuos que sobrevendrían si usted tuviera más posibilidades de comprender las intenciones escondidas detrás de su comportamiento. Si no se derriten, entonces confróntelos con firmeza, si tiene la autoridad para hacerlo. Nuevamente es importante explicarles por qué necesita saber.

"No le estoy pidiendo que se justifique. No quiero ser su padre. Sólo quiero comprenderlo."

"June, cuando usted rehúsa explicarme dónde estuvo, me quedo solo con mis suposiciones. El hecho de que rehúse explicármelo me hace pensar que intenta ocultar algo. Termino sintiéndome como si no pudiera confiar en usted y me siento incómodo entregándole el automóvil."

"Lo que usted hace es elección suya. Al mismo tiempo, cuando su comportamiento me afecta, también me incumbe. No creo que pueda recomendarlo honestamente para un aumento cuando estoy atascado en un proyecto que ha superado el presupuesto sin ninguna explicación."

"No le estoy pidiendo información sobre su vida personal. Simplemente deseo una explicación válida de por qué no vino a trabajar hoy. Sin una explicación, no tendré otra opción que ponerlo a prueba."

3. *Los que desdeñan a los demás.* Los que desdeñan a los demás expresan su enojo indirectamente. Mantienen su poder y su posición de superioridad intentando que la otra persona se sienta inferior, no querida, que es un estorbo, que no es importante o que no se la necesita. Pueden enviar su mensaje verbalmente o no. No verbalmente, lo hacen con un movimiento de cabeza o del hombro, con sarcasmo, con silencio que indica superioridad, dándole la espalda o ignorando a la otra persona.

"¡Váyase!"

"¡Nadie le preguntó!"

"¿Y usted qué sabe?"

"¿Qué está haciendo aquí?"

"¿Quién se cree que es?"

En respuesta:

No permita que lo intimiden. Recuerde que si no le temieran, no tendrían que tratarlo de ese modo. Su primera respuesta debería ser intentar derretirlos describiéndoles, específica y gentilmente, cuál es su comportamiento y haciéndoles saber de qué manera le afecta qué sea lo que quiere de ellos. Si aún están congelados, confróntelos con mayor firmeza y rehúse ser desdeñado. Cuando haya logrado su atención, invítelos a hacer algo más productivo, como centrarse nuevamente en los temas importantes.

"Cuando usted se va mientras yo aún estoy hablándole, me siento desdeñado. Necesito que se me comprenda y me gustaría que se quedara aquí y que termináramos nuestra conversación."

"No deseo que se me ignore ni que desaparezca. Quiero resolver nuestros problemas. ¿Está dispuesto a hacerlo conmigo?"

"Valgo más de lo que indica su comportamiento. Siento la tentación de desdeñarlo a usted también como respuesta, pero no creo que eso resuelva nuestros problemas. Deseo volver a ocuparme de los temas que tenemos delante."

4. *Muchachos/muchachas rudos.* Estas personas temen ceder su poder y ser dependientes. Temen no poder hacer las cosas por sí mismos, de modo que actúan de forma ruda e independiente para probarle a todo el mundo (incluso a ellos mismos) que no necesitan a nadie. A menudo son sarcásticos y tienen arranques de ira. Utilizan su enojo para engatusar a los demás y siempre están probando sus capacidades.

"No lo necesito a usted ni a nadie."

"Si necesitara ayuda, la pediría."

"No necesito nada de usted, Jimmy."

En respuesta:

La mejor respuesta es derretirlos. Con un poco de calidez y de humor, por lo general, esto se consigue. También ayuda a reforzarlos decirles que usted cree en sus capacidades.

"Me parece que usted sería divertido si no fuera tan rudo."

"Creo que lo puede hacer usted solo. Mi experiencia es que esto no es de lo más divertido, ni es la manera más fácil de hacer algo."

"Cuando me llama «Jimmy», me siento como un niño que acaba de ser retado por su padre. Pero creo que ambos necesitamos algo uno del otro."

5. *Los superiores.* Estas personas se protegen actuando mejor que los demás. Caminan y hablan con sus narices apuntando hacia arriba. Mantienen su posición de superioridad siendo altivos y desdeñando lo que dicen los demás. Hacen que los otros se sientan tontos, menos que él y no con él.

"¿En realidad fue allí?"

"Se está poniendo en una actitud vergonzosa. Personalmente, a mí ni muerto me agarrarían manejando uno de ésos."

"Bueno, supongo que si eso es todo lo que puede hacer, está bien."

En respuesta:

La tentación siempre es la de superarlos o desdeñarlos como respuesta. En lugar de ello, descríbales su comportamiento, hágales saber cómo le afecta e invítelos a que no tengan esos aires de superioridad. De buena manera, haga que se bajen de su pedestal para que estén a su lado.

"Sus comentarios hacen que me sienta como si fuera estúpido.

No me gusta que me rebajen. Me pregunto qué necesita para colocarme en su mismo nivel en lugar de actuar con superioridad."

"Me siento como si me estuvieran anulando. ¿Por qué me rebaja? No me gusta tener ese tipo de relación con usted."

"Supongo que si realmente se sintiera igual que yo no me haría sentir inferior. Me pregunto qué hago para que me haga sentir de ese modo."

6. *Los ocupados.* Estas personas alejan a los demás no teniendo tiempo para ellos porque tienen demasiado que hacer. Esto les permite sentirse más importantes, eludir responsabilidades y evitar tratar temas desagradables. Nunca están disponibles. Nunca tienen tiempo, o uno no los puede abordar.

"Lo lamento, pero ahora no tengo tiempo."

"Ojalá pudiera, pero tengo demasiado trabajo."

En respuesta:

Descríbales su comportamiento y pídales que le expliquen sus intenciones. Confróntelos y señale las consecuencias. No acepte que lo desdeñen y establezca límites de plazos específicos.

"Lo he llamado todos los días durante la semana pasada para averiguar si van a terminar mi oficina a tiempo. Supongo que está intentando evitarme. Necesito saber si mis suposiciones son correctas.

"Tendré que pasarle un costo por cada día que nos retrasemos en la mudanza."

"¿Cuándo tendrá tiempo? Quiero una respuesta definitiva."

"No me gusta que me den largas de forma indefinida. Hasta que no aclare qué ocurrió, no le autorizaré ningún pago."

7. *Los desafiantes.* Los desafiantes avanzan. Avanzan contra las personas con autoridad y las normas tradicionales. No les importan ni los títulos ni el prestigio. Quieren saber si usted puede hacerlo. No les importan las promesas. Quieren producción. No les importa cómo se ha hecho en el pasado si creen tener una mejor manera de hacerlo.

Los desafiantes se protegen intentando poner el peso de la prueba sobre los demás. Toman la ofensiva para intimidar a los demás y hacer que se justifiquen. Intentan desacreditar credenciales o posiciones.

"¿Cuáles son sus credenciales?"

"Sólo porque siempre lo haya hecho así, no significa que tenga que seguir haciéndolo."

"Me va a tener que convencer."

"Demuéstremelo. No creo que funcione."

"¿Y usted quién es?"

En respuesta:

Sobre todo, no devuelva la agresión. Haga que se sienten a su lado. Intente sacarlos de la posición "uno u otro" y que tomen una postura "ambos/y" y de cooperación. Hágales saber con qué está de acuerdo y construyan sobre eso en lugar de ponerse en su contra.

Una opción es sacarlos de la ofensiva pidiéndoles que le expliquen cuáles son sus motivaciones para desafiarlo. No les pregunte por qué lo desafían. Preguntárselo los pondría más aún a la defensiva. En lugar de ello, trate de centrarse en cuáles son los verdaderos temas que se esconden detrás de su desafío, sugiriéndoles que se expliquen y que expresen sus necesidades.

Una segunda opción es explicarles, no estando a la defensiva, lo que sea que deseen que se les explique. Déles lo que quieren y luego pregúnteles por qué esa explicación es tan importante para ellos o en qué creen que contribuye a resolver el problema. Nuevamente su intención es centrarse en los temas subyacentes.

La importancia de estos enfoques es que el desafío de la otra parte puede proporcionar una contribución importante a sus negociaciones. Puede aportar nuevas opciones que no ha tenido en cuenta. Entonces, en lugar de ponerse a la defensiva y de justificarse, trate su desafío como una aportación constructiva a la resolución del problema. Haga que trabaje para usted y no en su contra.

"He sido un negociador durante quince años y trabajé con una amplia variedad de organizaciones. Interpreto en su pregunta su deseo de encontrar soluciones para el problema actual y su esperanza de que yo tenga capacidad para facilitar el proceso."

"¿Qué haría que usted se sintiera más cómodo con mi papel en el proceso?"

"Estoy de acuerdo en que continuar haciendo algo, sencillamente porque así se hizo con anterioridad, no es una buena razón. Cuénteme más acerca de sus ideas y veamos si podemos incorporarlas a lo que funcionó en el pasado. Suena como si pudiéramos unir lo mejor de dos mundos."

"Me gustaría convencerlo, pero no en el sentido de probarle que

yo tengo razón y usted no. Quisiera que ambos creyéramos que podemos trabajar juntos para alcanzar una resolución."
"Soy consciente de que cada vez que sugiero una solución, usted discute conmigo sobre ella. Es como si usted necesitara que nos peleáramos unos contra otros. Me gustaría asumir lo que acaba de decir y ver si podemos encontrar soluciones mutuas. Me gustaría centrarme en lo que podemos acordar y no continuar centrándonos en nuestras diferencias."

CUATRO METODOS PARA DERRETIR A LOS REBELDES DUROS

1. No los tome demasiado en serio.
2. Derrítalos con calidez y humor.
3. Ayúdeles a convertir su pensamiento "uno u otro" en "ambos/ y". Encuentre sus puntos en común en lugar de centrarse en sus diferencias. No acepte entrar en el terreno de la agresión.
4. Puesto que tienen tendencia a ser impacientes y desean resultados inmediatos, haga su tarea y déles sólo los elementos básicos. Si quieren saber más, ya se lo harán saber.

11

PERFIL DEL GENERADOR

Estilo de pensamiento	Dialéctico. Y/Ambos. De perspectiva múltiple. Ve a través del comportamiento de los demás.
Forma de relacionarse	Intimidad autónoma. Responsable de, no por. Confiable.
Necesidades básicas	Justicia. Integración. Integridad. Soluciones creativas. Resuelve problemas y a la vez mantiene relaciones.
Emociones clave	Confianza en sí mismo. Equilibrio. Aceptación. Siente plenitud y empatía.
Poder	Autoaceptación y confianza.
Comportamiento	Flexible. Escucha. Tiene en cuenta a los demás. Ve a través de las paradojas. Se centra en los valores y en necesidades más que en las actitudes. Busca el beneficio mutuo.
Creencias	Con todas mis limitaciones soy más que suficiente. La gente no está equivocada o tiene la razón, sólo piensa de forma diferente. El mundo está compuesto por un montón de niños pequeños en cuerpos de adultos. Puedo confiar en mí y en mi experiencia.
Estilo de negociación	Comprender y aceptar la situación real y buscar soluciones mutuamente convenientes.

11

GENERADORES: COMO OBTENER MAS CON MENOR ESFUERZO

¿QUIEN ES UN GENERADOR?

¿Cómo saber cuándo usted u otros están pensando como Generadores?

¿Alguna vez ....

- participó de una negociación y la observó al mismo tiempo?
- confrontó a alguien y logró que lo escuchara y que se hiciera cargo de su propia responsabilidad por su comportamiento?
- fue consciente de estar enojado y deseó castigar a alguien manteniendo al mismo tiempo el control y eligió negociar una solución razonable?
- obtuvo la atención de alguien que era agresivo con usted fijando sus límites sin tener que castigar ni desdeñar a la otra persona?
- pudo ver el niño asustado que vive dentro del bravucón y sintió lástima y se puso firme en lugar de enojarse y asustarse?
- pudo registrar las múltiples percepciones de una situación y pudo reconocer la verdad y el valor de cada percepción?
- confió lo suficiente en usted como para elegir ser vulnerable y no depender de los peores temores que los demás tienen de usted?
- pudo ver a través de la posición de la otra persona respecto de sus necesidades e intereses subyacentes?

- tomó en cuenta a los demás sin tener que ceder ante ellos?
- vio la verdad en una paradoja?
- confió en que podría hacerlo por sí mismo y eligió compartir el trabajo con otros porque de ese modo es más divertido?
- sintió la satisfacción de aliviar un antiguo dolor en sí mismo?
- sintió la satisfacción de perdonar a alguien o a usted mismo?
- sintió la satisfacción de resolver un conflicto con otra persona?
- persuadió a alguien de que fuera razonable y negociara con usted una solución luego de que la otra persona estuviera enojada y a la defensiva?
- rehusó jugar el juego manipulador de alguien y le sugirió hacer algo más constructivo en lugar de ello?
- se sintió paciente y contento?
- negoció una situación de la cual todos se iban con lo que necesitaban?
- se sintió calmo, confiado en sí mismo e interesado mientras escuchaba el enojo y las críticas de otra persona?

¡CONOZCA A UN GENERADOR!

Los Generadores son adultos que actúan como tales y que han aprendido a confiar en su propia experiencia y percepciones. Han aprendido a escuchar sus sentimientos y necesidades reales y a hacerse responsables por obtener directamente lo que desean. Han llegado a aceptar que, con sus propias limitaciones, son lo suficientemente capaces.

No son ni muchachos agradables ni víctimas, sencillamente son más flexibles y ubicados. Cooperarán con usted siempre que usted coopere con ellos porque creen que cooperando las personas pueden obtener más, producir mejores productos, hacerlo de modo más fácil y divertirse más.

No obstante, cuando deje de cooperar con ellos, tan pronto como vuelva a los niveles inferiores de pensamiento e intente ser rudo o engañarlos, se volverán contra usted. Fijarán sus límites y jugarán los juegos que usted proponga. Lo harán, no para castigarlo o entramparlo, sino porque no están dispuestos a que usted los ponga en el papel de víctimas.

No sólo confrontarán su comportamiento, sino que serán mejores que usted para negociar porque su nivel de pensamiento será totalmente abierto. Verán a través de sus estrategias, verán todo el panorama de manera más realista, sopesarán el valor relativo de los temas y responderán de manera más eficaz y flexible. En lugar de reaccionar impulsivamente, actuarán por elecciones deliberadas.

Sólo el cerebro humano que funcione en el nivel Generativo tiene capacidades de procesamiento informático similares a AT&T. Una persona que actúe a partir de sus capacidades de Exigente tiene la capacidad de dos latas y una soga. ¿Quién cree que ganará la negociación?

Negociar desde otra posición que no sea la de Generador significa colocarse en una posición altamente desventajosa.

ESCENARIOS DEL GENERADOR

Imagínese como el director ejecutivo de un hospital. Con todos los cambios y el aumento de la competencia en el campo del cuidado de la salud, la dirección y el personal médico deben cooperar para planificar a largo plazo. Usted comprende las presiones de su personal médico y por qué se resisten a cooperar en una planificación que tal vez mejoraría sus limitaciones financieras. Decide dejar de lado la reunión de planificación y hablar con cada uno de los médicos para expresarles su comprensión y para enfatizar su necesidad de que participen.

Imagínese como un abogado que representa a una entidad bancaria. Debido a las pocas inversiones, a su cliente lo comprará otra corporación bancaria. El otro abogado utiliza enunciaciones públicas para avergonzar a su cliente y para acorralarlo a que conceda algunos puntos básicos. Usted confronta a su negociador principal, aclarando que no se lo forzará a alcanzar acuerdos bajo presión. Usted insiste en establecer criterios justos para el proceso continuo de negociación.

Imagínese como un gerente. Usted necesita confrontar al director de un departamento que tiene necesidad de pagar y de tener siempre la razón.

Invariablemente ha dado excusas diciendo que no tiene tiempo para verlo. Usted entra en su oficina y le dice que si bien sabe que está ocupado, quiere verlo hoy y que él le diga en qué momento. El parece sorprendido y acuerda encontrarse con usted a las 11.

Usted dirige una pequeña compañía de *software*. Llama un cliente para decirle que está enojado por el mal servicio que le ha brindado su empresa. En lugar de justificarse o de ponerse a la defensiva, le pide que le dé más detalles para poder comprender cuál es el problema y poder así resolverlo.

Imagínese como un terapeuta que trata a una pareja que se está divorciando y que el tema en cuestión es la tenencia de los hijos. Están enojados y a la defensiva y se amenazan uno al otro. Antes de hablar con ellos respecto de quién tiene qué derechos, usted vuelve a centrar el tema continuamente en los valores subyacentes que ellos desean para sus hijos y en los procedimientos justos para compartir sus responsabilidades paternas.

Imagínese coordinando reuniones de presupuesto. A usted se le ha asignado la tarea de reducir el presupuesto en diez millones de dólares. A medida que la tensión crece en el grupo, usted sigue centrando el tema en los principios y valores subyacentes. Cuando alguien desafía su objetividad, en lugar de enojarse o de ponerse a la defensiva, usted le pide que explique qué necesita.

Como jefe de personal de su empresa, usted está realizando una presentación a todos los gerentes de su organización del sistema de revisión de funciones que pronto se pondrá en marcha. Una de sus gerentes formula constantemente preguntas que desafían su propuesta. En lugar de justificar la propuesta o de debatir con ella, usted se basa en sus comentarios y señala áreas en las que están de común acuerdo. Evita ponerse en su contra.

Imagine que es un enlace sindical sentado frente al equipo de dirección. Las relaciones en el pasado no han sido buenas y usted supone que nuevamente el objetivo fundamental del equipo será quebrar el poder del sindicato. El equipo de dirección presenta exigencias excesivas y usted, con calma, les explica cómo llegaron a esas propuestas.

CONFIE EN QUE USTED ES LO SUFICIENTEMENTE APTO

Existen diferencias cualitativas entre el primero y el quinto nivel de pensamiento. En los primeros cuatro niveles, las personas negocian a partir de una postura de escasez. Suponen que no serán lo suficientemente aptos para afrontar lo que se negocie y creen que deben formular su estrategia para obtener su parte. Las personas que funcionan a partir de los primeros cuatro niveles de pensamiento suponen que los demás no cooperarán con ellos y que, por lo tanto, no se puede confiar en ellos. Temen no ser lo bastante inteligentes y duros como para negociar con eficacia con sus oponentes.

En los primeros cuatro niveles, las personas funcionan a partir de sus actitudes de autoprotección. Son bravucones, formulan exigencias extremas, juegan, intentan complacer y obligar a los demás, actúan con superioridad y desdeñan a los demás. Recurren al regateo y a las concesiones. Dedican más energía a protegerse que a buscar soluciones creativas.

En el nivel Generador, los negociadores funcionan desde una postura de abundancia basada en la realidad. Si bien los activos físicos son limitados, creen que pueden obtener más que lo suficiente. Y, por lo general, lo logran. Comprenden que la otra persona generalmente funcionará desde los niveles de capacidad de poder y, por lo tanto, se comportará adoptando posiciones autodefensivas. No obstante, los Generadores creen que tienen capacidad para trasladar a la otra persona hacia una actitud de cooperación y encontrar una solución mutuamente satisfactoria.

Los Generadores creen que son lo suficientemente idóneos como para cuidarse solos. Los Generadores enfrentan los hechos y negocian sobre la base de la realidad. En lugar de desear que los demás sean diferentes, buscan, en forma realista, cooperación y sopesan las alternativas disponibles.

Por ejemplo:

Sid era dueño de una casa alquilada que quería vender. Sus nuevos inquilinos habían vivido sólo dos meses en ella y durante ese período habían ocasionado algunos daños. Sid necesitaba que dejaran la casa para poder limpiarla y ofrecerla a la venta.

Cuando llamó para informarles que quería que se mudaran, sus inquilinos se enojaron y se negaron a hacerlo. A estas alturas, Sid contaba con varias opciones. Podía decidir no vender o vender la casa con los inquilinos aún dentro. O desalojarlos legalmente (al cabo de tres meses y con algunos gastos mientras los inquilinos podían seguir dañando la propiedad) o buscar la forma de que ambas partes salieran satisfechas. Decidió adoptar la última opción.

Los inquilinos estaban enojados por la inconveniencia de tener que mudarse nuevamente en tan corto plazo. Además, no tenían dinero para pagar el depósito de una casa nueva. Sid acordó reembolsarles el depósito por limpieza y daños a cambio de que se mudaran a fin de mes. Se disculpó por los inconvenientes, les ofreció encontrar un nuevo lugar para vivir e incluso les ofreció ayudarlos en la mudanza. Los inquilinos se sintieron satisfechos y se mudaron al mes siguiente. Sid no tuvo que ayudarles a mudarse. Ambas partes se despidieron en buenos términos.

Puesto que confían lo suficiente en sus aptitudes, los Generadores no convierten cada situación en una catástrofe por miedo a no poder tener lo suficiente el día de mañana. En lugar de ello, por lo general los Generadores necesitan:

- llegar a soluciones justas y equitativas;
- tener relaciones continuas y satisfactorias;
- vivir con la realidad de las necesidades de ambas partes;
- ser congruentes, ser quienes dicen que son;
- ser a la vez autónomos e íntimos, involucrarse y estar en contacto auténtico sin perder su control durante el proceso.
- ser creativos.

Dadas estas necesidades, las emociones comunes de los Generadores incluyen:

Aceptación	*Generosidad*
Confianza	*Compasión*
Seguridad	*Calidez*
Delicadeza y fuerza	*Paz*
Gratitud	*Anticipación*
Excitación	*Interés*
Empatía	*Claridad*
Firmeza	*Generosidad*

EL PANORAMA COMPLETO

Una ventaja fundamental de negociar desde un nivel Generador es la cantidad de opciones disponibles para obtener lo que desea de los demás. Los Exigentes sólo cuentan con una opción: LA FUERZA. Si la Fuerza no les permite obtener resultados, entonces se retiran debido al temor. Los Tanteadores pueden hacer lo mismo que los Exigentes, además de utilizar su gama de trucos y estrategias. Los Conciliadores pueden hacer lo que hacen los Exigentes y los Tanteadores, además de hacer que los demás se sientan culpables y obligados, etcétera.

Sólo los Generadores cuentan con todas las opciones que es posible usar. Sólo los Generadores tienen la libertad de elegir la respuesta más adecuada para una situación dada. El motivo es que, debido a que el pensamiento Generador es a la vez dialéctico y holístico, los Generadores pueden pensar tanto en el nivel "ambos/y" como en el nivel "uno u otro". Los Generadores pueden comprender simultáneamente perspectivas múltiples en gran número de niveles. Como Generador usted puede:

- Observar el panorama completo.
- Apreciar la importancia y el valor de la perspectiva de cada persona.
- Ver la relación existente entre perspectivas múltiples y sopesar sus méritos relativos.
- Evaluar relaciones complejas, ocasionales, para resolver problemas.
- Ver a través de las estructuras y los comportamientos para comprender los principios y las necesidades subyacentes.
- Ser consciente de lo que ocurre en su interior, en los demás, en la relación, en el proceso y en el contexto de la discusión, todo a la vez.

Simultáneamente, usted tiene la capacidad compleja y analítica de dividir los problemas en sus componentes, de separar los temas problemáticos, los temas asociados con las relaciones y los temas del proceso. Tiene la flexibilidad de cambiar rápidamente su centro de atención y de ocuparse de cada uno de los temas, según sea necesario.

De este modo estará a la vez extendido y centrado en su pensamiento. Podrá dar un paso atrás y observar qué está ocurriendo y estar presente en la negociación en el mismo momento. Permanecerá centrado en el problema a la vez que retira los obstáculos de la relación y presta así atención a lo obvio.

Por ejemplo:

David está en el comité ejecutivo encargado de la fusión de dos hospitales, el St. Elizabeth y el Memorial. El problema del comité es decidir si uno o ambos hospitales continuarán proporcionando el servicio de cirugía intrahospitalaria.

Durante la última hora, se tocaron varios temas: el ahorro en costes al ubicar todos los procedimientos de cirugía en el Memorial, si los pacientes viajarían a través de la ciudad hasta el Memorial o acudirían a otros hospitales del área metropolitana más próxima; el efecto sobre los demás departamentos si se cerrara la guardia quirúrgica del St. Elizabeth; la resistencia por parte del St. Elizabeth y la posibilidad de crear una unidad de cirugía diurna de pacientes ambulatorios en el St. Elizabeth.

David piensa en todos estos temas y sopesa la importancia de varios comentarios. Está decidiendo cuál de los temas es el más importante, es decir, si no se resuelven, podrían obstaculizar la fusión propuesta.

Cree que el tema tiene tres categorías: las consideraciones financieras, la calidad del servicio y el impacto en las personas.

David se percata de la creciente tensión del grupo. El representante del personal médico está enojado, solicitando el apoyo de aquellos que están a favor de la mudanza, lo cual es estúpido e ingenuo. David comprende que posiblemente el personal médico sea quien más tenga para perder en la fusión y que los médicos están asustados.

David advierte que las necesidades que el grupo siente de cambiar su centro de atención del problema (dónde ubicar los servicios de cirugía), consiste en lo que le ocurre a cada miembro de grupo y entre los miembros entre sí. Sugiere una pausa de cinco minutos, para luego pasar a compartir sus miedos y sus preocupaciones. El grupo accede.

En el ejemplo, vemos cómo David utiliza el tipo de pensamiento de perspectivas múltiples característico de los Generadores. A la vez que advierte el comportamiento y las necesidades subyacentes de cada parte (ver a través), también utiliza sus capacidades analíticas para dividir el problema en sus componentes (tres categorías de temas).

Separa las diferentes categorías de temas y se centra en el tema que debe ser el siguiente paso en el proceso (tomarse un descanso y centrarse en las necesidades subyacentes). Puede separar el problema (dónde ubicar la cirugía no ambulatoria) en cuanto a qué está ocurriendo internamente, y está dispuesto a tratar los conflictos de relaciones que se generan.

Como Generadores, advertimos que no hay una única solución correcta para un problema concreto, sino soluciones múltiples y que cada una de ellas acarrea sus propias consecuencias. Por lo tanto, jugamos a ampliar creativamente nuestras opciones en lugar de constreñirlas. Tenemos "inspiraciones súbitas" y evaluamos el valor relativo de nuestras opciones.

En el ejemplo anterior, en lugar de enrollarse en una discusión del tipo "uno u otro", o en una pelea acerca de quién tiene la razón, David ayuda a calmar al grupo (y, por lo tanto, expande sus estilos de pensamiento) mediante una pausa. Esto les permite contar con una mejor oportunidad para volver a centrarse en la comprensión y en la aceptación de todos los factores involucrados en el problema, para así poder continuar en el mismo equipo y crear soluciones de forma cooperativa que satisfarán la mayoría de sus necesidades.

En el pensamiento Generativo, podemos ver mejor a través de las paradojas y percibir la unidad de las polaridades. Podemos observar qué tenemos en común con los demás y qué nos separa de ellos.

Por ejemplo:

Charlie cultiva uvas en el valle. La cosecha de uvas sólo requiere de unas semanas. Por lo tanto, el tiempo que le supone llevar sus uvas al mercado es un factor primordial en el precio a obtener. Si llega al mercado a primera hora, antes de la sobrecarga, puede obtener un precio más alto.

A partir de una perspectiva de Exigente o de Tanteador, es lógico que Charlie recoja sus uvas mientras aún están verdes y se adelante a los otros cultivadores en el mercado. Aunque ésta parecía ser para Charlie una ventaja a corto plazo (obtendría más beneficio este año), no lo es a largo plazo.

El precio que reciben los cultivadores de una región en particular depende de la calidad de sus productos y de la reputación de su región. La calidad de las uvas depende de su contenido de azúcar, lo que significa que hay que cosecharlas cuando están maduras. Si todos los cultivadores de la región llevaran uvas verdes al mercado, el precio que obtendrían en el mercado decaería.

Desde una perspectiva de Generador, Charlie debe tomar una decisión a largo plazo. En lugar de tratar de hacerse rico este año, podría acordar con los demás cultivadores cuándo hay que recoger la cosecha, de modo que, mediante la cooperación, todos obtengan un rédito mayor a largo plazo.

¿Esto significa que Charlie es un buen muchacho? No. Es lo suficientemente inteligente como para ver a través de una paradoja: mediante la cooperación y, no siendo codicioso, puede obtener más beneficios (a largo plazo).

Otro ejemplo:

Joel dirige la dársena de carga de un empacador de productos frescos. A punto de terminar la estación, cuando sólo llegan algunos camiones, no es eficaz en cuanto a los costos mantener la dársena funcionando ocho horas al día. Además, el salario de Joel radica en parte de los incentivos, es decir, en cuán bajos puede mantener los costes finales. Para él, personalmente, es más rentable cerrar la dársena y, para la empresa, a corto plazo, también lo es. Pero los agricultores, particularmente en un año malo, desean cosechar cuantos productos puedan comercializar. Quieren que la dársena esté abierta. Y la gerente de ventas de la empresa, Lorraine, también lo desea, con el propósito de que ella y su personal obtengan mayores comisiones.

Joel y Lorraine discuten el problema con el gerente de la planta. Desde una perspectiva Generativa, no se culpan ni se critican, no se quejan ni regatean. En lugar de ello, trabajan en equipo para comprender todas las necesidades de las diversas partes. Mantienen el problema como un verdadero tema, en lugar de ponerse a la defensiva y polarizarse. Buscan la forma de satisfacer las necesidades de todos.

¿Cuál es la solución? Determinan que, dado el volumen, sería efectivo respecto de los costes y rentable mantener la dársena abierta tres horas al día. Lorraine decide examinar cada día a los agricultores para averiguar quién desea mandar sus productos al día siguiente y hacerles saber cuándo estará abierta la dársena.

¿Los resultados? Joel no pierde ningún incentivo sobre su salario. La empresa, el personal de ventas y el agricultor ganan más dinero. La compañía también obtiene una mejor imagen como relaciones públicas. Y, por último, los agricultores consideran que la compañía empacadora cuida sus intereses. ¡Todos ganan!

COMO AMPLIAR SUS OPCIONES

Podemos lograr este tipo de resultados como Generadores porque funcionamos a partir del pensamiento de perspectiva múltiple. Centrarnos en las necesidades subyacentes de todas las partes involucradas nos conduce a considerar más opciones. Considerar más opciones permite sentirnos más capaces y poderosos. Como resultado de nuestro pensamiento integrado, funcionamos a partir de creencias basadas en la autoconfianza y en una confianza más realista en los demás.

Como Generadores advertimos que:

- Todos tienen parte de la verdad.
- Puedo confiar en mis propias percepciones y sentimientos.
- Puedo obtener lo que quiero.
- Las personas no son ni malas, ni perezosas ni egoístas, sino que temen no obtener lo que necesitan.
- Sabré qué hacer cuando llegue la oportunidad.

- Yo valgo y tengo mérito, al igual que los demás.
- Puedo lograr lo que quiero.
- Es bueno descubrir y arriesgarse.
- Estoy contento de ser como soy.
- La vida es abundante.
- La vida tiene un sentido y una finalidad.
- La mayoría de las veces todos ponen su mayor empeño.
- Lo más seguro es dejar que las cosas sucedan y ver qué ocurre.
- Puedo escuchar a los demás y comprenderlos.
- Mi mayor fortaleza reside en confiar en mí mismo y en no tener que ocultarme.
- Es más fácil enfrentar la realidad que huir de ella.
- Puedo enojarme sin perder el control.
- El enojo de los demás no me destruye.
- Existen muchas soluciones válidas para un problema.
- Los conflictos pueden resolverse.

Reflejadas en todas estas creencias, se encuentran la aceptación y la autoconfianza. Como Generadores creemos que podemos afrontar la realidad de forma directa. Por lo tanto, vemos más y escuchamos más y, en el proceso, creamos más opciones para hacer que los demás hagan lo que queremos que hagan. Somos más conscientes.

COMO ACTUAR PARA QUE LOS OTROS DESEEN COOPERAR

En este nivel, las relaciones adquieren una dimensión nueva. Como Generadores, podemos integrar a los demás sin avasallarlos ni perder el control durante el proceso. Sabemos con claridad cuáles son nuestros propios límites y de allí no nos movemos.

Como Generador, puedo advertir que usted se sentirá incómodo si le abordo honestamente recriminándole su bajo rendimiento, pero no uso su posible incomodidad como excusa para no afrontarlo cuando debo hacerlo. Puedo apreciar que usted necesita ser independiente y hacer las cosas a su manera, pero como supervisor, no le permitiré que sea independiente en perjuicio del conjunto.

Como Generadores, tenemos capacidad de empatía para comprender a los demás en muchos niveles. No somos ingenuos. Nos damos cuenta de que los demás, por lo general, están a la defensiva y no producen o son destructivos. Al mismo tiempo, consideramos que las personas no están equivocadas o en lo correcto, ni son buenas ni malas, sino que, sencillamente, están asustadas. En el ejemplo anterior, David no se dejó intimidar por el temor de los médicos y reorientó la reunión para responder a dichos temores en lugar de evitarlos.

Por ejemplo:

Recientemente, me encontraba en la oficina de un amigo que trabaja en una inmobiliaria, cuando uno de sus clientes, un constructor de grandes complejos comerciales, se personó sumamente enojado. El ataque verbal, que no puedo reproducir aquí, se refirió a una serie de acusaciones contra el personal de ventas de mi amigo.

Al constructor le había ido muy bien durante la década de los años 70, fundamentalmente por contar con la suerte de estar en el momento justo en el lugar preciso. Ahora, hipotecado hasta el cuello en un mercado sobrecargado, temía perderlo todo. Mi amigo sólo había podido alquilar el 40 % de los locales del constructor. Aunque esta cifra estaba por encima del promedio del mercado, el constructor culpó al personal de ventas de ser perezoso, ineficaz e inepto.

Mi amigo pudo calmar al constructor obteniendo su atención ("Harry, cállate y escúchame durante un minuto.") y explicándole lo que estaban haciendo con su plan de comercialización. Harry se sintió seguro y accedió a cooperar con el personal de ventas evitando llamarlos y molestarlos cinco veces al día.

Como Generadores, advertimos que en el interior de los adultos con los que tratamos hay niños pequeños que ponen todo su empeño. Creemos que cuando las personas saben cómo hacer las cosas mejor, las hacen. Creemos que cuando las personas no están asustadas, comienzan a actuar de modo más productivo y a cooperar.

Así, en lugar de reaccionar, actuamos adecuadamente para lograr la atención de la otra parte y su cooperación. Nos ponemos firmes y nos imponemos cuando es necesario.

PODER MAS QUE SUFICIENTE = CARACTERISTICAS PRINCIPALES

1. Como Generadores, podemos crear entornos seguros para los demás porque nos sentimos seguros con nosotros mismos. Elegimos ser adecuadamente vulnerables. Podemos arriesgarnos y ser transparentes, de modo que los demás puedan vernos como personas de carne y hueso como ellos mismos. Al hacerlo, logramos que los demás confíen en arriesgarse y tener una actitud de apertura.

Por ejemplo:

Si en calidad de gerente de ventas usted quiere que yo venda nuestro producto a su modo y no puedo hacerlo, le diré que me siento ansioso, abrumado y atrapado en lugar de acceder a hacer lo que usted desea y, luego, dejarlo ir y no hacer nada. Si me siento atrapado porque no tengo respuesta a su pregunta, se lo diré y le pediré que me ayude a buscarla.

2. Como Generadores, logramos que los demás nos comprendan con mayor facilidad en lugar de esperar que lean nuestras mentes. Sabemos cuán a menudo les decimos a los demás qué queremos de ellos y esperamos que intuyan por qué queremos que lo hagan y cuán importante es eso para nosotros. Una cosa es decirle a una secretaria que realice una tarea y otra muy distinta explicarle por qué es importante que lo haga.
3. Como Generadores, escuchamos activamente a los demás en lugar de planificar nuestra defensa mientras la otra persona está hablando. Podemos escuchar en múltiples niveles al mismo tiempo. Podemos escuchar el enojo o las palabras de la otra persona estando a la vez conscientes de su tono de voz, de los mensajes no verbales y sus emociones. De este modo, escuchamos el mensaje con mayor precisión.

Usted puede decirme que haga mi tarea a mi manera. Lo que esas palabras significan en realidad depende de un tono de voz. Puede decirlo de corazón (tono congruente) o no (tonalidad irónica).

4. Como Generadores, sabemos que el poder no reside sin más en cuán importante o inteligente o firme uno es. Ni tampoco en la autoridad sancionada socialmente. El poder anida en nuestro interior.

Como Generadores, creemos que con nuestras limitaciones somos más que aptos. Confiamos en nuestra propia experiencia, percepciones, emociones y habilidades. Sabemos que surja lo que sea, podremos responder adecuadamente. En lugar de eludir, enfrentamos. En lugar de planificar nuestra defensa, escuchamos.

Como Generadores confiamos en nuestra propia verdad y en nuestra propia fuerza. Sorprendemos a los demás por no temer lo que ellos temen.

Por ejemplo:

- La otra persona espera que usted ignore el conflicto y no lo lleve a colación, pero usted lo hace. Usted dice qué siente y qué necesita.

- La otra persona espera que usted rechace su responsabilidad en el problema, pero usted reconoce en qué estuvo mal.
- Esperan que usted salga a pelear, pero en lugar de ello, usted les pregunta con voz calma qué es lo que están pensando y qué esperan de usted. Y usted les devuelve aquello que les escucha decir, en lugar de justificar su posición.

5. Comprendemos la diferencia entre atacar por ira y controlar nuestro enojo como para explicar de qué se trata y qué queremos del otro. Comprendemos que hay una diferencia entre reaccionar exageradamente y fijar límites firmes y definidos.

Como Generadores, no somos víctimas. Somos leones y leonas mansos. Nuestra fuerza es la calma y se origina en nuestra autoconfianza y autoseguridad.

6. Por lo tanto, los Generadores pueden comprender a los demás, tenerlos en cuenta y apreciar la verdad de sus percepciones. Los Generadores no necesitan hacer que los demás se sientan mal para justificarse o sentir que están en lo cierto. Dan lugar al enojo y a la crítica de los demás para poder abarcar toda la situación y responsabilizarse de la parte que les corresponde.
7. El objetivo fundamental de un Generador es llegar a lo justo y a lo verdadero. Su postura básica en el mundo es: para obtener lo que deseamos de los demás, éstos sólo deben confiar en sí mismos y comprender y reconocer el valor de las limitaciones de los otros. *Los Generadores creen que si enfrentan lo que viene y trabajan en ello, siempre podrán obtener más que lo suficiente.* Eso no significa que siempre obtengan lo que deseen, cuándo lo deseen y de quién lo desean, pero siempre obtendrán más que lo suficiente.

LEONES Y LEONAS MANSOS

Los comportamientos característicos de los Generadores desde su actitud de autoconfianza incluyen:

Utilizar la toma de decisiones por consenso	*Ser pacientes*
	Aceptar
Utilizar una fuerza firme y gentil	*Ser iniciadores*
	Ser flexibles
Tener empatía	*Ser generosos*
Actuar a partir de valores propios	*Ser honestos*
	Escuchar activamente

Incitar en lugar de persuadir	*Ser mentores*
Planificar adecuadamente	*Ser independientes*
Ser transparentes	*Tener en cuenta a los demás*
Enfrentarse con firmeza sin desdeñar al otro	*Estar a cargo*

SUGERENCIAS PARA NEGOCIAR DESDE UNA ACTITUD DE GENERADOR: NO ARREGLE POR MENOS

Si no está negociando a partir de sus capacidades Generativas, se está engañando a sí mismo. Está trabajando más de lo que debe. Está perdiendo más de lo que necesita perder. Está creando escasez cuando debería haber abundancia. Está arreglando por menos.

Su objetivo al negociar es que tanto usted como la otra persona se mantengan en un nivel Generativo el tiempo suficiente como para llegar a una resolución. Esto es importante debido a tres motivos:

1. Unicamente en este nivel ambas personas podrán abarcar toda la situación y evaluar con precisión los elementos para resolver los problemas y llegar a una resolución.
2. Unicamente a este nivel se pueden resolver los conflictos. Los problemas pueden superarse más o menos eficazmente en cada uno de los niveles inferiores, pero no los conflictos de relaciones. Unicamente en el nivel Generativo de pensamiento podrá lograr el objetivo total de obtener lo que desea de los demás, a la vez que mantiene relaciones satisfactorias.
3. Los arreglos y las soluciones acordados en un nivel Generativo tienen mayores probabilidades de mantenerse y cumplirse. Los acuerdos logrados en el nivel Generador son acuerdos claros. No incluyen transacciones inacabadas. Son acuerdos consensuales a los cuales todas las partes están comprometidas, tanto cognitiva como emocionalmente.

En los acuerdos de los niveles inferiores, una o ambas partes se irá con la sensación de que ha sido forzada, persuadida engañosamente, obligada o desdeñada, que han hecho concesiones y que han arreglado por menos de lo que querían. En consecuencia, se retiran con cierto grado de resentimiento y no cumplirán totalmente el acuerdo o lo sabotearán. Por otra parte, puede que sea necesario renegociar los acuerdos Generativos, a medida que cambien las circunstancias o las condiciones, pero esto se hará cara a cara, de una manera honesta y directa.

Otras buenas razones para negociar como Generadores:

1. Debido a sus capacidades de pensamiento de perspectiva múltiple, los Generadores tienen una mayor habilidad para analizar, evaluar y solucionar problemas con precisión. Tienen una mayor conciencia y, por ende, están más anclados en la realidad.
2. Son capaces de generar soluciones más creativas porque no se ven limitados por la búsqueda o la defensa de la respuesta "correcta".
3. Los Generadores ven a través del comportamiento y de las actitudes y pueden volver a centrar la negociación en las necesidades e intereses subyacentes. Por lo tanto, los Generadores no se ven forzados ni empujados a tomar soluciones poco satisfactorias y pueden hacer que la negociación siga adelante.
4. Los Generadores son capaces de funcionar en niveles múltiples a la vez. En consecuencia, tienen todas las opciones de comportamiento disponibles para utilizar en una negociación.
5. Los Generadores pueden tomar parte activa en una negociación y, al mismo tiempo, ser conscientes de sus relaciones con las demás personas. De ese modo, pueden negociar el problema y las relaciones de forma simultánea y tomar decisiones adecuadas acerca de cuándo centrarse en un tema u otro.

En respuesta a los ataques personales de otra persona, una parte del Generador puede sentir deseos de atacar, mientras que la otra reconocerá que eso sería contraproducente. El Generador comprenderá que la otra persona está atacándole porque se siente amenazada. Los Generadores reconocerán el temor existente detrás del comportamiento agresivo y emplearán una o más opciones: volver a centrarse en los temas, llamar la atención con calma hacia el comportamiento para aliviar los ánimos, sugerirle a la otra persona que busque opciones más productivas y fijar un límite para lograr la atención de la otra persona.

No sólo pueden negociar el problema y las relaciones, sino que también son conscientes del proceso (cómo estamos negociando) y de los criterios (normas para el arreglo).

6. Los Generadores son conscientes de su propio diálogo interno y de sus emociones. Pueden ser conscientes de sus convicciones y de comportamientos de autoprotección. Por lo tanto, pueden elegir no verse restringidos por ello. Como resultado, los Generadores no ceden su poder.

Por ejemplo:

Puede que yo crea que deseo retirarme y castigarlo en silencio, pero decidiré que eso no nos llevará a ninguno de los dos hacia donde queremos llegar a largo plazo. O, puedo estar tentado de condescender y decir "Sí", cuando deseo decir "No"; pero diré "No" y explicaré cuáles son mis necesidades.

7. Como confían en sí mismos, los Generadores pueden ser más flexibles y adaptables. Pueden ser vulnerables, lo que hace que la otra persona tome la misma actitud. Los Generadores pueden comprender a los demás sin tener que "vencerlos".

   Por ejemplo:

Ambos somos dueños de un negocio y hemos decidido que yo le compraré su parte. En lugar de encarar la negociación con la posición firme de que no le daré más que 200.000 dólares, centraré mi discusión previa con la idea preconcebida de aclarar qué necesito a corto y a largo plazo, en cuanto a movimiento de caja, endeudamiento, libertad para dirigir el negocio a mi manera, mantener una relación continua con usted, etc. En la negociación real, centraré la discusión en comprender sus necesidades (efectivo inmediato para realizar otras operaciones, ingresos garantizados a largo plazo, etc.) y en hacerle saber qué necesito. Confiaré en que, al comprender y aceptar sus necesidades y explicándole mi necesidades hasta donde sea posible, alcanzaremos un acuerdo creativo que nos permitirá separarnos con la relación intacta.

8. Los Generadores escuchan y oyen activamente los mensajes completos. Por lo tanto, pueden identificar con mayor precisión las necesidades de la otra persona y responder de manera más adecuada. Pueden crear entornos seguros que permitan que todos amplíen sus capacidades y ofrezcan mayor cooperación.

CONCLUSION DE LA SECCION II

La teoría del desarrollo tiene muchas inferencias para negociar eficazmente con los demás. La comprensión del desarrollo es básica para comprender el comportamiento. Por ejemplo, el silencio puede significar muchas cosas diferentes según cual sea la intención oculta detrás del comportamiento. Quedarse callado puede significar que la otra persona:

- Se está retirando, por temor, para protegerse (Exigente).
- Está demostrando su desilusión para obtener lo que desea (Tanteador).

- Intenta no parecer tonto ante los ojos de los demás (Conciliador).
- Desdeña a los demás y se siente superior (Rebelde).
- Se siente seguro y sopesa su respuesta más adecuada (Generador).

La intencionalidad oculta detrás del comportamiento está determinada por el nivel de pensamiento del individuo en el momento en que se produce dicho comportamiento. Para comprender el mensaje cabalmente, su significado o la motivación que está por detrás del comportamiento, es importante poder reconocer el nivel en el que piensa el individuo.

El mismo comportamiento puede provenir de cualquiera de los cinco niveles. Para poder responder adecuada y eficazmente a los demás en una negociación es importante poder identificar su nivel actual o estado de pensamiento.

Al mismo tiempo, determinados comportamientos y creencias son característicos de diferentes niveles. De hecho, determinados comportamientos y percepciones sólo son posibles en ciertos niveles. Por ejemplo, los Exigentes no pueden percibir cuándo son irracionales y no pueden comprender las intenciones que se esconden detrás del comportamiento. No pueden apreciar el efecto que su comportamiento tiene sobre los demás.

En una negociación, los Exigentes están limitados, por su comportamiento, a utilizar la agresión (exigiendo, atacando, forzando, empujando, amenazando, controlando) o a escaparse emocional o físicamente debido a su temor. No es una cuestión de ser intencionalmente testarudos, abusivos o poco cooperadores. Esto es todo lo que pueden hacer.

Por otra parte, los Generadores cuentan con toda la gama de opciones perceptivas y de comportamientos disponibles para ellos.

Comprender las limitaciones que los niveles de pensamiento ejercen sobre las opciones de un individuo nos permite comprender también de forma realista y aceptar a quienes nos enfrentamos y qué necesitamos hacer para llegar a una resolución eficaz en la negociación. *Poder reconocer las limitaciones en la capacidad o el nivel de pensamiento de la otra persona nos brinda información importante acerca de cómo responder adecuadamente para obtener los resultados deseados.*

Por ejemplo:

Si juzgamos que una persona es obstinada y que se está negando intencionadamente a reconocer nuestras necesidades, podemos enojarnos y ser agresivos con ella. Pero, el resultado, si esta persona es un Exigente, será una mayor limitación de su capacidad, lo que hará que se vuelva más atrincherada y con menor capacidad de cooperación. Por otra parte, si reconocemos que se siente amenazada y que funciona a partir de sus capacidades actuales, buscaremos la forma de obtener su atención y de ayudarla a que se sienta más segura.

Podemos lograrlo reduciendo el ritmo de la discusión, escuchando activamente para que se sienta comprendido, o dándole tiempo para que se calme. Si lo podemos ayudar a que se sienta más seguro, sus capacidades aumentarán y tendremos más oportunidad de lograr una resolución mutuamente satisfactoria.

Este mismo principio se aplica a todos los demás niveles. Al reconocer y aceptar el nivel de pensamiento de la otra persona, podremos responder de manera que se amplíen sus capacidades y que pueda cooperar.

Recuerde:

1. Los seres humanos funcionamos con diferentes niveles de pensamiento y de relación. Estos niveles se desarrollan y progresan de niveles más sencillos a más complejos.
2. Las personas, en cada nivel, perciben y experimentan el mundo de forma diferente y, por lo tanto, tienen una determinada variedad de respuestas de comportamiento disponibles. A medida que avance en los niveles, contará con mayores opciones de comportamiento disponibles para negociar.
3. Los niveles de capacidad no permanecen constantes. A lo largo de una negociación dada, los individuos ingresarán y saldrán de los diversos niveles, según cuán seguros o amenazados se sientan.
4. Según cuál sea su nivel, los individuos negocian de forma diferente. Es ventajoso para usted negociar en el nivel Generador y crear un entorno lo suficientemente seguro para que la otra persona pueda hacer lo mismo.
5. En cada nivel, se entiende el poder de forma diferente. Su mayor poder proviene de confiar en sí mismo y de elegir ser adecuadamente vulnerable.
6. Los problemas pueden resolverse más o menos eficazmente desde cualquier nivel, pero los conflictos (rupturas en las relaciones) sólo pueden resolverse en el nivel Generador. Sólo en este nivel usted podrá imponerse a los demás y comprenderlo sin sentir que debe protegerse.

Sección III

LOS CUATRO PRINCIPIOS BASICOS DE LA NEGOCIACION INFALIBLE

Toda teoría debe contar con principios subyacentes. La negociación infalible no es la excepción a la regla.

Los principios que aquí se presentan son piedras angulares para el proceso de negociación infalible. Proporcionan una base para analizar una situación de negociación, para identificar los aspectos clave que deben analizarse y abordarse. Como tales, los principios son también una herramienta para planificar y llevar a cabo nuestros planes, para comprender qué está ocurriendo, para decidir qué podemos hacer al respecto y para obtener lo que queremos de los demás.

Los cuatro principios básicos son:

- *Crear un entorno seguro.*
- *Cambiar su enfoque.*
- *Comprender a los demás y no vencerlos.*
- *Prestar atención a lo obvio.*

En conjunto, estos cuatro principios son una síntesis de la aplicación de la teoría de desarrollo que ya hemos presentado. El empleo de estos cuatro principios lo llevará a lograr más de lo que necesita y con mayor frecuencia. Le permitirán crear un clima de cooperación en el cual ambas partes negociarán desde el pensamiento Generativo. Si desea saber cómo mantenerse en el pensamiento Generativo, encontrará la respuesta en estos principios.

12

PRINCIPIO NUMERO 1: CREAR UN ENTORNO SEGURO

COMO DEJAR DE LADO UNA ACTITUD DEFENSIVA EN NUESTRAS NEGOCIACIONES

A diferencia de las creencias populares y la práctica común, en la mayor parte de los casos es ventajoso:

- No intimidar a la otra persona.
- No acorralar a la oposición.
- No desequilibrar a la oposición.
- No ver cuánto podemos dificultarles las cosas.

Nuestro trabajo en una negociación consiste en cómo facilitar de la mejor manera posible la cooperación de los demás con nosotros.

Cuando comprendemos el proceso de desarrollo de los seres humanos, vemos que las personas funcionan en niveles diferentes.

Además, nuestra capacidad para pensar y para relacionarnos con los demás fluctúa. Cuanto más tensos, presionados o amenazados nos sentimos, más de estrechan nuestras capacidades. Cuanto más relajados y seguros nos sentimos, más aumentan nuestras capacidades. Los adultos altamente amenazados funcionan como Exigentes. A medida que se sienten más seguros y que sus capacidades se potencian, adquieren cada vez más opciones. Los adultos que se sienten muy seguros y que confían en sí mismos, funcionan como Generadores.

Este principio tiene consecuencias importantes respecto de la negociación. Cuanto más ampliadas estén nuestras capacidades, más capaces seremos de percibir lo complejo de una situación. Cuando estemos funcionando en el nivel Generador, también podremos sopesar la importancia relativa de los factores asociados. Así, en un nivel Generador, podemos distinguir mejor entre los síntomas y los temas básicos que deben abordarse.

Sabemos que no tiene ningún sentido hablar sobre el control del inventario o sobre el presupuesto de las fuentes de ingresos cuando el verdadero tema en cuestión es el conflicto constante de nuestra relación. Sabemos que no vale la pena que lo sigan presionando para que tome un compromiso cuando usted está jugando a "Sí, pero" en referencia a nuestras propuestas. En lugar de ello, exploramos qué ocurre con nuestras resistencias. No insistiremos en hacer una campaña de ventas a nuestro modo. Sino que buscaremos el acuerdo mutuo acerca del cliente y sus necesidades, cuáles son nuestras metas y, finalmente, cómo creemos que las ventas pueden hacernos lograr nuestras metas.

ESPEJOS: HAGA LO MISMO QUE YO

En el pensamiento Generativo podemos distinguir diversos factores de forma simultánea. A la vez, podemos comprender:

1. El Contenido: sobre qué estamos tratando.
2. El Alcance: tanto el panorama general como los temas en detalle.
3. La Relación: el nivel de comprensión y aceptación existente entre nosotros mismos y la otra parte.
4. Las Necesidades o Valores Subyacentes: tanto en la otra persona como en nosotros mismos.
5. El Proceso: cómo estamos negociando.
6. Los Criterios: los criterios o normas que cada uno de nosotros emplea para negociar un arreglo justo.

Sólo podemos hacer esto en el pensamiento Generativo. Pero, si bien es crucial que funcionemos a partir de las capacidades Generativas, es igualmente importante que creemos un entorno que invite a la otra persona a hacer lo mismo. La forma más eficaz de hacerlo es negociar desde una actitud Generativa.

Los seres humanos funcionan como espejos. Empujamos y nos vuelven a empujar. Regateamos y regatean. Si nos acercamos a los demás a partir de una postura Generativa de comprensión y resolución mutua de problemas, lo más probable es que respondan del mismo modo.

Cuando descubrimos que la otra persona no quiere cooperar, eso nos indica que no se siente segura. Nuestra tarea en la negociación es ayudar a que los demás se sientan más seguros para que se amplíen sus capacidades. No obstante, en la práctica, por lo general hacemos lo contrario. Falsamente, suponemos que es ventajoso para nosotros colocar a la "oposición" en desventaja: intimidarlos y hacer que se sientan con menos poder. O, como un participante de un seminario reciente señaló: "Eso es una locura. ¿Para qué voy a darles algún tipo de ventaja?".

Nuestra tendencia autoprotectora nos empuja a averiguar cómo disponer el entorno para ganar. Seleccionamos cuidadosamente el color de nuestra ropa para asegurarnos de que transmite poder. Intentamos que la otra persona se acerque hasta nuestras oficinas para sentirnos cómodos y con mayor control. Averiguamos todo lo que podemos sobre las otras personas para conocer sus puntos vulnerables. Actuamos con rudeza y desdén para intimidarlas. Planificamos nuestras estrategias para quitarles poder.

Pero terminamos mostrando resistencia, nos ponemos a la defensiva, demostramos falta de confianza, competitividad y contraestrategias dirigidas a quitarnos el poder. Mucha de la bibliografía sobre le negociación ha sido escrita con esta intención. Está orientada a instruir a los lectores acerca de cómo ser regateadores competitivos en lugar de negociadores.

REGATEO COMPETITIVO *VERSUS* NEGOCIACION

El regateo competitivo y la negociación son dos procesos diferentes. Cada uno de ellos se basa en suposiciones diferentes. Cada uno de ellos tiene objetivos diferentes. El regateo competitivo se basa en la suposición de que no se puede confiar en la gente y que todos quieren lograr lo que desean a cualquier precio. Por lo tanto, el objetivo es "ganarle" a la otra persona antes de que ella nos "gane" a nosotros.

Por otra parte, la negociación infalible se basa en la suposición de que las personas, por lo general, responderán de manera confiada cuando se las trate del mismo modo; *que las personas sólo se ponen a la defensiva y son codiciosas cuando suponen que alguien intenta sacar provecho de ellas y se sienten engañadas o cautelosas.* El objetivo en la negociación infalible es crear un entorno seguro en el cual ambas partes no tengan que ponerse a la defensiva y, por lo tanto, puedan llegar a confiar en la otra parte de manera que lleguen a una solución ventajosa.

Esta no es una fantasía de tipo "Polyana" acerca de los seres humanos. Y no significa que todos son confiados. Muchas personas andan por el mundo con un dolor crónico, no curado, y con experiencias pasadas que las hace funcionar desde niveles inferiores de pensamiento, con comportamientos autoprotectores. En ocasiones no es fácil obtener su atención y convencerlas.

Por ejemplo:

Recientemente, entrevisté al director ejecutivo financiero de una compañía que había sido arruinado por un asesor anterior. El asesor traicionó su confianza compartiendo información confidencial con el presidente de la compañía. Fueron necesarias varias reuniones hasta que esta persona deseó compartir su información. Tenía que ganarme su confianza.

Los seres humanos pueden volverse dignos de confianza y cooperadores si se crea el clima adecuado. Incluso si han aprendido a protegerse siendo abusivos o intrigantes la mayoría de las veces, son capaces también de mostrar una actitud abierta y franca.

Es tentador dejarse llevar por el nivel de la otra persona. Si se sienten intimidados, nuestro primer impulso será responder con intimidación o retirarnos a causa del temor.

Si juzgan nuestra competencia, la tentación será juzgarlos o justificarnos. Es muy fácil dejarse arrastrar por la culpa o como Tanteador, pero eso sencillamente empeora la situación.

Cuando alguien nos acusa por no escucharlo, nuestra respuesta habitual es: "¡Usted tampoco me está escuchando a mí!". Ambas personas se vuelven más rígidas y tratan de protegerse. El resultado es que nuestras negociaciones se atascan. No vamos hacia ningún lado. Cuando vemos que la otra persona se pone a la defensiva y funciona a partir de capacidades de etapas inferiores, necesitamos realizar un contacto personal con ella. Un verdadero contacto. Como un rayo láser, necesitamos atravesar su escudo protector. Necesitamos derretir su coraza exterior. Necesitamos decir: "Creo que tal vez ambos seamos culpables de no escuchar. ¿Qué quisiera que comprendiera?".

LAS TRES FUENTES DE LA DEFENSA

Eliminaremos con mayor frecuencia la postura defensiva si nos centramos en cuál sea el motivo que hace que la otra persona se sienta amenazada. Por lo general, lo que los amenaza se origina a partir de una o varias a la vez de estas tres fuentes: factores ambientales, sus creencias y percepciones personales, y lo que hacemos desde el punto de vista del comportamiento.

1. *Factores ambientales*

Los factores ambientales son condiciones externas actuales que afectan a las capacidades de pensamiento de una persona. Los factores ambientales son cualquier cosa que suceda en la vida de la otra persona y que pueda estar influyéndola o presionándola. Estas condiciones, por lo general, no forman parte de la situación inmediata, pero afectan a las percepciones, los intereses, las necesidades y el comportamiento de la otra persona.

La hora del día, el día de la semana, el tiempo, la economía, lo que ocurre en su organización, quién es su supervisor, qué sucede en su vida personal, su edad o sexo, cuál ha sido su experiencia en el pasado y de qué lado de la cama se levantaron son todos factores potenciales ambientales. Si el hijo de la otra persona acaba de ser arrestado por tenencia de drogas, o si está en la mira del jefe y quiere probarse, probablemente sus capacidades no sean las habituales. Por ende, puede estar más ansioso y menos interesado en escuchar otros puntos de vista. Puede tomar una postura defensiva o exigente o excesivamente servicial.

Envíelo a casa como un héroe

Al considerar los factores ambientales que afectan a la otra persona, debemos tener en cuenta ante quién debe mostrarse triunfador. Todos tienen un grupo de votantes. Todos tienen a alguien o a un grupo de personas cuyas opiniones sobre él son importantes. Todos se preocupan por lo que algunas personas piensan de ellos.

Desde una perspectiva práctica, queremos ayudar a la otra persona para que regrese a su casa como un héroe. Necesitamos ver si les estamos pidiendo que accedan a algo o que hagan algo que no desean hacer. Si no podemos llegar a un arreglo que les permita sentirse triunfadores y orgullosos, probablemente no vamos a obtener la cooperación que de ellos esperamos.

Al tratar con un grupo de sindicalistas, no podemos esperar que cooperen con nosotros si tienen que retractarse de una propuesta que los hará sentirse mal ante sus representados. Si los términos de la propuesta son básicos para cumplir con las necesidades de la compañía, entonces, al menos, necesitamos ayudarles a planificar cómo pueden presentar la propuesta, quizá dándoles información adecuada. Lo mismo se aplicaría si el equipo directivo tuviera que retractarse de una propuesta impopular.

Cómo sacar provecho de su grupo de apoyo

Nuevamente, el objetivo no es vencerlos. Al mismo tiempo, el grupo de apoyo de la otra persona también puede emplearse como un medio de influencia contra ellos cuando necesitamos obtener su atención.

Por ejemplo:

Un restaurante ubicado a menos de una manzana de un colegio solicitó que se cancelara una ordenanza de la ciudad sobre la venta de licor para poder construir un bar en el restaurante. El consejo municipal, rápida y silenciosamente, aprobó la cancelación.

Al planificar la respuesta al consejo municipal, los miembros de la junta escolar hicieron un estudio sobre el grupo de votantes de cada miembro municipal de la ciudad. La junta escolar descubrió que los propietarios del restaurante habían sido importantes patrocinadores de tres de los miembros del consejo municipal, tres de los cuatro que votaron a favor del restaurante.

La junta escolar condujo una reunión con dichos miembros del consejo municipal, les presentó sus datos y les solicitó que el consejo municipal reconsiderara la medida en una reunión abierta, de lo contrario se verían forzados a publicar aquella información en los medios de comunicación. No se llevó a cabo ninguna audiencia pública, pero se reconsideró la medida a la luz de la nueva información y se denegó el permiso al restaurante.

En este caso, la escuela obtuvo lo que quería porque hizo sus deberes. La junta escolar consideró los factores del entorno y cómo utilizarlos como medio de poder. Estuvo resuelta también a fijar sus límites, a obtener la atención de la otra parte señalando las consecuencias de la falta de acción. ¡Funcionó!

Como lo ilustra este ejemplo, los factores del entorno nos brindan información de importancia. Estos factores nos dicen quién tiene el poder de tomar decisiones y qué influirá en esas decisiones.

Estos factores también nos proporcionan información importante sobre los tiempos y las estrategias. Nos pueden decir qué necesita la otra persona y cuándo y cómo abordarla.

Que no sea una excusa

Sin embargo, los factores del entorno nunca constituyen el tema principal. Nunca son la sustancia de la negociación. Son meramente una fuente de información. Queremos utilizarlos en nuestras negociaciones y no como una excusa.

No queremos utilizar los factores del entorno como una excusa para eludir lo que necesitamos hacer. Incluso si la otra persona tiene problemas financieros o está tramitando su divorcio o ya tiene demasiado que hacer, también debemos enfrentarlo.

Debido a nuestro propio temor de enfrentarlo, en ocasiones nos sentimos tentados a dejar de lado los temas reales. Con frecuencia los factores del entorno nos brindan la salida que deseábamos. Antes de decidir dejar de lado el tema, considere el precio que tendrá que pagar. ¿Está accediendo a sus peores expectativas? Si no enfrenta el tema, ¿qué es lo más probable que ocurra?

2. Las creencias y percepciones de la otra persona

La segunda fuente de defensa en una negociación es saber qué traen a esta situación de sus experiencias anteriores. Sus creencias y suposiciones afectan a su interpretación de los hechos del presente.

Por ejemplo:

Douglas es dueño de una firma de administración de propiedades. Uno de sus clientes es un psicólogo que tiene un centro de conferencias. El psicólogo usa este centro para sus propios seminarios y Douglas lo alquila cuando no lo está usando.

Douglas cometió un error y reservó dos veces el centro. La equivocación ocasionó varios problemas para el psicólogo, incluyendo un juicio de alto monto por ruptura de contrato. Quería que Douglas se hiciese responsable de su error y que pagara parte de las pérdidas.

Cuando el psicólogo lo enfrentó respecto del tema, Douglas inmediatamente se puso a la defensiva. Había crecido en una familia en la que se sentía injustamente culpado y no se lo escuchaba. Como adulto, creía que las otras personas lo culparían sin razón y no lo escucharían.

Douglas aprendió a protegerse intentando ser perfecto y ocultando todo error que cometiera. Cuando dichos comportamientos no funcionaban y se lo enfrentaba con los hechos, o bien intentaba endilgar la responsabilidad a otra persona o trataba de inspirar compasión convirtiéndose en un mártir. "Hice todo lo que pude. No sé qué más podía haber hecho. Por más que lo intente, siempre se me culpa de todo."

En este caso, el psicólogo se negó a entrar en el juego del mártir. Le describió a Douglas los hechos tal como habían ocurrido y su comportamiento de mártir. Le explicó cómo afectaba la situación, qué necesitaba y qué quería que hiciera Douglas para que pudieran mantener una relación continua de confianza mutua. Douglas abandonó su actitud de mártir, acordó pagar parte de las pérdidas y aún tiene a su cargo el centro de conferencias.

El hecho es que la actitud defensiva de otra persona puede que no sea resultado de las circuntancias actuales o de nada que hagamos, sino de sus experiencias como niño o de fracasos anteriores o de momentos dolorosos como adultos.

Una persona que creció como el hijo mayor de una familia siempre tuvo que ser responsable de los hermanos menores y tuvo que hacer más de la cuenta. Por eso puede volverse resentida y mostrar resistencia cuando su jefe le pide que tome responsabilidades adicionales. La persona cuyo padre siempre tuvo una idea mejor o la respuesta "correcta", puede convertirse en discutidora cuando alguien opina de forma diferente. La persona que fue despedida después de haber dedicado veinte años de su vida a una empresa, puede sentirse mal cuando el nuevo supervisor habla sobre la lealtad hacia la empresa.

No pague el precio

En una negociación, no somos responsables de las experiencias pasadas y de las consecuentes creencias de una persona. No es responsabilidad nuestra resarcirle por lo que le ocurrió en el pasado. No merecemos ser castigados o pagar un precio por lo que otros le hicieron.

Por ejemplo:

Como auditora del Departamento de Interior, Jody viajó por todo el país haciendo auditorías en organizaciones federales. Se encargó del territorio de un auditor anterior cuyo estilo era agresivo, sarcástico y desdeñoso. El resultado fue que ella encontró una resistencia automática y, a veces, una provocación abierta de los gerentes del lugar. Suponían que ella los trataría igual que su predecesor.

En este caso, como en el ejemplo del psicólogo, Jody no merecía la respuesta que recibía de los gerentes. Ni las circunstancias inmediatas ni su comportamiento creaban la resistencia y la actitud defensiva. No era responsable de lo que había ocurrido en el pasado.

Al tiempo, la resistencia del gerente del lugar era su realidad actual, eso era el toro que tenía que lidiar. Su resistencia presentaba un problema. Ella tenía la opción de aferrarse a las capacidades de Tanteador de Segundo Nivel o de aceptar la situación real y enfrentarla desde una postura de Generadora. Afortunadamente, eligió la última.

Jody le describió a sus clientes lo que estaba ocurriendo, empatizó con su experiencia pasada, les hizo saber cómo le afectaba y les aseguró que no tenía intenciones de hacerlos quedar mal. En lugar de ello, quería contar con relaciones de cooperación en las que pudieran trabajar juntos para evaluar sus prácticas gerenciales y ayudarles a encontrar formas de realizar sus tareas de manera más fácil y eficaz.

Jody tuvo éxito en desarrollar relaciones de cooperación con todos los gerentes. A su vez, pudo hacer su tarea con mayor rapidez y eficacia que su predecesor. Su éxito fue el resultado de su capacidad para crear un entorno seguro.

En lugar de adoptar una defensa de nivel inferior, Jody pudo mantenerse en el nivel Generativo. Aceptó las necesidades de sus clientes sin responsabilizarse por ellos. Les echó en cara su comportamiento y les sugirió que se relacionaran con ella de manera más productiva.

Cuatro formas de obtener su cooperación

Cuando la otra persona no desea cooperar debido a sus experiencias pasadas:

1. Trate de aclarar si esta actitud defensiva es el resultado de hechos pasados o actuales.
   Si las fuentes del comportamiento de la otra persona provienen del pasado y no tienen nada que ver con usted, usted no es responsable del pasado.
2. Al mismo tiempo, reconozca que la actitud defensiva de la otra persona es su realidad presente, aunque usted no la haya ocasionado.
3. Evite caer en los niveles inferiores. No responda a un ataque con un contraataque. No participe en el juego de la culpa ni se convierta en un Conciliador que evita enfrentar los problemas.
4. Manténgase en las capacidades Generativas. Enfrente el

comportamiento de la otra persona y hágale saber qué es lo que usted necesita. Sugiérale relacionarse con usted de una manera más productiva. Si no quiere jugar limpio, obtenga su atención y fije sus límites, como lo hizo el psicólogo con Douglas. Luego, sugiérale relacionarse de forma más productiva.

3. Sea dueño de sus propios comportamientos: cuatro modelos que reducen la defensa

La tercera causa de que la otra persona esté a la defensiva reside en nuestro propio comportamiento autoprotector. Las personas copian nuestros niveles y comportamientos como en un espejo. Si los culpamos, ellos habitualmente nos culparán. Entonces nos vemos atrapados en una posición de Tanteador. Si los rechazamos, nos rechazarán. Luego nos veremos entrampados en una posición de Rebelde.

Todos nuestros comportamientos autoprotectores de los niveles inferiores generan que los demás se pongan a la defensiva:

- Los ataques generan contraataques.
- El no escuchar a los demás genera irritación creciente.
- El evitar a los demás genera frustración creciente.
- Las preguntas retóricas generan que los demás se justifiquen con resentimiento.
- El hecho de abrumar a la otra persona genera que se sienta inferior y desaparezca.
- El exigir sin explicar qué necesitamos genera que la otra persona piense que no somos razonables.
- El engaño genera un engaño más sutil.
- El aire de superioridad genera competencia.
- Y la lista sigue...

El estómago sabe

¿Cómo podemos saber si nuestro comportamiento induce a la otra persona a ponerse a la defensiva? Nuestro estómago nos lo dice. Si sentimos que:

- Queremos vencer al otro.
- Queremos que alguien pague por algo.

- Queremos que admitan que están equivocados o que tienen la culpa.
- Queremos ganar...

Las posibilidades indican que nuestro comportamiento está obstaculizando una resolución feliz. Sabemos en nuestro cuerpo si estamos en una postura de ganar o perder o si estamos en una postura de querer comprender a la otra persona para lograr una solución conjunta.

Ganar y resolver no son sinónimos. Cuando queremos ser ganadores (y queremos que otro pierda), por lo general nos comportamos de tal manera que evitamos que la otra persona coopere con nosotros. Obtenemos las respuestas que hemos configurado. Cuando acusamos a la otra persona de ser inflexible, es probable que nosotros mismos seamos inflexibles y que coloquemos a la otra persona en una postura de obstinación.

La realidad es que en ocasiones no queremos negociar. Queremos vencer a alguien y el precio que pagaremos por vencerlo vale la pena para nosotros. Podemos estar enojados con un cliente y, por ende, le decimos qué puede hacer con su negocio. Tal vez estemos dispuestos a pagar el precio no sólo de perder un negocio, sino también de la "mala prensa" que puede llegar a oídos de otros clientes.

En este caso, tomamos nuestro azúcar y nuestros terrones. No deberíamos engañarnos. Debemos ser honestos con nosotros mismos acerca de lo que estamos haciendo para poder evaluar realmente si el precio que pagamos por vencer a la otra persona vale la pena.

Introvertidos y Extravertidos

Con frecuencia, no advertimos el impacto que nuestro comportamiento tiene sobre los demás. Tomemos como ejemplo a los Introvertidos y a los Extravertidos. Los Extravertidos piensan en voz alta. Si tienen un problema, necesitan hablar de él con alguien. Piensan con los pies. Por otro lado, los Introvertidos piensan hacia adentro. Si tienen un problema, tienden a pensarlo solos, decidir un curso de acción y llevarlo a cabo. No se les ocurre que otros no han tomado parte en su proceso de pensamiento, de que la validez de sus decisiones no sea obvia ante los ojos de los demás. Se sorprenden cuando los demás no coinciden automáticamente con su posición.

Los Extravertidos y los Introvertidos tienen tendencias muy

diferentes. Los Introvertidos no comprenden que los Extravertidos están pensando en voz alta, que no están exponiendo conclusiones finales o comprometiéndose. Como Introvertidos que son, no abren la boca hasta tenerlo todo resuelto.

Por otra parte, los Extravertidos sospechan de los Introvertidos, porque éstos necesitan tiempo para pensar las cosas. Los Extravertidos consideran que los Introvertidos no se están esforzando y no saben qué están pensando. Cuanto más incómodos se ponen los Extravertidos, más desean hablar del tema de inmediato, atosigando con preguntas y más información. Esto, a su vez, abruma a los Introvertidos, quienes necesitan más tiempo para concentrarse y pensar. Y así sigue la cuestión.

¿Qué hacer? Si usted es un Extravertido:

1. Cállese con mayor frecuencia.
2. Reduzca la cantidad de preguntas y datos.
3. Déles tiempo para pensar. Recuerde: no siempre una negociación debe terminar en una sola sesión.
4. Verifique sus suposiciones en lugar de actuar con la sospecha de que ocultan algo.
5. Hágales saber cuándo usted está haciendo comentarios y cuándo sólo está pensando en voz alta.

Si es un Introvertido:

1. Verifique el número 5.
2. Tómese un descanso para tener tiempo para pensar y hágales saber cuándo volverá, de modo que no piensen que no se está esforzando.
3. Cuando ya ha pensado en el tema y llegado a una decisión, dígales cómo alcanzó su conclusión y qué cree que ésta le aportará. *No pueden leer su mente.* Si usted no lo dice, es probable que no le guste la forma en que interpretan sus intenciones.

El antiguo "por qué" paternal

Otro modelo de comportamiento que produce la postura defensiva son los "por qué". ¿Alguna vez sus padres le preguntaron "por qué" hizo algo que ellos no aprobaron y descubrió que no le estaban formulando una verdadera pregunta? ¿Que sólo querían que se sintiera culpable?

"¿Por qué te ensuciaste?" o "¿Por qué volviste tan tarde? o "¿Por qué no me llamaste y me dijiste que estabas borracho y que no vendrías a casa?" (Respuesta: "¡Porque no soy tan idiota!")

A los padres les encanta preguntar "por qué". Pero no son preguntas, son acusaciones.

Cuando nos sentimos como adultos paternales, tendemos a hacer lo mismo con otros adultos. "¿Por qué haría eso?" o "¿Por qué se pone así?" o "¿Por qué no...?" o "¿Por qué simplemente no...?" o "No entiendo por qué..."

Los "por qué" generalmente son enunciaciones indirectas de ira, no preguntas auténticas que buscan la comprensión objetiva de los hechos.

Si realmente quiere obtener mayor comprensión entre usted y los otros, pregunte: "¿Qué pasó?" o "¿Qué piensa de esa sugerencia?" o "¿Qué necesita?" o "¿Qué lo llevó a decidir eso?".

Las preguntas que comienzan con la palabra "qué", siempre que sean preguntas reales formuladas sin sarcasmo, originarán habitualmente respuestas verdaderas. Las preguntas que comienzan con "por qué", aun si la intención es la de realizar una pregunta real, por lo general hacen que la otra persona se sienta un niño culpable.

Evite la culpa seductora

La culpa seductora es otra causa del comportamiento defensivo.

Este comportamiento se produce cuando alguien le solicita información y la utiliza en su contra para que la situación revierta en su contra y usted tenga la culpa. Por ejemplo, como empresario, yo podría preguntarle qué está sintiendo después de una reunión de personal y luego usar la información para culparlo directa o indirectamente. Es como si ya hubiera formado un juicio en mi mente y ahora reúno los datos que sostengan mi suposición.

En este caso, el mensaje obvio es que si usted no quiere estrechar el pensamiento de otra persona, realice el juicio antes de colgarlo.

Verifique sus suposiciones antes de actuar basado en ellas.

Hechos disparadores

Otro factor de comportamiento que produce la postura defensiva en las negociaciones es un hecho disparador. Un hecho disparador es cualquier comportamiento inmediato que nos avisa que estamos frente a un problema o conflicto que necesita abordarse. Un hecho disparador puede ser algo que alguien haga o deje de hacer.

Algunos hechos disparadores posibles son:

- Recibir una queja telefónica.
- Recibir una carta de un cliente donde nos informa que no tiene intenciones de pagarnos una factura.
- La forma en que alguien nos mira o su tono de voz.
- Que alguien traiga un tema no planificado a una reunión.
- Que se posponga una reunión que uno solicitó.
- Hacer que la gente sea servicial cuando no creemos que concuerden con nosotros.

Cualquier comportamiento puede ser un hecho disparador. Consiste en cualquier cosa que nos llame la atención. Como tales, los hechos disparadores son un regalo. Por lo general, son enojosos, pero de todos modos son regalos. Nos dicen que tenemos que escuchar, centrarnos en lo que está ocurriendo. Nos dan la información que necesitamos.

Al mismo tiempo, no queremos vernos atrapados por el hecho disparador. No queremos responder con un comportamiento de nivel inferior. Los hechos disparadores son síntomas, no el tema real. Señalan los temas reales.

Verse atrapado en un hecho disparador, por lo general, no es productivo. Cuando lo hacemos, tendemos a degenerar en un juego de culpas que no nos lleva a ningún lado, sino hacia abajo. "No me gusta su tono de voz." "¡Bueno, a mí tampoco me gusta el suyo!" "¡Bien, a mí no me gusta su madre!" "¡A mí nunca me gustó la suya!"

En lugar de encerrarse en el comportamiento disparador, acéptelo como un regalo enojoso que nos dice algo que debemos saber. Acepte el hecho disparador como una fuente importante de información. Vea a través del comportamiento. Escuche lo que dicen las demás personas acerca de cuáles son sus problemas y qué necesitan.

Utilice el comportamiento disparador para orientarse hacia la resolución. No lo use en contra de sí mismo encerrándose en él. Céntrese en el significado del comportamiento, no en el comportamiento en sí.

Verifique qué significa el tono de voz de la otra persona o qué desea decir con su pregunta retórica. Averigüe por qué no lo invitaron a la fiesta y aborde el tema subyacente. Descríbale el comportamiento disparador a la otra persona y verifique si sus suposiciones son correctas. Hágale saber a la otra persona de qué manera le afecta su comportamiento y qué necesita.

Por ejemplo:

- Cuando la otra persona dice que no tiene tiempo para cumplir con su solicitud, averigüe qué significa "no tener tiempo", antes de suponer que es perezosa.
- Cuando la otra persona lo ataca, averigüe la causa de su enojo y qué necesita y desea de usted, antes de atacarlo como respuesta.
- Cuando un empleado no cumple con el plazo previsto, averigüe por qué ocurrió así, antes de acusarlo de tener una mala actitud.
- Cuando su esposo le dice que no quiere hablar acerca de ello, averigüe qué necesita para poder hablar. No suponga que no desea resolver el conflicto.
- Cuando su cliente lo llama y lo acusa de haber hecho una tarea de mala calidad, averigüe qué ocurrió, antes de justificarse.
- Cuando alguien permanece en silencio, averigüe qué significa dicho silencio, antes de acusarlo de andarse con rodeos.
- Cuando reciba una carta de un cliente que se niega a pagar su factura, averigüe por qué está disgustado, antes de suponer que es moroso y de derivarlo a una agencia de cobranzas.
- Cuando su socio lo acusa de ser poco cooperativo, pregúntele qué es lo que está haciendo usted para que le diga eso, antes de responderle con otras acusaciones.

Si desea obtener más ejemplos de comportamientos que ocasionan que las personas se pongan a la defensiva en lugar de cooperar, y acerca de las formas de tratar con ellos, remítase a los capítulos 4, 6, 8 y 10.

UNA LISTA UTIL PARA CREAR ENTORNOS SEGUROS

- Manténgase en las capacidades Generativas.
- Identifique el nivel de comportamiento y de pensamiento de las otras personas. Evalúe su comportamiento y decida qué las está amenazando y qué necesitan.
- Considere los factores del entorno que los afectan.
- Pregúntese qué les impide hacer lo que usted quiere que hagan.
- Considere cuál es su grupo de apoyo y qué puede hacer para ayudarlos a irse a su casa sin sentirse mal.
- No se encierre en ser un testarudo. Si los sorprende siendo

razonable, puede sorprenderlos de manera que ellos se vean razonables también.

- Facilíteles al máximo la cooperación con usted.
- Considere si sus solicitudes son poco razonables. ¿Usted estaría dispuesto a hacer lo que espera que ellos hagan?
- Escuche las creencias subyacentes de las otras personas. Evalúe si están funcionando a partir de información actual o de experiencias pasadas.
- Abórdelos, si es necesario.
- No planifique su defensa mientras ellos están hablando.
- Verifique si su comportamiento los está poniendo a la defensiva.
- Evite encerrarse en hechos disparadores.
- Pregúntese qué hacer para facilitarles que cooperen con usted.
- No realice preguntas que comiencen con las palabras "por qué", sino con la palabra "qué".
- Mantenga el problema afuera en lugar de personalizarlo y de ponerse a la defensiva.
- Céntrese en lo que tenga en común, antes de hacerlo en las diferencias. Hágales saber que usted concuerda con ellos y realice comentarios adicionales, en lugar de comenzar con "Está equivocado" o "No estoy de acuerdo con usted".
- Manténgase en el presente ("¿Qué necesita y qué desearía que hiciera?") y no discuta quién dijo qué en el pasado. Advierta que el hecho de plantear las cosas de frente, por lo general significa: "Quiero que admita que toda la culpa ha sido suya".
- Identifíquese y reconozca cuál ha sido su aportación al problema, antes de esperar que ellos lo planteen.
- Escuche el significado del comportamiento de la otra persona. No reaccione ante su comportamiento externo. Recuerde: usted está tratando con niños que tienen cuerpos de adultos. Escuche qué necesitan esos niños y responda a ello. Haga que se sientan seguros de cooperar con usted.

13

PRINCIPIO NUMERO 2: CAMBIAR SU ENFOQUE

En toda negociación tratamos con cuatro factores:

LOS CUATRO FACTORES

1. El tema esencial (el problema, de lo que estamos hablando).
2. La relación (el conflicto, el grado de aceptación o no aceptación por parte de la otra persona).
3. El proceso (cómo conversamos o no conversamos entre nosotros para resolver el problema y la relación).
4. Los criterios (las normas para el acuerdo).

Por ejemplo:

1. Podemos estar hablando del sistema de indemnización en nuestra organización (el tema esencial o problema) (Factor 1).
2. Puedo sentir resentimiento hacia usted porque creo que está intentando aprovecharse de mí (ése es el conflicto o la no aceptación existente en nuestra relación) (Factor 2).
3. Podemos estar gritándonos uno al otro sin escucharnos y traer a colación hechos del pasado (el proceso que estamos usando) (Factor 3).
4. Puede que yo cite normas industriales para mi tipo de posición y que usted discuta sobre la tradición de políticas de indemnización en esta organización (las normas para un acuerdo justo) (Factor 4).

1. En ocasiones, el tema primordial es el tema esencial y en él debemos centrarnos (Factor 1).
2. En ocasiones el tema primordial es nuestra relación, ya sea porque es más importante que el problema o porque tenemos

un conflicto y, salvo que abordemos el conflicto, será más difícil e incluso imposible resolver el problema (Factor 2).
3. En ocasiones, el proceso debe negociarse en primer lugar porque la manera en que intentamos resolver el problema nos enfrenta y no nos deja avanzar (Factor 3).
4. En ocasiones necesitamos acordar criterios justos para el arreglo antes de hablar acerca del tema esencial, porque usted quiere obtener todo de mí, sea o no justo (Factor 4).

Nuestra tendencia en una negociación es únicamente hablar del problema, el tema esencial, e ignorar:

- La calidad de la relación con la otra persona.
- El proceso que empleamos para negociar entre las partes.
- Qué es lo que cada uno de nosotros considera que son criterios justos para el acuerdo.

Los negociadores eficientes advierten que deben cambiar su enfoque entre estos cuatro factores. En diversos momentos durante una negociación, cada uno de estos factores puede convertirse en el tema primordial. Es importante saber cuándo hay que enfocar el problema, cuándo la relación, cuándo el proceso y cuándo los criterios para el acuerdo.

En este capítulo, les explicaré cada uno de estos factores y les brindaré algunos criterios para decidir cuándo necesita cambiar su enfoque. Si no cambiamos adecuadamente el enfoque en una negociación, estamos bloqueados o atascados, porque no estamos hablando del tema correcto en el momento correcto.

SEPARE LOS PROBLEMAS DE LOS CONFLICTOS

En toda negociación estamos tratando con temas esenciales y temas referentes a las relaciones. Los temas esenciales son los problemas. Son las condiciones externas, los comportamientos, los hechos o los objetos que queremos o que queremos modificar. Pueden ser procedimientos en uso, la secretaria que no está trabajando bien, el flujo de caja, la competencia, los términos del contrato con el sindicato, la falta de pago de una cuenta vencida o la falta de servicio para el ordenador que hemos instalado.

Al tratar de negociar las soluciones para los problemas, las personas por lo general desarrollan falta de confianza y malos entendidos. Sus procesos de negociación se empantanan o se interrumpen porque surgen los conflictos. Los conflictos están asociados con la calidad de la relación existente entre las personas que forman parte de la negociación. Los conflictos tienen que ver con lo que cree y siente la gente acerca de los otros. El conflicto es sinónimo de no aceptación. Las personas se encuentran en conflicto cuando no aceptan los sentimientos o las necesidades de cada uno o cuando no aceptan sus creencias o percepciones.

En toda negociación, los temas esenciales y los temas asociados a las relaciones tienen una importancia relativa. En ocasiones, el problema es más importante para nosotros y la gente involucrada no lo es tanto. Esto puede aplicarse a la negociación de un contrato con un sindicato o al comprar un equipo. Tal vez no conozcamos a las demás personas ni nos importen, ni nos interese verlas de nuevo.

Otras veces, la persona puede ser más importante para nosotros que el problema. Podemos tener un problema con el comportamiento de nuestro jefe de producción, pero no queremos perderlo. Podemos estar negociando con un cliente para que pague su cuenta vencida. Si este cliente representa el 20 por ciento de nuestra facturación bruta, tal vez la relación continua sea más importante que obtener todo lo que queremos de la situación inmediata.

Es útil aclarar el peso relativo o la importancia del problema que abordamos en contraposición a nuestra relación con la otra persona. Determinar la importancia relativa del problema nos brinda una medida de lo lejos que queremos llegar para obtener resultados. También nos proporciona información del enfoque que queremos asumir en nuestra negociación. Siempre que la otra persona sea importante para nosotros, hacemos algo más que negociar un problema. También estamos negociando una relación.

En ocasiones, nuestra negociación se centrará fundamentalmente en la resolución de problemas. Otra veces, nos centraremos en la resolución de conflictos. *Durante un proceso de negociación próspera, habitualmente nos centraremos en resolver un problema y una relación.* Por lo general, los conflictos surgen en el curso de negociar soluciones a los problemas. Cuando esto ocurre, necesitamos cambiar el enfoque de la negociación para la resolución de problemas a la resolución de los temas asociados con las relaciones.

Adviertan cómo cambia el enfoque en el siguiente diálogo entre dos socios de una empresa de ingeniería.

Enfoque en el problema:

Tom: ¿Tienes un minuto para hablar?

Drew: Seguro.

Tom: He estado revisando los resultados de nuestro estudio de comercialización. Hemos obtenido muchos comentarios de nuestros clientes en cuanto a que se sintieron frustrados porque sus proyectos no se terminaron a tiempo. Me preocupan los efectos a largo plazo de estos comentarios en cuanto pueden afectar a nuestra reputación y tener derivaciones futuras.

Drew: No fueron tantos los comentarios. Uno o dos, tal vez.

Tom: Bueno, en realidad los comentarios fueron cinco y recibí un llamado de Lewis Brothers. Eso representa el 75 por ciento de los clientes con los que has trabajado durante los últimos seis meses. Creo que eso se suma al problema.

Drew: Algunos no llegaron tan tarde.

Tom: No sé cuántos fueron los que llegaron tarde. Eso sería fácil de descubrir si observáramos la documentación, pero ése no es el tema. En este momento advierto dos cosas. Una es que, para los clientes, llegaron tarde y ellos conforman nuestra base de referencia.

Enfoque en la relación:

Tom: El segundo tema es que no pareciera que estuviéramos del mismo lado. Mi intención al hablar contigo no es la de acusarte ni culparte. Simplemente quiero resolver lo que para mí es un problema. No te estoy pidiendo que te justifiques, sino que quiero que trabajemos juntos para que podamos evitar que se produzcan este tipo de problemas en el futuro.

Enfoque en el problema:

Drew: Bueno, supongo que me retrasé en los últimos meses, no sé por qué.

Tom: ¿Hubo problemas con los proyectos? ¿Tuviste demasiado trabajo?

Drew: En realidad no. Nada inusual.

Tom: Algo debe estar sucediendo.

Drew: No sé qué puede ser.

Enfoque en la relación:

Tom: Me siento frustrado. No creo que estemos llegando a ningún lado. Tenemos un problema y éste tiene que ver con nuestro nivel de *output*. En este preciso momento me parece que te haces el tonto, esperando que me canse y me vaya. Necesito saber qué ocurre. Quisiera escuchar respuestas claras.

Drew: A partir del verano pasado no tengo muchas ganas de trabajar.

Tom: ¿Y eso por qué?

Drew: No tengo ganas de colocar mucho trabajo en la sociedad cuando tu familia es la que se lleva todas las ventajas.

Tom: ¿Estás enojado porque contraté a mi hijo el verano pasado?

Drew: Estoy enojado porque primero no me lo consultaste.

Tom: Fue un error por mi parte. Lo lamento. Necesitábamos ayuda y tú no estabas en la ciudad. ¿Es ésa la verdadera razón por la cual ha bajado tu productividad?

Enfoque en el problema:

Drew: Esa es sólo una pequeña parte. He estado muy presionado en mi casa. Mi hijo ha tenido problemas y Alice no me ha dejado tranquilo. He tenido problemas para concentrarme en mi trabajo. Supongo que lo he retrasado mucho.

Tom: Lamento escuchar eso. ¿Hay algo en que pueda ayudarte?

Drew: Realmente no. Yo sabía que no estaba cumpliendo con mi tarea, pero no pensé que alguien más lo hubiera advertido. Tengo que hablar con Alice y resolver algunas cosas, y necesito dejar los problemas de mi hogar en mi casa. Ahora que hemos hablado de ello, creo que soy más consciente de lo que ha estado ocurriendo. Me ocuparé de ello.

Tom: Gracias. Hablaremos de nuevo dentro de un par de semanas y veremos en qué posición estamos en ese momento. Mientras tanto, hazme saber si necesitas algo.

Drew: Gracias, lo haré.

Nuestra tendencia en las negociaciones es mantenernos centrados en el problema y evitar el conflicto. Por lo general, esto es un error. Parece ser más amenazador enfrentar nuestra relación con otra persona que hablar del problema. Sin embargo, si no abordamos el tema de la relación, dicho conflicto siempre nos evitará resolver el problema o lo dificultará en gran medida. Si estamos enojados con la otra persona y creemos que está tratando de engañarnos, tal vez nunca lleguemos a un acuerdo.

Abordar los conflictos existentes es fundamental para resolver la situación inmediata y también nos labra cimientos para el futuro. En el ejemplo anterior, Tom mantuvo la negociación cambiando su enfoque del problema (el *output* de Drew), su relación (el enojo de Drew porque Tom había contratado a su hijo) y el proceso (el hecho de que Drew evitara a Tom y se hiciera el tonto). Si Tom no hubiera estado alerta respecto de los diversos factores (el problema, la relación y el proceso), si se hubiera centrado únicamente en lo que ocurría en ese momento, no hubiera alcanzado una resolución. Fue la conciencia de Tom y su deseo de cambiar el enfoque lo que permitió que la negociación fuera eficaz. El hecho de no resolver temas referentes a las relaciones, con frecuencia originan nuevos problemas en el futuro o en acuerdos previos que no se cumplieron. Si creemos que otra persona se ha aprovechado de nosotros en el pasado, buscaremos formas de hacer lo mismo con ella.

Muchas personas han experimentado el comportamiento vengativo de un ex socio, empleado o cónyuge que siente que ha sido engañado, usado o traicionado. Cuando esto ocurre, por lo general, tenemos un modelo repetitivo de problemas con dicha persona.

Otro motivo para abordar los conflictos a medida que surjan es que, en ocasiones, el problema es sólo un camuflaje, el síntoma de un conflicto en una relación. Tal vez no esté realizando el trabajo que me encargó porque nuestra relación no es buena. Quizás escuché que usted realizó comentarios despectivos a uno de mis clientes. En este caso, la resolución del problema inmediato no logrará mucho. Debemos abordar el conflicto. Cuando lo hagamos, el problema tal vez desaparezca.

Por ejemplo:

Judy y Bob comenzaron un negocio juntos hace siete años. Judy trabajó mucho para que el negocio fucionara y durante esos siete años tuvo tres hijos y se ocupó de ellos. Sin su aportación y sus habilidades organizativas, el negocio no hubiera prosperado. Pero Bob no es de los que reconocen a los demás y suele hablar en público de que el negocio lo hizo él solo.

Si bien Judy ya no trabaja a tiempo completo en el negocio de modo formal, se ocupa del desarrollo de productos. Frecuentemente asiste a las reuniones de desarrollo de productos para dar sus opiniones.

El director de desarrollo e investigaciones le dijo a Judy que su participación era valiosa pero que, en ocasiones, interrumpía la tarea porque no estaba en todas las reuniones. Le pidió que dejara de venir o (preferentemente) que se convirtiera formalmente en miembro de la Comisión de Investigación y Desarrollo y asistiera a todas las reuniones.

Judy estaba enojada y le contestó airadamente al director de investigación y desarrollo que ésa era su compañía y que haría lo que quisiera. Continuó expresando su resentimiento por no ser adecuadamente valorada ("¡Después de todo lo que hice!") y luego se fue dando un portazo.

El director de investigación y desarrollo se sorprendió por la fuerza de su reacción. El no conocía la historia de su relación con Bob. No sabía que el diez por ciento de su respuesta tenía que ver con él y que el 90 por ciento restante se refería a sus conflictos no resueltos con Bob.

El tema esencial aquí no era la participación de Judy en la comisión. El tema esencial era su relación no resuelta con Bob. Hasta que esto se resolvió, surgieron varios problemas respecto de su participación en diferentes áreas operativas de la empresa.

El director de investigación y desarrollo informó a Bob de lo ocurrido. Bob regresó a su casa, le preguntó cuál era el problema y lo averiguó. Les llevó una semana y varias peleas y discusiones, pero resolvieron el conflicto. La participación de Judy en las reuniones de investigación y desarrollo dejó de ser el tema. En realidad, ella no quería seguir participando del negocio. Sólo quería que se le reconociera su aportación en el pasado.

En este ejemplo, las personas involucradas eran importantes una para la otra. Sin embargo, incluso si la otra persona no es particularmente importante para nosotros, tiene sentido resolver los conflictos a medida que surgen. Al hacerlo, solucionaremos nuestros problemas actuales con mayor facilidad. Eliminaremos los obstáculos que generalmente nos impiden resolver nuestros problemas. Si el conflicto incluye a un cliente, mantendremos una fuente potencial de referencias en lugar de una mala publicidad, y nunca sabremos cuándo necesitaremos esa fuente de referencia en el futuro.

COMO SABER CUANDO CAMBIAR

¿Cómo sabremos cuándo estamos frente a un conflicto que debe abordarse? Sencillamente, sabemos que tenemos un problema cuando ambos podemos sentarnos juntos, definir el problema, analizar las causas, idear soluciones potenciales y decidir las estrategias posibles para responder al problema. Sencillamente, sabemos que estamos frente a un problema cuando parece que trabajamos juntos y el problema sigue estando allí.

Sabemos que posiblemente estemos frente a un conflicto cuando:

- Sentimos que estamos discutiendo en lugar de cooperar.
- Comenzamos a ponernos a la defensiva o a sentirnos enojados.
- No podemos resolver el problema porque no podemos trabajar juntos.
- Tenemos un patrón repetitivo de problemas.
- Siempre surge el mismo problema.

Básicamente, sabemos internamente cuándo estamos frente a un conflicto o conflictos cuando esos antiguos sentimientos de ganar o perder comienzan a crecer en nuestro interior. Es cuando queremos culpar a la otra persona y no queremos admitir que tenemos alguna culpa.

CONCESION *VERSUS* ACEPTACION

Resolver problemas no es lo mismo que resolver conflictos. *Aquello que solucione un problema, no necesariamente solucionará un conflicto.* Cada uno necesita diferentes recursos. Los problemas son externos a nosotros y cuantitativos por naturaleza. Habitualmente pueden medirse en dólares, tiempo, materiales, espacio o comportamiento. La resolución de problemas, por lo general, conlleva uno o más de estos recursos cuantitativos. Necesitamos más dinero o más tiempo o más maquinaria o más espacio o diferentes comportamientos o más personal.

La realidad de nuestro mundo físico es que con frecuencia tenemos recursos materiales limitados. Sólo contamos con tanto dinero y con un número limitado de personal. Esto significa que debemos realizar concesiones para resolver el problema

Pero realizar concesiones no sirve para resolver un conflicto. Los conflictos están ocasionados por una falta de comprensión y de aceptación. Los conflictos se resuelven cuando ambas partes se comprenden y se aceptan de inmediato. El recurso que resuelve los conflictos es la *aceptación.* La aceptación de un recurso ilimitado. Elegimos comprender y aceptar o no quién es la otra persona. *En base a esta elección, todo conflicto puede resolverse, si queremos resolverlo.*

El conflicto entre Judy y Bob se resolvió cuando ambos se sentaron y expresaron sus sentimientos y necesidades, y no sólo sintieron que eran comprendidos sino también aceptados por la otra persona.

Me encuentro con este tipo de situaciones a diario en las organizaciones con las que trabajo. Como asesor de desarrollo de organización, con frecuencia me llaman para resolver "problemas" de organización. Y muy a menudo, el verdadero tema es un conflicto de relación no resuelto.

Por ejemplo:

Jim era jefe de departamento de mantenimiento de fábrica. Carl era el supervisor de mantenimiento de fábrica en una de las instalaciones y debía informar a Jim de sus actos. Se me solicitó que ayudara a resolver los problemas de función de Carl, que se atribuían a su incompetencia.

Tras una primera entrevista, me resultó claro que el trabajo no se realizaba de acuerdo con las normas, pero no me parecía claro que la causa se debiera a la incompetencia de Carl. Varios factores contribuían a la falta de resultados: equipos viejos y obsoletos, una confusa definición de roles y de responsabilidades laborales, expectativas no manifestadas por Jim y una larga historia de desconfianza y elusión por parte de ambos hombres en cuanto a tratar sobre su relación.

Ambos se sentían resentidos, injustamente criticados; ambos creían que la otra persona quería pescarlo en algún fallo y ninguno de ellos aceptaba responsabilidad alguna frente al problema. Obviamente, hasta que no se abordara y se resolviera el tema de la relación, los problemas no se resolverían. En este caso, Carl no estaba dispuesto a hablar acerca de la relación.

En ocasiones ésta es la realidad. En ocasiones, nos encontramos en situaciones en las que la otra persona no está dispuesta a abordar el conflicto. Aun si la otra persona no está lista o dispuesta a aceptarnos, todavía podemos llegar a una solución. Es más fácil si cooperan, pero no es imprescindible.

Nuestra solución no depende de los demás. Depende de nuestras elecciones.

La aceptación del hecho de que ellos no quieren resolver los temas de la relación es, en sí, una solución. Una vez que aceptamos el hecho de que la otra persona no está dispuesta ni pueden comprendernos y aceptarnos, somos libres para seguir adelante y hacer lo que sea necesario a fin de cuidarnos de nosotros mismos. La solución se produce cuando dejamos de esperar algo que no ocurrirá.

Nuevamente, es importante saber cuándo estamos tratando sencillamente de un problema o cuándo, además, se agrega un conflicto.

Hacer concesiones puede ayudar a resolver algunos problemas, pero nunca resolverá un conflicto. Las concesiones y la aceptación se basan en suposiciones diferentes. La concesión se base en la creencia de que:

- Tenemos recursos limitados (lo que es cierto respecto de los problemas).
- No existe lo suficiente de nada para que todos tengan lo que desean (lo que en ocasiones es verdad cuando hablamos de recursos físicos).
- Alguien tiene que ceder parte de lo que desea.

Vemos por qué la concesión no funciona para resolver temas referidos a las relaciones. Si la causa de un conflicto es la falta de comprensión para aceptar quiénes somos, conceder significa que estamos dispuestos a ser menos de quienes somos, que estamos dispuestos a aceptar un valor menor para nosotros mismos. Eso nunca funciona.

O somos aceptados o no los somos. La aceptación parcial significa que el conflicto no está resuelto. *La concesión puede funcionar en la resolución de problemas. Sólo la aceptación resuelve los conflictos.*

Pero no debemos confundir aceptación con resignación. La aceptación significa que creemos que hacen lo que son capaces de hacer, por ser quienes son. Pero la aceptación no significa que nos permitamos ser sus víctimas. Significa que aceptamos la realidad actual. Pero aceptar la realidad actual no significa que decidamos estancarnos en ella.

Por otra parte, resignación no es aceptación. Es darse por vencido. En la resignación, no hemos aceptado la realidad de la situación. Nos hemos dado por vencidos tratando de obtener aquello que necesitamos. Sentimos resentimiento por la otra persona y la culpamos por impedirnos obtener lo que deseamos. Le otorgamos poder irreal sobre nosotros. Le otorgamos nuestra responsabilidad.

La resignación es lo que hacemos en los niveles inferiores. Nos damos por vencidos (Etapa 1); planeamos vengarnos en el futuro

(Etapa 2); intentamos que la situación desaparezca complaciendo y adaptándonos (Etapa 3) o nos ponemos furiosos (Etapa 4). Con la resignación, el conflicto aún vive y está bien, sólo que en forma subyacente.

Cuando oigo que alguien dice: "Hemos acordado estar en desacuerdo", escucho dos mensajes posibles. Por un lado, puede que sea cierto, se respetan mutuamente y aceptan las perspectivas diferentes del otro. Por otra parte, lo que escucho (por lo general a partir del sarcasmo en la voz de la persona) es que ninguno acepta la perspectiva diferente del otro y que ambos se sienten sin salida. No saben cómo resolverlo. Tienen un conflicto no resuelto y se han resignado.

La aceptación es diferente del acuerdo. El acuerdo implica que no sólo comprendemos y aceptamos por qué las otras personas hacen lo que hacen, sino que también los apoyamos, incluso a nuestro propio costo. La aceptación no significa que permitimos ponernos en el lugar de víctimas. Sólo significa que aceptamos la realidad de quiénes son. Quizá sea posible que debamos fijar límites con ellos.

Por ejemplo:

Puedo comprender y aceptar que una empleada está bajo una enorme presión familiar porque su esposo es un inválido y tienen problemas económicos, pero esto no significa que continúe permitiéndole que haga mal su trabajo. Puedo comprender y aceptar las razones de su bajo nivel de productividad, pero la aceptación no significa que también cedo en pagarle el precio de su baja productividad.

Del mismo modo, comprendo la necesidad de mi hijo de impresionar a su novia. Eso no significa que esté dispuesto a comprarle un automóvil deportivo. La aceptación y el acuerdo son dos realidades diferentes.

La aceptación es aquello que hacemos en el nivel número 5 como Generadores. Aceptamos qué es, y trabajamos con dicha realidad o avanzamos para ocuparnos de nosotros mismos de otras maneras. Sabemos si hemos alcanzado un punto de aceptación, cuando nos sintamos internamente resueltos y en paz y sin resentimientos.

La aceptación requiere que utilicemos nuestra capacidad de empatía, ingresar dentro de la otra persona y saber qué se siente siendo como ellos, saber qué necesitan. *Nuevamente, sólo la aceptación resuelve los conflictos, la aceptación es nuestra elección.*

Un ejemplo que ilustra una resolución real sucedió con uno de mis hijos, Jay, que a la sazón tenía diecisiete años y no hacía sus tareas hogareñas, que debían estar terminadas al mediodía del sábado. Me sentía frustrado, resentido, utilizado y supuse que Jay estaba eludiendo sus responsabilidades.

Cuando nos sentamos a conversar, primero pasamos algunos minutos (más de cuarenta o cincuenta) acusándonos y juzgándonos uno al otro. "No estás siendo responsable." "No me estás escuchando." "No eres justo."

Finalmente, comenzamos a escuchar nuestras mutuas necesidades. Por último comprendí la carga de presión que Jay soportaba yendo a la escuela y trabajando 25 horas por semana, y me di cuenta de que el sábado por la mañana era el único día que tenía para levantarse más tarde. Me pareció razonable que no quisiera pasarse el sábado por la mañana trabajando en casa antes de ir a trabajar a su empleo al mediodía.

El, a su vez, aceptó mi necesidad de que los trabajos se realizaran todas las semanas. A estas alturas, ambos no sentimos escuchados, respetados, comprendidos y aceptados. La solución al problema vino fácilmente: accedió a hacer las tareas el sábado por la tarde. No es que no quisiera hacerlas, como yo suponía, sino que no podía hacerlas en aquel momento.

ELEMENTOS CLAVE PARA RECORDAR AL SEPARAR PROBLEMAS DE CONFLICTOS

1. Es importante separar problemas de conflictos, saber en qué necesitamos centrarnos y cuándo debemos cambiar nuestro enfoque.
2. Tendemos a mantenernos centrados en la resolución de problemas y a evitar conflictos en las relaciones. Pero pagamos un precio y, por lo general, el precio es mucho más alto que el que hubiéramos pagado para resolver un conflicto ahora.
3. Siempre que tengamos un conflicto sin resolver con alguien, él POSEE una parte nuestra. Siempre que estemos enojados con alguien, esa parte nuestra enojada no está disponible para nosotros, sino centrada en la otra persona. Esa persona utiliza nuestro tiempo y energía; tiempo y energía que podrían haberse dedicado a satisfacer nuestras propias necesidades.
4. Debemos distinguir entre conceder y aceptar. La concesión

puede servir para resolver problemas. La aceptación únicamente resuelve conflictos.
5. No deberíamos confundir aceptación con resignación o acuerdo.
6. Los conflictos sólo pueden resolverse por el comportamiento Generador. Sólo los Generadores tienen la capacidad de ver ambos lados con precisión, de ver a través del comportamiento de los demás y de comprender y aceptar las limitaciones de una situación dada. Sólo los Generadores confían en sí mismos lo suficiente como para aceptar las limitaciones de los demás y de avanzar ocupándose responsablemente de sí mismos.
7. Como Generadores, tratamos tanto con problemas como con relaciones en todas las negociaciones. Como Generadores, podemos cambiar nuevamente nuestro enfoque y avanzar en la negociación.

ENFOQUE EN EL PROCESO

En ocasiones, en una negociación necesitamos tratar directamente el tema del proceso o de los criterios antes de abordar el problema o la relación. Esto se aplica particularmente cuando estamos negociando con Tanteadores, pero también puede ser verdad cuando estamos tratando con cualquiera que esté actuando desde los cuatro niveles inferiores de pensamiento.

El motivo por el cual necesitamos abordar el proceso y los criterios de frente con los Tanteadores es por la tendencia de éstos a ser tramposos. La negociación con un Tanteador es como jugar a las cartas con alguien que no le dice todas las reglas del juego y se la pasa cambiándolas a medida que le conviene.

Como ya señalamos es capítulos anteriores, con frecuencia vemos este tipo de engaño o de maniobra en las negociaciones. Lo vemos en:

- La persona que sostiene que le gustaría cooperar, pero que su socio o el comité o consejo, que no están presentes, no se lo permitirían.
- La persona que nunca tiene tiempo para verlo y que retarda todo.
- La persona que está obstinada en una posición y no quiere negociar.
- La persona que no reconoce la responsabilidad por todo lo que sea poco productivo y funcione mal.

- La persona que no quiere hablar.
- La persona que no hace más que atacar y culpar.
- La persona que insiste en que sólo hay una respuesta correcta: la suya.
- La persona que se pone de acuerdo con usted frente a frente y que luego se va y hace otra cosa.

Con frecuencia, en nuestras negociaciones, el proceso que utilizamos nos obstaculiza para alcanzar un acuerdo mutuamente satisfactorio. En estos casos, debe negociarse el proceso antes de hablar sobre la relación o el contenido específico del problema.

Algunos ejemplos:

Si una persona suele montar una escena e irse, formule su discusión de modo de que no pueda hacerlo tan fácilmente. Encuéntrese con él en un restaurante o converse en el automóvil mientras usted conduce.

Cuando una persona se encierra en una posición, no se encierre en la posición opuesta ("¡*Tendrás* que hacerlo para el mediodía del *sábado*!"). Descubra qué necesidades subyacentes evitan que usted haga lo que desee hacer. Pregúntele qué significa su postura para él, para poder comprender por qué adopta aquella actitud.

Cuando una persona no quiere hablar, señálele que cuanto más tiempo pase en silencio, ninguno de los dos obtendrá lo que desea.

Cuando una persona ataca y echa culpas, no le siga la corriente. Cambie el proceso preguntándole por qué está tan poco satisfecho, cómo y qué desearía obtener de usted.

Cuando una persona desea cambiar los términos de un contrato a último momento, señálele su comportamiento y posponga el plazo de finalización. Dígale que usted no está dispuesto a que lo presionen para formar parte de un acuerdo poco satisfactorio a último momento. Haga que le diga si va a cumplir con el acuerdo antes de hablar nuevamente de los términos.

Cuando una persona insiste en que sólo hay una respuesta correcta, señale que haciendo eso elimina la posibilidad de elegir entre soluciones múltiples. Está limitando su elección. Pregúntele si estaría dispuesta a explorar la posibilidad de que existan diversas soluciones válidas para el problema.

Si está negociando con alguien que elude el tema prestándole poca atención, sugiérale encontrarse en algún otro lado en donde no haya distracciones o interrupciones.

Si se encuentra en una discusión en la que ambas partes

justifican su propio comportamiento y se culpan una a la otra, deténgase y céntrese en el proceso diciendo: "Suena como si nos estuviéramos defendiendo y queriendo hacer ver que el otro está equivocado. No creo que de este modo lleguemos a un acuerdo". Luego prosiga, admitiendo que usted está contribuyendo al problema. Sea responsable de su propio comportamiento. Por lo general, esto hace que la otra persona se sienta lo suficientemente segura como para hacer lo mismo.

Cuando se encuentra en una reunión en la que las personas personalizan los temas y se defienden, señale lo que observa y sugiera que sería más productivo dar un paso al lado y centrarse en el problema como tema común que debe ser resuelto. "Me pregunto qué necesitaría cada uno de nosotros para poder trabajar juntos y resolver nuestros problemas comunes."

Si usted y la otra persona descubren que es imposible hablar sin atacarse u obstaculizarse, sugiera utilizar la opinión de un tercero.

El principio es: cuando lo que hace en una negociación es no trabajar, deténgase. Dé un paso atrás. Señale los comportamientos que impiden que usted llegue a una solución y sugiera un proceso alternativo.

CUANDO ENFOCAR LOS CRITERIOS

El mismo principio se aplica a los criterios o pautas que consideramos llevarán a un acuerdo justo. Cuando, en una negociación, resulta claro que usted y la otra parte está utilizando criterios diferentes o están funcionando a partir de valores distintos, céntrese en alcanzar un mutuo acuerdo respecto de criterios justos o valores en común, antes de intentar negociar el problema o la relación.

Algunos ejemplos:

Si tiene un accidente automovilístico y necesita negociar el seguro con un liquidador, primero haga sus deberes, obteniendo costos estimativos del daño y del valor de su automóvil. Las fuentes alternativas para determinar el valor de su automóvil incluyen concesionarios de automóviles, tasadores independientes, anuncios en los diarios e instituciones de préstamos. Una vez que cuente con la información requerida, no hable del valor real del automóvil (el problema), sino que negocie qué significa el término "cobertura total" en su póliza y cuál de sus fuentes sería una pauta mutuamente satisfactoria para determinar el valor de su automóvil. Primero enmarque al liquidador en cuáles son los criterios justos.

Si está negociando una propiedad, tenga en cuenta que, puesto que las propiedades han bajado su valor en los últimos años, los vendedores suelen tasar sus propiedades según los valores de años anteriores. Nuevamente, haga sus deberes y aclárele al vendedor que está negociando sobre la base de valores actuales, y no de años pasados.

Si desea desarrollar un equipo de trabajo más productivo y con mayor nivel de cooperación, logre que acuerden valores comunes acerca del tipo de entorno laboral que quisiera tener y de sus criterios para ello.

"Dada nuestra historia pasada y las demandas del futuro, ¿qué creemos que determinará el hecho de que alcancemos nuestras metas?" Luego traduzca estas metas en comportamientos: "Si vivimos de acuerdo con estos valores, ¿qué haremos individualmente y como equipo? ¿Qué comportamientos manifestarán estos valores?"

Si desea asignar tareas domésticas, logre algún acuerdo sobre la forma de vida que todos desean; luego decida qué tareas se requieren para lograr esas pautas y los criterios para distribuir dichas tareas (justas, equitativas, que requieran la misma cantidad de tiempo, que tomen en consideración las necesidades y preferencias individuales). Entonces, y sólo entonces, negocie quién hará qué.

Estos principios también se aplican al desarme internacional, a la tenencia de los niños a la calidad del producto, a los términos contractuales o a las funciones de un empleado.

Como vemos en estos ejemplos, es necesario alcanzar un acuerdo frontal acerca de criterios justos o de valores mutuos. Y, por lo general, contamos con una variedad de fuentes posibles para estos criterios, a saber:

- Experiencia o necesidades personales
- Expertos o autoridades reconocidas
- Requisitos industriales
- Legislación
- Valores de mercado
- Indices mayoristas o de alquiler
- Tradición

PUNTOS CLAVE A RECORDAR

Cuando se pregunte en qué centrarse en una negociación, recuerde sus cuatro temas o factores principales:

1. El problema
2. La relación
3. El proceso
4. Los criterios

Si usted y la otra parte no pueden sentarse y resolver el problema juntos de forma cooperativa, sabe que debe centrarse en uno de los otros tres factores.

COMO REGLA GENERAL

1. Negocie el proceso primero: cómo hablarán entre sí.
2. Asegúrese que está conforme con los criterios que se usarán para alcanzar un arreglo justo.
3. Escuche su estómago. Si se siente a la defensiva, si tiene ganas de pelear, probablemente necesiten desarrollar algún tipo de comprensión y aceptación mutua antes de intentar tratar el problema
4. Sólo luego de haber negociado los primeros tres factores, estará listo para negociar el contenido o el problema. Si ha hecho un buen trabajo resolviendo el proceso, los criterios y la relación, por lo general, resolver el problema es sumamente sencillo. Inténtelo. Puede que le guste.

14

PRINCIPIO NUMERO 3: COMPRENDER A LOS DEMAS, Y NO VENCERLOS

COMO DISTINGUIR ENTRE PROBLEMAS Y SOLUCIONES

La dificultad para distinguir entre *problemas y soluciones* es uno de los motivos fundamentales de las negociaciones sin éxito. El principio es: céntrese en definir el problema y no en defender soluciones.

La distinción entre problemas, necesidades, valores, preocupaciones e intereses, por un lado, y soluciones, respuestas o comportamiento satisfactorio, por el otro, puede resultarle evidente desde el punto de vista teórico. Pero, por lo general, estas dos categorías se confunden en el calor de la discusión.

Por un lado:	*Por otro lado:*
Problemas y necesidades	**Soluciones**
No contar con la posibilidad personal de tener una fotocopiadora en la oficina.	No firmar una nota personal para la compra de una fotocopiadora.
Pérdida de participación en el mercado.	Reorganización del departamento de comercialización.
Se le inunda el sótano.	Arregle los marcos de las ventanas o cambie el desnivel del jardín.
El equipo gerencial está en conflicto y no trabaja en forma cooperativa.	Realice tareas de conformación de equipos, resuelva los conflictos, transfiera el personal clave.

Saber que sus adolescentes están seguros.	Establezca castigos por conducir después de beber.
Contar con clientes satisfechos.	Capacite a sus recepcionistas en lo referente a la satisfacción de los clientes.
Sentirse valorado y respetado.	Que se le pida, en vez de que se le ordene, hacer una tarea.

Decidimos respecto de respuestas y soluciones, adoptamos actitudes, porque tenemos necesidades subyacentes que queremos satisfacer. Detrás de cada solución existe una necesidad.

- Abordamos a nuestro jefe para pedirle un aumento (la solución) porque necesitamos sentirnos valorados, necesitamos sentir que se nos paga por lo que valemos.
- Iniciamos un litigio para cobrar una cuenta impagada (la solución) porque no queremos sentir que hemos sido unos tontos y, además, porque necesitamos el dinero.
- Decidimos contratar a un socio (la solución) porque necesitamos que alguien colabore con nosotros, alguien que estimule nuestra creatividad.

La distinción entre problemas y soluciones es importante por dos motivos:

1. Si ignoramos los problemas o las necesidades subyacentes, por lo general no solemos encontrar las mejores opciones.
2. Si enfocamos las soluciones y no los problemas, por lo general TOMAMOS LA ACTITUD de promover o de defender nuestra solución. Suponemos que tenemos la respuesta correcta o la mejor solución porque la pensamos.

Una vez que tomamos una posición, solemos identificar nuestro valor personal, nuestra autoestima, con dicha posición. Y una vez que hemos alineado nuestra autoestima con nuestra posición, con frecuencia terminamos negociando acerca de nuestra autoestima y no respecto del problema subyacente. Nuestra negociación termina siendo un concurso para probar quién tiene razón o quién es más fuerte.

Si nos centramos prematuramente en las soluciones, por lo general omitimos identificar adecuadamente qué necesitamos. No desarrollamos una comprensión completa y precisa del problema.

- Es probable que nos surjan soluciones que no resuelven el problema por completo: la solución equivocada.
- Solemos limitar nuestra creatividad y nuestras opciones. Omitimos ver todas las formas posibles en que podríamos satisfacer nuestras necesidades.

Es importante que analicemos claramente nuestra situación antes de llegar a una solución.

Por ejemplo:

Los propietarios de una firma de comunicaciones tenían frecuentes problemas de liquidez. Los clientes se retrasaban en el pago de sus facturas (noventa días), pero los proveedores de equipos de la empresa exigían sus pagos dentro de los treinta días. La única solución que los propietarios percibieron fue generar más negocio. Salieron y buscaron más clientes, contrataron a otra persona y comenzaron a trabajar durante las noches y los fines de semana.

Pero el problema no desaparecía. De hecho, se complicó aún más. El volumen de la empresa había crecido, pero también sus gastos fijos. Además, los clientes se sentían frustrados porque la empresa no podía cumplir con el volumen de demanda. Los propietarios se sentían abrumados y, por lo tanto, menos productivos, y sus proveedores seguían exigiendo los pagos. Parecía no existir solución.

Los propietarios solicitaron ayuda. Se reunieron con su director financiero y con un asesor de empresas. Comenzaron a observar que la fuente del problema no residía en una falta de volumen de facturación, sino en los tiempos de pago y cobro. Necesitaban establecer una política de pagos con sus clientes y negociar una política diferente de pagos con sus proveedores.

Y así lo hicieron. Establecieron una política que les permitía recibir un tercio del pago en el momento de firmar el contrato y otro tercio al finalizar el proyecto. El resto se pagaba a treinta días de la terminación del proyecto. Los propietarios negociaron con su proveedor el pago a treinta días luego de finalizar un proyecto, en lugar de hacerlo a los treinta días de recibir el equipo. Debido a que se tomaron el tiempo de analizar la fuente del problema, éste pudo resolverse.

Las soluciones son únicamente tan buenas como nuestro análisis previo del problema. Las soluciones son únicamente buenas si resuelven el problema real.

COMPRENDER LAS NECESIDADES DE AMBAS PARTES

Centrarse en el problema y no en la solución es crucial para desarrollar soluciones que funcionen y para ampliar nuestras opciones. Sólo porque pensamos en una solución no quiere decir que ésta sea la única. Casi siempre podemos generar más ideas y mejores soluciones colaborando con los demás.

Nuestra tarea primordial en una negociación no es llegar con la respuesta correcta. Nuestra tarea es identificar el problema real y comprender y aceptar las verdaderas necesidades subyacentes. Las soluciones son fáciles. *Las soluciones llegan naturalmente una vez que hemos identificado las verdaderas necesidades.*

Por ejemplo:

Mi hijo Aaron y yo discutíamos acerca de si debía comprar un automóvil o no. Yo dije que no porque él no había ahorrado suficiente dinero. El estaba decidido a comprar un automóvil y quería que yo le diera el dinero.

Cuando por fin nos sentamos a hablar razonablemente, señalé mis precios y mis necesidades. Quería que aprendiera a vivir con sus propios medios y que fuera responsable, y quería que él pagara su propio automóvil. El, a su vez, explicó que tenía una oferta laboral que le permitiría pagar el automóvil en seis meses, pero que necesitaba el automóvil para desplazarse al trabajo. También me mostró la información que había recogido, es decir, datos detallados sobre el precio del seguro y de un préstamo de su cooperativa de crédito (ya le habían aprobado el crédito). Anticipándose a mis necesidades (me conoce muy bien), me planteó una solución que satisfaría nuestras necesidades. Yo no pude discutirle su solución. El había ampliado nuestras opciones.

Como lo ilustra mi experiencia con Aaron, es importante centrarse en comprender las necesidades de ambas partes. Si comenzamos dando nuestras soluciones, convertimos nuestra negociación en un proceso de regateo de ganar o perder. Sólo enfocamos aquello que queremos, y omitimos comprender las necesidades de la otra persona.

Si entramos en una negociación con una posición firme, invitamos a la otra persona a ponerse a la defensiva. De inmediato sentirá que necesita contrarrestar nuestra posición, para no perder. El centro de la negociación se convierte en ganar o en estar en lo cierto, en lugar de comprender y buscar conjuntamente soluciones creativas. La energía dedicada a ganar es energía perdida.

La tarea fundamental en toda negociación es comprender al otro, no vencerlo. Necesitamos ver más allá de su comportamiento y averiguar por qué hace lo que hace. Necesitamos saber por qué adoptó esa posición y qué necesita tener para darnos lo que queremos.

Necesitamos darnos cuenta de que hagan lo que hagan las personas, lo hacen por alguna buena razón. No hacemos cosas sin sentido. *Todo comportamiento tiene un objetivo.* Todo comportamiento de cualquier ser humano es percibido por dicha persona como un medio de satisfacer su necesidad.

En los casos más extremos, una persona que intenta suicidarse considera que ese acto es el más amoroso, lleno de vida y ejemplar que puede hacer, si no, haría otra cosa. Si pudiera percibir una opción mejor, la tomaría.

Lo mismo se aplica a todos nuestros comportamientos menos extremos. Todos tenemos motivos para hacer lo que hacemos. Nuestra tarea en una negociación es adentrarnos en el interior de la otra persona y comprender sus motivos.

Por ejemplo:

Si no quiero firmar una nota personal para mi fotocopiadora, necesito entender su necesidad de un préstamo seguro y conseguir un aval de la compañía o redefinir los criterios de "un préstamo seguro".

Si quiero que trabaje para mí en un proyecto y que deje de lado el proyecto en el que está trabajando, puede que necesite personal adicional o cambiar las expectativas relativas a la finalización del primer proyecto.

Si quiero que deje de sabotear mis propuestas en el comité ejecutivo, puede que esté dispuesto a escuchar su ira en mi contra y resolver nuestro conflicto de relación.

Si quiero que deje de eludirme y me hable, debo averiguar por qué razón me está evitando.

Si usted es un empleado de banco y yo estoy intentando obtener una línea de crédito y usted no comprende cómo llegué a mis números, es posible que tenga que llevarlo a mi oficina para que nos sentemos ante el ordenador para mostrarle paso a paso cómo llegué a esos números. Al conducirlo a través de mi proceso, puede que usted lo comprenda.

COMO IDENTIFICAR LOS INTERESES MULTIPLES

Los mismos principios se aplican a las negociaciones en grupos. Necesitamos identificar si la otra parte tiene intereses múltiples. Necesitamos comprender sus relaciones y políticas internas. Necesitamos observar el panorama completo antes de analizar el comportamiento del otro grupo y antes de decidir qué estrategias utilizar para interactuar con ellos.

Por ejemplo:

Formé parte de una negociación entre una agencia de publicidad y los promotores de una conferencia muy importante. La presidenta de la conferencia era sumamente ofensiva en sus comentarios; nada que la agencia le mostrara le satisfacía y estaba llevando el proyecto a un estancamiento.

Al hablar con varias personas clave de ambas partes, descubrí que la presidenta ya se había peleado con un miembro de la agencia. Aparentemente estaba tratando de empatar el resultado. También me enteré de que el resto del comité de la conferencia estaba bastante satisfecho con el trabajo de la agencia.

¿Las soluciones? Nos sentamos y resolvimos el conflicto entre las personas involucradas. Luego, la conferencia continuó como debía ser.

No siempre las necesidades de una persona que representa a un grupo son las mismas que las de algunos de los otros miembros del grupo. Puede que el representante del grupo esté en desacuerdo con todo debido a antiguos conflictos o debido a que quiere probarse a sí mismo y aumentar su *status* en la organización. Otros miembros pueden querer una relación productiva a largo plazo en lugar de un "ataque masivo".

AVERIGÜE QUIEN TIENE EL PODER

Como integrante de la otra parte, necesitamos averiguar quién tiene el poder de tomar decisiones. Es posible que el director de proyectos le haga pensar que él toma la decisión final, cuando en realidad es el presidente quien tiene esa prerrogativa. Usted cree que ya tiene un acuerdo y sigue adelante con el proyecto, pero cuando llega al momento del pago, el presidente exige un ajuste en la factura porque no le gustó el producto final. Supone que estuvo trabajando especulativamente. Usted supone que tenía un contrato seguro.

La situación inversa también se da. El gerente de nivel medio puede intentar que usted acceda a realizar concesiones porque debe presentar una propuesta específica a su jefe. Intenta encerrarlo en términos contractuales sin comprometerse, a pesar del hecho de que cuenta con la facultad de firmar el contrato. Su estrategia lo pone a la defensiva.

Antes de comprometerse averigüe quién tiene el poder para tomar decisiones. Cuáles son las necesidades de las otras personas y cómo se interrelacionan entre sí es un problema nuestro. Nos autosaboteamos cuando no comprendemos sus necesidades y estrategias. Si no las comprendemos, no sabemos cómo intervenir adecuadamente.

LA COMPRENSION MUTUA NO EQUIVALE A SER DEBIL

Trabajar para la comprensión mutua no significa ser débil o cabeza hueca. Necesitamos ser claros acerca de qué necesitamos y queremos, antes de realizar una negociación. Necesitamos hacer nuestros deberes para comprender con quién vamos a tratar y qué es lo que probablemente hará.

Necesitamos asegurarnos de que somos comprendidos mostrándonos firmes, claros y específicos respecto de nuestras necesidades. Necesitamos que se entiendan cuáles son nuestras necesidades, hacer que la otra parte las sienta y las evalúe como justas. No podemos esperar que lean nuestros pensamientos. Al contrario de lo que comúnmente se cree, los buenos muchachos que esperan que los demás adviertan qué necesitan no terminan antes.

A la vez que somos firmes y claros acerca de qué necesitamos, queremos ser flexibles respecto de cómo pueden satisfacerse nuestras necesidades. Queremos ir con una mente abierta, para ver todo el panorama y para aceptar todas las formas posibles a través de las cuales podamos obtener lo que necesitamos.

Como ya se señaló en el capítulo anterior, en ocasiones confundimos comprender y aceptar con acordar. No son sinónimos. Podemos comprender las presiones que está sintiendo la otra persona. Si intentamos comprender su comportamiento, sus percepciones y sus necesidades, comprenderemos mejor su posición sin ser tontos o víctimas. Comprender no significa ceder. Sencillamente significa aceptar los verdaderos temas que necesitamos negociar.

Poniéndolo en términos de una paradoja: *Toda negociación se relaciona con necesidades, no con soluciones. A la vez, nuestras necesidades no son negociables.* Aquello que necesitamos, lo necesitamos. Nuestra tarea consiste en comprender nuestras necesidades mutuas y diferentes, y luego buscar opciones creativas para satisfacerlas. No identificamos las necesidades para discutir si son válidas o no.

Como padre, me siento culpable por averiguar qué necesita uno de mis hijos porque él me lo está diciendo y luego descalificar la validez de sus necesidades.

Yo: Necesito comprender por qué decidiste no ir a la universidad este año.

Hijo: Porque estoy agotado por la escuela. Es aburrido. Necesito un descanso. Además, todavía no sé qué quiero hacer.

Yo: No creo que ésos sean motivos válidos. Aún no necesitas saber qué quieres ser. Tienes mucho tiempo para decidirlo. Sólo debes adquirir una buena cultura general. No serás nadie sin una buena educación.

Y luego me pregunto por qué no quiere hablarme.

LAS SOLUCIONES MUTUAS NO EQUIVALEN A LAS NECESIDADES MUTUAS

La búsqueda de soluciones mutuas no significa que todos tengan las mismas necesidades. Los objetivos del proceso de negociación son comprender las necesidades comunes y diferentes que existen y luego encontrar las vías satisfactorias para responder a dichas necesidades.

Con frecuencia, el hecho de que tenemos necesidades diversas conforma la base para una negociación próspera.

Por ejemplo:

Ann y Dolores habían manejado un servicio de secretarias ejecutivas durante varios años. Ambas hacían de todo: procesaban el trabajo que habían contratado, dirigían su propio negocio y vendían sus servicios.

Ambas se sentían dispersas y ninguna disfrutaba del negocio.

Cuando comenzaron a hablar de ello, Ann manifestó que en realidad a ella no le gustaban las tareas administrativas ni las ventas. A Dolores, que era mucho más sociable, le gustaban las ventas y la contratación mucho más que estar sentada en la oficina. La solución evidente, una vez que lo comprendieron, era dividir las tareas. Ann se quedaría en la oficina y Dolores pasaría la mayor parte de su tiempo dirigiendo y comercializando el negocio. Ambas se sintieron más satisfechas y productivas.

OPCIONES PARA CREAR OPCIONES

Una vez que hayamos reconocido los verdaderos temas, creado un entorno seguro, resuelto los conflictos de relación y nos hayamos abocado a comprender las necesidades de ambas partes, la búsqueda de soluciones mutuas será el aspecto más sencillo del proceso de negociación. En la búsqueda de soluciones mutuas queremos estar del mismo lado de la mesa. Queremos trabajar juntos de forma Generativa para crear todas las soluciones posibles. No queremos dejar de avanzar en la búsqueda de la respuesta correcta o en los extremos "o uno o lo otro". Siempre contamos con opciones múltiples, cada una con diferentes beneficios y costes.

Podemos crear muchas opciones. Contamos con diversas opciones para crear opciones.

1. Podemos usar la técnica de enumerar todas las soluciones posibles sin evaluarlas ni juzgarlas. El objetivo es llegar a ver cuán larga es la lista que podemos confeccionar. Sólo después de haber enumerado todas nuestras ideas comenzamos a evaluar sus consecuencias.
2. Podemos investigar y averiguar qué han hecho los demás. Podemos asegurarnos de que no somos los únicos que han abordado este problema. ¿A quién conocemos que haya experimentado este tipo de situación?
3. Podemos buscar asesoramiento profesional. ¿A quién le compete su tipo de problema: a un contable, a un abogado, a un diseñador, a un ingeniero, a un psicólogo, a un médico, a un asesor de empresas? ¿Vale la pena abonar sus honorarios para obtener su consejo? Por lo general, su experiencia les permite ver lo que nosotros no podemos ver por nosotros mismos.

Una vez que hemos generado nuestras opciones, queremos conocer los pesos relativos de sus beneficios hasta llegar a la combinación que nos brindará a ambos los mejores resultados. Queremos que todos se vayan a sus casas satisfechos. Si, a corto plazo, cedemos parte de lo que queremos, posiblemente obtengamos ventajas a largo plazo.

Si bien podemos tener diversas necesidades, posiblemente sólo una o dos sean básicas. Para un administrador de un hospital, lograr que el comité de personal médico acceda a una política más razonable que otorgue privilegios al personal, puede ser fundamental en la supervivencia a largo plazo de la organización. Si éste es el caso, el administrador querrá considerar qué concesiones pueden otorgarse al comité en contrapartida, de manera que no sientan que lo pierden todo. El administrador no desea que el comité se marche de la reunión sintiéndose temeroso por su seguridad financiera y su situación futura. Es importante para ellos irse con su orgullo intacto.

No busque la vena yugular si con un pellizcón consigue más beneficios.

A MODO DE RESUMEN

Negociar desde una postura de comprensión y no de triunfo permite la comprensión recíproca. Elimina el obstáculo fundamental para la cooperación: nosotros mismos. Nos permite reunir los datos para evaluar con precisión nuestra situación real y nos ubica para poder generar opciones más creativas y satisfactorias que resuelvan nuestras necesidades.

Los siguientes son puntos básicos a tener en cuenta respecto de comprenderse a sí mismos y a los demás:

1. Distinga entre los problemas o necesidades y las soluciones o respuestas de comportamiento que desea de los demás.
2. Céntrese en las necesidades o en los problemas, no en las soluciones.
3. Defina el problema con claridad. No piense primero en la solución.
4. No se encierre en una posición que le impida generar las opciones creativas que podrían satisfacer las necesidades de todos.
5. La gente hace lo que hace porque tiene motivos para ello. Cambiar el comportamiento significa que usted debe cambiar las consecuencias del comportamiento. Si desea que ellos cooperen, debe demostrar que vale la pena hacerlo.
6. Identifique los intereses múltiples de la otra parte. Identifique quiénes tienen el poder de tomar las decisiones.
7. No perderá nada si comprende lo que necesitan los demás.

Perderá mucho si no comprende sus necesidades y defiende sus propias soluciones.

8. Comprenda y acepte la realidad de las necesidades de las demás personas. No descubra sus necesidades para luego descalificarlas.
9. La tarea fundamental de una negociación es comprender a la otra persona, no vencerla.

15

PRINCIPIO NUMERO 4: PRESTAR ATENCION A LO OBVIO

En toda negociación, el hecho de prestar atención a lo obvio es la única estrategia y la más importante para usar. La negociación es el arte de identificar y eliminar los obstáculos que surgen a medida que intentamos lograr lo que necesitamos. Los obstáculos siempre surgirán, en forma de recursos limitados, de nuestros propios temores o de los de los demás.

A medida que surjan estos obstáculos, contamos con diversas opciones para responder. Podemos hacerles frente, podemos intentar pasarlos por alto o podemos esperar que desaparezcan. Estas son todas opciones posibles, pero no las mejores.

Nuestra mejor opción es disolver o derretir el obstáculo. Para esto, primero debemos reconocerlo. Si podemos reconocer el obstáculo cuando muestra por primera vez su desagradable rostro, no perderemos tiempo ni contribuiremos, sin quererlo, a que el obstáculo se fortalezca y sea más rígido.

Por ejemplo:

Si la otra persona se está excusando, queremos percatarnos de ello y comprender por qué, en lugar de hacerle frente de manera que se ponga a la defensiva y deba excusarse aún más.

Si la otra persona está formulando exigencias extremas, queremos dar un paso atrás y comprender cuál es la motivación de su comportamiento, antes de ceder y hacer concesiones que la alentarán a exigir aún más.

Si las otras personas permanecen en silencio o dicen que no tienen tiempo para hablar, pregúnteles el significado de su silencio o por qué no tienen tiempo.

Si piensa que la otra persona se pondrá a la defensiva y no la escuchará, dígale cuáles son sus temores y trate de que intente escucharlo.

Si no está muy seguro acerca de sus suposiciones y teme estar equivocado, verifíquelas.

Si no están de acuerdo con los valores o términos subyacentes de un acuerdo justo, céntrese primero en dichos términos.

Una vez que reconocemos el obstáculo, tenemos la opción de ver a través de él cuáles son las causas subyacentes. En lugar de negociar a partir de una postura defensiva, podemos abordar las necesidades subyacentes que deben ser satisfechas. Al abordar las necesidades subyacentes, el obstáculo se esfuma.

Nuestro obstáculo puede ser un *bloqueo interno.* Tal vez estemos retrasando abordar a un empleado porque tememos que se quejará ante otros empleados y provocará sentimientos desagradables. El hecho de identificar nuestro temor subyacente nos dice qué necesitamos. Necesitamos saber que el empleado no propagará malos sentimientos entre sus colaboradores.

Si sabemos qué necesitamos, podemos elegir opciones para ocuparnos de la necesidad. Podemos verificar la validez de nuestro temor o podemos tener un enfrentamiento directo con el empleado pidiéndole que no haga partícipes a los demás de nuestro problema.

El obstáculo puede ser *externo,* resultante de las necesidades de otra persona. Puede que se niegue a negociar porque yo la avergoncé al abordarla en presencia de otras personas. Puede que deba reconocer mi insensibilidad y excusarme y sugerirle que nos encontremos en mi oficina en privado.

Prestar atención a lo obvio significa prestar atención a aquello que está en primer plano: lo que ocurre inmediatamente, evidentemente, ante nosotros y dentro de nosotros. Significa prestar atención a qué está ocurriendo en aquel preciso momento.

Prestar atención a:

- Qué estamos sintiendo y diciéndonos a nosotros mismos.
- Qué está diciendo y haciendo la otra persona.
- El tono de voz y las expresiones faciales.
- La posible incongruencia entre aquello que dice una persona y su comportamiento o tono de voz.
- El impacto de los factores ambientales.
- El momento en que el nivel de pensamiento de la otra persona comienza a cambiar y se pone más a la defensiva.

- Si estamos del mismo lado de la mesa resolviendo un problema o no.
- Si tenemos también un problema de relación que resolver.
- Si necesitamos que la otra persona se manifieste de manera más específica y completa.
- Qué proceso estamos usando y la orientación hacia la cuál nos estamos dirigiendo.
- Si estamos de acuerdo con nuestros criterios para la negociación.
- Si tenemos un sentimiento de ganar o perder en nuestro interior o si queremos comprender a la otra persona.
- Si nos estamos dirigiendo hacia una resolución o nos estamos alejando de ella.

COMO NEGOCIAR CON UNA MAYOR AMPLITUD DE MIRAS

Prestar atención a lo obvio requiere perspectivas múltiples, pensamiento a niveles múltiples. Requiere mantener la perspectiva de una tercera persona. Requiere que escuchemos activamente para poder comprender ambos lados de una situación. Requiere darse cuenta del problema que estamos encarando y de los cambios en la calidad de la relación que compartimos con el otro. Requiere darse cuenta del proceso y de los criterios que se están utilizando. Requiere dar un paso atrás y advertir cuál es nuestro comportamiento y cómo éste afecta al otro. Requiere escuchar nuestras propias creencias y suposiciones, nuestros sentimientos y nuestras necesidades. Requiere advertir cuándo nuestras capacidades están limitadas. Y también requiere prestar atención a todos estos mismos factores en la otra persona.

Prestar atención a lo obvio requiere utilizar nuestras capacidades para enfocar y analizar, para ver las diferencias. También requiere que tengamos introvisión, que veamos las similitudes entre todas las personas involucradas, que veamos el panorama general y que tengamos empatía con las satisfacciones de la otra persona.

Prestar atención a lo obvio requiere que estemos con un pie adentro y otro afuera. Estamos en medio del proceso y, a la vez, damos un paso atrás para advertir las diversas dinámicas. *Consiste en ser un observador objetivo y en estar presente al mismo tiempo.* Es estar involucrado auténticamente sin perderse en el proceso (véase figura 1). Sólo podemos hacerlo, sólo podemos asumir con eficacia ambas posiciones, operando desde el pensamiento Generativo. Sólo en este nivel podemos utilizar el pensamiento de perspectivas múltiples y funcionar a partir de más de una perspectiva a la vez.

Figura 1
Preguntas básicas para
PRESTAR ATENCION A LO OBVIO

CONTENIDO	RELACIONES	NECESIDADES	PROCESO	CRITERIOS
¿Cuáles son los temas? ¿Necesitamos una perspectiva más amplia? ¿Necesitamos una perspectiva más estrecha?	¿Estamos del mismo lado de la mesa? ¿Se están poniendo a la defensiva? ¿Confío en ellos? ¿Los acepto? ¿Siento resentimiento por ellos? ¿Qué sienten ellos por mí?	¿Qué resultados necesito? ¿Qué resultados necesitan ellos?	¿Funciona el proceso que estamos utilizando? ¿Estamos avanzando hacia una resolución o nos estamos alejando de ella?	¿Estamos de acuerdo? ¿Contamos con normas justas para lograr un acuerdo?

COMO EVITAR QUE LO SEDUZCAN

En medio de una negociación, es fácil perderse en el proceso o en nuestras propias emociones. Cuando esto sucede, solemos ceder nuestros límites. Comenzamos a planificar nuestra defensa en lugar de escuchar a la otra persona. Nos vemos seducidos por protegernos a nosotros mismos y para intentar ganar en lugar de avanzar hacia una solución mutuamente beneficiosa.

Podemos evitar ser seducidos de esta forma si prestamos atención a lo obvio, si, constantemente, nos preguntamos de manera consciente qué es lo que está ocurriendo de forma evidente y de inmediato. Sabremos qué ocurre si escuchamos a nuestros cuerpos, especialmente el sentimiento vulnerable en nuestro estómago y tórax. Nuestro cuerpo siempre dice la verdad. No miente. Nos dirá en qué centrarnos, si sólo escuchamos en lugar de decirnos que creemos qué "debería" estar ocurriendo.

Por ejemplo:

Si está en silencio y rehúsa participar, necesito preguntarle qué significa su silencio y señalar que no llegaremos a ninguna resolución si no hablamos.

Si se desvía del tema continuamente y me siento confundido, necesito decirle: "Nos hemos ido por las ramas y me siento confundido. Volvamos al tema que nos incumbe". Entonces, posiblemente tenga que dedicarle un tiempo para determinar cuál es el *tema* a estas alturas.

EL ENFOQUE DE LA CAJA CHINA

Por lo general, las negociaciones se empaquetan como cajas chinas, una negociación dentro de otra negociación dentro de una tercera negociación.

Ya hemos señalado que, antes de poder llegar al problema específico —el contenido de la negociación— en ocasiones debemos negociar para poder negociar. Nuestra primera tarea al negociar un tema puede que sea negociar cómo, cuándo y dónde vamos a negociar: el proceso. Es probable que necesitemos negociar qué está ocurriendo en nuestra relación: el conflicto. Es probable que debamos acordar pautas o criterios justos para resolver los temas.

También es posible que debamos negociar con nosotros mismos. Si estamos eludiendo a la otra persona, debemos resolver los obstáculos que anidan en nuestro interior y que nos impiden avanzar. El hecho es que, a no ser que prestemos atención a lo obvio, tal vez nunca tengamos la oportunidad de abordar el problema que debe ser resuelto.

COMO LLEGAR A LOS TEMAS VERDADEROS

Pero, ¿cómo se identifican los temas verdaderos que deben ser abordados? Es sencillo.

Por lo general, cuando las personas tienen conflictos, expondrán un problema que es sintomático, en lugar de tocar directamente el tema de la relación. El hecho de centrarse primero en el problema es más seguro que abordar el conflicto. Por ejemplo, puede que me sienta resentido por sus intentos de socavarme en las reuniones de personal, pero yo lo afrontaré más tarde en otro proyecto.

Incluso cuando las personas abordan directamente el tema de la relación, por lo general no se dan cuenta de las verdaderas necesidades subyacentes. En lugar de ello, suelen confrontar hechos disparadores o comportamientos sintomáticos. Hablarán acerca de que la otra persona llegó tarde, en lugar de expresar su propio sentimiento vulnerable de no sentirse valorados o importantes.

Sólo alcanzamos los temas verdaderos, las necesidades subyacentes de las personas, de forma gradual. Lo haremos con mayor rapidez y nos mantendremos en el tema si prestamos atención a lo que evidentemente está sucediendo en ese momento y si conscientemente lo develamos.

Por ejemplo:

Steve es el director general de una imprenta, cuyo dueño es Ross. Han mantenido una relación estrecha y de confianza durante varios años.

Steve ha hecho un trabajo excelente y Ross confía completamente en Steve y ha delegado en él un alto grado de responsabilidad y de autoridad.

El problema inmediato es que Steve ha recibido una oferta no solicitada de levantar una imprenta para un empresario local. Steve se siente a caballo entre su lealtad a Ross y esta oportunidad. Steve quiere aceptar esta nueva oferta, pero también quiere ser justo con Ross y mantener su relación. Advierta cómo Steve presta atención a lo que está sucediendo en ese momento y, al hacerlo, se traslada del problema inicial a la identificación de los problemas subyacentes.

Steve: Te pedí que comieras conmigo hoy porque tengo un problema que quiero discutir contigo.

Ross: Seguro, ¿de qué se trata?

Manifiesta el problema inicial:

Steve: Me han ofrecido apoyo financiero para fundar mi propia imprenta. No busqué esa oferta. Me llegó de sorpresa. No quiero establecerme para competir contigo. Si acepto la oferta, me mudaré a Silverdale.

Ross: Suena como si ya hubieras decidido que la aceptarás.

Steve: Aún no. Todavía hay detalles que pulir. Pero, la oferta es muy atractiva.

Ross: Bueno, no hay forma de que pueda dirigir toda la operación sin ayuda y no quiero que nadie te reemplace. Creí que estabas comprometido con la empresa.

Se centra en la relación:

Steve: Espera un momento. Siento como si me estuvieras chantajeando emocionalmente. Interpreto que sacas conclusiones catastróficas. Quiero ser justo contigo y también quiero ser justo conmigo. Aprecio todo lo que has hecho por mí. Me siento comprometido a ser justo contigo y a ayudarte de la manera en que pueda hacerlo, con responsabilidad. Pero no estoy comprometido a ser responsable de ti y eso es lo que interpreto que me estás pidiendo.

Ross: No sé de qué estás hablando. Nunca te pedí que fueras responsable de mí.

Se centra en el proceso inmediato:

Steve: Ross, déjame retroceder un minuto. Estamos teniendo una pelea defensiva en lugar de trabajar en conjunto para resolver nuestro problema. Déjame describirte todo el panorama que veo.

Ross: Está bien, supongo.

Se centra en el problema:

Steve: El problema, como yo lo veo, no es si yo decido aceptar esta oferta o no. El problema es si tu empresa va a sobrevivir con o sin mí. No creo que yo sea el factor determinante. Hay muchas personas competentes que pueden hacer lo que yo hago. Si decido irme, no lo haré hasta que encuentres a alguien que me reemplace.
Lo que me preocupa es la estabilidad financiera de esta empresa. Todavía estamos operando sin soltura. No tenemos la financiación que necesitamos para cubrirnos si vamos a pasar por un período malo. Nos llevaría dos meses malos entrar en una crisis.

Ross: Hago lo que puedo al respecto. Sólo soy una persona.

Identifica la necesidad subyacente:

Steve: Tu respuesta remarca lo que yo veo como la verdadera fuente del problema. No creo que realmente quieras tener la responsabilidad de dirigir esta empresa. Creo que te abruma y que crees que necesitas que alguien se haga cargo de ti. Por ende, creo que estás saboteando el negocio.

Ross: ¡Estás loco!

Se centra en el proceso:

Steve: ¿Me vas a escuchar y dejar que te explique ? Ross, no estoy tratando de atacarte. Estoy intentando resolver nuestro problema.

Ross: Entonces, ¿qué te hace pensar que no quiero responsabilizarme de mí mismo?

Se centra en las causas:

Steve: Tengo varios datos. El primero es que dedicas mucho tiempo a trabajar, pero no estás mucho tiempo en la oficina haciendo las cosas que realmente servirían. Te veo dedicándole un montón de tiempo a hablar con personas y dilatando hacer las cosas más difíciles, como despedir al tenedor de libros. En segundo lugar, hemos hablado más de una vez sobre nuestra necesidad de establecer una línea de crédito. Yo no puedo hacerlo, y tú no lo haces y, hasta que contratemos a otro tenedor de libros no tenemos la información necesaria para obtener una línea de crédito. En tercer lugar, el verdadero agujero del negocio es tu colección de automóviles. Gastas tiempo y dinero en tus automóviles antiguos que deberían invertirse aquí para que el negocio sobreviva. En cuarto lugar, me dices que quieres que sea responsable de ti para salvar tu negocio. No puedo. No podría salvarlo aunque me quedara. Sólo tú puedes hacerlo.

Ross: Bueno, eres bastante convincente. (Silencio)

Se centra en el silencio (proceso y necesidades subyacentes):

Steve: ¿Qué estás pensando y sintiendo?

Ross: No estoy pensando en nada. Me siento confuso y abrumado.

Steve: ¿Qué necesitas?

Ross: No estoy seguro. Creo que necesito tiempo para que esto sedimente. Tienes razón acerca de que dilato las cosas. Creo que quería que tú me salvaras. Parece que tendría que haber sido responsable de mí mismo toda la vida. Si tu oferta funciona, haz lo que tengas que hacer.

Steve: No me iré hasta que todo esté en orden. Pero necesito que te tomes tu tiempo para despedir al tenedor de libros y para que obtengas una línea de crédito. Y quiero que pienses en el tiempo y el dinero que estás gastando en tus automóviles.

Ross: Lo haré. No estoy seguro de qué haré para reemplazarte.

Steve: ¿Quieres que empiece a buscar a alguien?
Ross: Sí.
Steve: ¿Qué sientes ahora?
Ross: Creo que todo saldrá bien. Aprecio tu honestidad. Siento que todo está resuelto contigo.
Steve: Yo siento lo mismo, gracias.

La habilidad de prestar atención a lo obvio se describe con mayor detalle en los capítulos de la Fórmula infalible.

PUNTOS CLAVE PARA TENER EN CUENTA RESPECTO DE PRESTAR ATENCION A LO OBVIO

- Evite bloquearse.
- Evite bajar a niveles inferiores e improductivos.
- Sepa cuándo ha de cambiar el enfoque del problema a la relación, al proceso, a los criterios.
- Reconozca cuándo la otra persona se siente amenazada y usted debe crear un entorno más seguro.
- Manténgase en el camino. No se deje llevar por las ramas por temas y comportamientos sintomáticos.
- Tienda a abordar los temas verdaderos, las necesidades subyacentes de ambas personas.

Prestar atención a lo obvio es la única estrategia más importante en cualquier negociación. Le permitirá mantener su poder sin cederlo de forma no intencionada.

Los capítulos 4, 6, 8 y 10 detallan específicamente una amplia gama de estrategias para contrarrestar eficazmente diversas maniobras de obstaculización. Prestar atención a lo obvio está presente en todas estas estrategias. Si no lo hacemos, no sabremos qué está ocurriendo y no podremos elegir la estrategia correspondiente.

El hecho de considerar todas las estrategias posibles, a veces es abrumador. ¿Cómo podemos recordar qué hacer y cuándo? La respuesta es sencilla: *prestando atención a lo obvio.* Si prestamos atención a lo obvio, haremos espontáneamente aquello que necesitamos hacer momento a momento. Alcanzaremos una resolución.

El único fracaso real en la vida es no escuchar lo verdadero dentro de nosotros mismos.

Sección IV

EL PROCESO

16

LA FORMULA INFALIBLE: CINCO ETAPAS SENCILLAS

ES MAGICA

La Fórmula infalible le brinda más de lo que usted desea, con mayor frecuencia y proveniente de mayor cantidad de personas. Sencilla y eficaz, la Fórmula infalible le ofrece un proceso de cinco etapas para:

1. Crear un entorno seguro.
2. Cambiar su enfoque de los problemas a los conflictos en las relaciones, el proceso o los criterios.
3. Crear una comprensión mutua en lugar de un campo de batalla.
4. Prestar atención a lo obvio.

La fórmula también sirve para evitar atascarse en sus negociaciones. Utilizando la fórmula, reconocerá los obstáculos a medida que surjan. Si se atasca en algún punto, la fórmula le brinda los medios de avanzar en la negociación.

En suma, es la forma de llevar a la práctica eficazmente todo lo que se presenta en este libro. Probablemente no puede lograr milagros, pero esta fórmula le permitirá usar algo de magia. FUNCIONA.

Más que cualquier otro truco rápido (si bien lo es), es un modo de pensamiento. Es una forma de mantenerse centrado y con claridad en los temas importantes. Según mi experiencia y la experiencia de muchos otros que han aprendido a pensar en términos de estas cinco etapas, es un gran avance, tanto en la calidad como en la cantidad de los resultados que deseamos obtener.

Se sorprenderá de ver lo bien que funciona. Hasta es sencillo, sólo se necesita un poco de práctica.

La fórmula está compuesta por cinco etapas:

1. Yo veo/Oigo - LA INFORMACION

Identifique y describa, sin juzgarlos, el comportamiento o hechos específicos que se han producido o que se están produciendo. Sea claro respecto de qué ha estado pasando y qué pasa ahora, o acerca de las condiciones imperantes.

Por ejemplo:

"Advertí que usted..."
"Le escucho decir que..."
"Mi información dice que..."
"Los hechos son los siguientes..."

¿Con qué información cuento? ¿Qué ocurrió? ¿Qué sabemos acerca de la situación? ¿Los demás tienen información que podría ser útil? ¿Qué información necesitamos para comprender el problema en su totalidad? ¿Qué están haciendo ellos? ¿Qué están diciendo? ¿Qué estoy haciendo? ¿Qué estoy diciendo?

2. Yo supongo - INTERPRETACION DE LA INFORMACION

Identifique y, tal vez, comparta sus suposiciones o interpretaciones de los hechos o comportamientos antedichos. Busque cuáles pueden ser las posibles causas del problema o conflicto. ¿Por qué creo que están sucediendo estos hechos? ¿Qué me estoy diciendo en referencia a la información?

Por ejemplo:

"Mis suposiciones acerca de su comportamiento son..."
"Me parece que..."
"Creo/estoy seguro de que..."
"Creo que los motivos son..."
"Considero que esto ha sucedido porque..."

3. Yo siento - EL COSTE O IMPACTO

El coste puede consistir en dinero, tiempo, relaciones, productividad o emociones.

Describa qué siente desde el punto de vista emocional. Describa de qué manera le afectan a usted y a los demás los eventos y comportamientos descritos. ¿Qué coste le está produciendo a usted o a la organización financieramente, o en términos de productividad, tiempo o uso de recursos?

Por ejemplo:

"Estoy enojado, frustrado, preocupado, etcétera..."

"El cliente se siente..."

"Como resultado, los otros miembros del personal están..."

"Como resultado, perdimos el contrato."

"Como resultado, no llegamos a la fecha propuesta."

4. Yo necesito - LOS RESULTADOS O CONDICIONES DESEADOS ALTERNATIVOS

Las necesidades son lo que usted desea pero no está obteniendo en este momento.

Describa sus necesidades internas o lo que necesita y difiere de lo que obtiene. Las necesidades pueden manifestarse en términos de metas y objetivos individuales u organizacionales.

Por ejemplo:

"De ser posible, prefiero resolver este tema, satisfaciendo tanto sus necesidades como las mías."

"Necesito sentir que se atienden mis preocupaciones."

"Necesito tener un contrato que pueda presentarlo a mi dirección para vendérselo."

"Nuestro objetivo en esta situación es..."

5. Yo quiero/deseo - EL PLAN DE ACCION

Los "QUIERO" son lo que quiere desde la perspectiva del comportamiento de la otra persona en respuesta a sus necesidades. Esta es la solución o respuesta propuesta. Es lo que usted quiere que los demás hagan y lo que usted desea hacer para crear los resultados o condiciones que necesita (Etapa 4). El plan de acción siempre se refiere al comportamiento: QUE VAMOS A HACER.

Por ejemplo:

"Quiero que usted..."

"Quiero que me entregue un informe para el viernes y entonces le haré saber a qué conclusión llegué."

"Lo que necesito de usted es que..."

"¿Me acompañarías a la tienda?"
"Estoy dispuesto a escuchar y necesito que usted hable."

COMPRENSION DE LA FORMULA: POR QUE FUNCIONA

Etapa 1: Yo veo/oigo

Cómo reunir la información que necesita

En la primera etapa de la fórmula, usted describe los comportamientos, hechos o condiciones específicos que está negociando. Este es un intento de identificar y aclarar por su cuenta y para la otra parte los temas sustanciales/problemáticos, como también los hechos disparadores que le indican que hay un problema. Puede describir comportamientos o hechos que hayan sucedido en el pasado o que existan en el presente. También necesitará describir cualquier factor ambiental que afecte a la situación actual. Usted describe su información, la información que le dice que existe un problema o un conflicto. Esto significa obtener un panorama general de la situación.

El valor de esta etapa consiste en que le brinda una mayor claridad respecto del contexto desde el cual usted está percibiendo la situación. Es la primera etapa para comenzar a definir los temas. Esta etapa también es útil como una verificación de la realidad. Al compartir con la otra persona los datos con los que usted cuenta, puede verificar si ha tenido en cuenta todos los hechos. De no ser así, probablemente la otra persona le proporcione la información faltante. Obtener el acuerdo acerca de los hechos es el primer paso fundamental en cualquier negociación.

Con frecuencia, es útil que las dos partes opuestas de una negociación reúnan la información en conjunto, para poder contar con una base de datos en común. He organizado comisiones combinadas de mano de obra/gerencia o comercialización/producción para investigar y reunir información previa a la negociación o durante la misma.

Cómo abordar los temas reales

Describiendo su información es como llevará a cabo el principio de Prestar Atención a lo Obvio. Lo hará prestando atención a lo inmediato, a aquello que transcurre obviamente ante sus ojos y describiendo dichos datos a la otra parte.

Observar y escuchar qué nos está diciendo y qué está haciendo la otra persona durante una negociación nos brinda la información inmediata actual que necesitamos para avanzar hacia una resolución feliz. Por lo general, en una negociación no comenzamos hablando del tema con que la damos por acabada. A menudo comenzamos con síntomas y avanzamos hacia aclarar los temas reales. Aclaramos los temas reales prestando atención a lo que está ocurriendo en ese momento e identificamos las necesidades subyacentes.

Prestar atención a lo obvio también significa ser conscientes de lo que sabemos, ya sea el comportamiento pasado y actual de la otra parte o las condiciones actuales del entorno. Nuevamente, únicamente centrándonos conscientemente en la realidad presente, y no en nuestras fantasías, alcanzaremos los temas reales.

Cómo aclarar los mensajes dobles

Para mantenernos en un primer plano, escuchamos activamente qué está diciendo la otra persona y qué está haciendo durante el proceso de negociación. Les devolvemos lo que estamos observando y recibiendo. Escuchar activamente el comportamiento visible es importante porque la otra persona, con frecuencia, emite mensajes dobles o mensajes incongruentes. El hecho de escuchar activamente es una forma de señalar incoherencias respecto de lo que se dice y se hace. Es una forma de mantenerse centrado en los temas reales y de no permitir que las negociaciones y los juegos de las otras personas nos afecten.

La otra parte: ¡No, no estoy enojado!
Su respuesta: Le escucho decir que no está enojado, pero su tono de voz y su mirada me dicen que sí lo está.

o

La otra parte: ¡No, yo no lo hice!
Su respuesta: Le escucho decir que usted no lo hizo, pero también sé que usted fue el único que estaba en la oficina la otra noche.

Prestar atención al doble mensaje de la otra persona nos alerta acerca de obstáculos potenciales, a medida que éstos surgen. Prestar atención nos hace conscientes de los cambios en nuestra relación con la otra persona, a la vez que nos damos cuenta del contenido de la discusión.

Hágalos responsables

Esta etapa le brinda una herramienta para ser persistente. Al brindar retroinformación acerca de los datos que estamos recibiendo, podemos sacar a colación la información con la que contamos. De esta manera, podemos hacer que la otra parte sea responsable.

Por ejemplo:

Puede que tenga a su cargo una vendedora que prometa resultados, pero que no cumpla con su trabajo. Al confrontarla, ella dice: "Ningún problema, yo puedo hacerlo", con su mejor tono de entusiasmo. Prestando atención a lo obvio, usted puede señalar que las experiencias del pasado, junto con su tono de voz, le hacen dudar de que pueda hacerlo. Tal vez deba repetir este concepto varias veces hasta que logre que ella aborde los problemas subyacentes que obstaculizan su rendimiento.

Cree un entorno seguro

El hecho de describir su información escuchando activamente es un medio esencial por el cual creamos entornos seguros. El hecho de escuchar activamente hace que el proceso de negociación sea más lento. Para un extravertido, escuchar activamente significa tener la oportunidad de pensar en voz alta. Para los introvertidos, significa contar con más tiempo para procesar qué está ocurriendo.

Además, a medida que aumenta el ritmo de una discusión, las personas se sienten cada vez más amenazadas y se ponen a la defensiva. Si se toma el tiempo para hacerles saber que los escuchó, se reducirá el ritmo en un ciento por ciento. Si les hacemos hacer lo mismo a ellos, el ritmo se vuelve más lento en un 200 por ciento y mantiene a ambos con los pies en el suelo.

Escuchar activamente ayuda también a crear entornos seguros, permitiendo que otras personas sepan que se las escucha y comprende. Cuando el otro se siente comprendido, su capacidad aumenta y se pone menos a la defensiva.

Describa, no juzgue

Cuando ponemos de manifiesto nuestra información, es importante que describamos en lugar de juzgar. Necesitamos ser específicos sobre nuestros hechos y evitar la tentación de realizar generalizaciones amplias y extensas. Por ejemplo: "He visto que tenemos cuatro quejas acerca de la facturación durante este mes" es una manifestación libre de juicios en comparación con: "Siempre hace un mal trabajo con la facturación". "No deberían asumir compromisos durante la reunión" es una manifestación descriptiva en comparación con "Se resisten y son testarudos".

Etapa 2: Yo supongo

Cómo interpretar su información

En la segunda etapa de la fórmula, usted le hará saber a la otra persona cómo está interpretando los datos. Usted compartirá sus suposiciones y percepciones.

El hecho de compartir sus suposiciones es valioso por dos motivos. En primer lugar, sirve para que la otra persona lo comprenda, entienda qué está pensando y por qué. Podrá comprender mejor y aceptar por qué usted ha respondido con su comportamiento de determinadas maneras. Ayuda a que lo comprenda.

En segundo lugar, le permite verificar la validez de sus suposiciones. Una de las causas fundamentales de conflictos innecesarios en las negociaciones son las falsas suposiciones y la falta de su verificación. La verificación de sus suposiciones es, por lo general, una de las formas más rápidas de resolver sus conflictos.

Tengo un ejemplo agridulce de lo antedicho:

Un cliente me llamó y se quejó amargamente porque su socio no había aparecido en la oficina durante dos días. Me llamó a mí, porque yo había mediado en algunos conflictos de su relación. El cliente suponía que su socio estaba siendo pasivo agresivo y lo dejaba todo en sus manos como una forma de mostrar su resentimiento. Y en su enojo, se fue para "empatar la puntuación" y no volvió durante dos días.

Lo que en realidad ocurrió fue que el socio de mi cliente había sufrido un accidente automovilístico que obligó a hospitalizarlo. En medio de la preocupación y de la confusión, nadie de la familia había pensado en llamar a mi cliente, y él, a su vez, no se ocupó de llamar a su socio para verificar sus suposiciones. Esto, en cuanto a las falsas suposiciones.

Cómo distinguir entre suposiciones y juicios

Es importante distinguir entre compartir nuestras suposiciones y juzgar a la otra persona. Por ejemplo, puede que tengamos un empleado que llegó tarde a trabajar. Podríamos preguntarle si llegó tarde porque está enojado por el informe de rendimiento que recibió el día anterior. O bien, podríamos decirle que pensamos que tiene una mala actitud (juicio). Son dos tipos diferentes de manifestaciones. El hecho de compartir nuestras suposiciones alienta una mayor comprensión. El juicio sobre otras personas limita sus capacidades y hace que se pongan a la defensiva.

Al compartir las suposiciones, tratamos de realizar enunciaciones específicas respecto de comportamientos específicos. La intención es aclarar los motivos ocultos detrás del comportamiento de la otra persona o comprender por qué tienen lugar determinados hechos. Es una etapa de la definición de los motivos de conflicto o del problema.

Al juzgar a la otra persona, solemos realizar juicios amplios y afirmaciones ligeras. La intención es "vencer" a la otra persona, hacer que admitan su equivocación o que se sientan culpables. Juzgar es improductivo. Crea obstáculos innecesarios en el proceso de negociación.

Preguntas útiles e inútiles

Una forma de evitar realizar manifestaciones críticas es expresar nuestros comentarios como preguntas tentativas y no como verdades dogmáticas. Verificamos así nuestras propias percepciones en lugar de condenar a la otra persona.

Si formula preguntas para verificar sus suposiciones, asegúrese de que aquéllas sean objetivas. Evite el empleo de preguntas retóricas destinadas a que la otra persona admita su error. Nuevamente, el objetivo de verificar las suposiciones consiste en ampliar la comprensión, no en hacer que la otra persona se ponga más a la defensiva. Por ejemplo:

"Me pregunto si..."

"Cuando hace eso, supongo que..."

"¿No llamó porque estaba enojado?"
"¿Usted supone que no estoy interesado?"

Manifestaciones y preguntas inútiles:
"Creo que hizo eso deliberadamente para sabotear la reunión."
"¿Cómo creyó que me sentí cuando no llamó?"
"¿Usted cree que es el único interesado en el resultado de este caso?" (Este es un juicio en forma de pregunta retórica.)
"¿Por qué hizo eso (estúpido)?" (Esta es otra pregunta retórica.)

Como lo ilustra esta última pregunta, los "¿Por qué?" son, por lo general, juicios solapados. Traduzca sus "¿Por qué?" en "¿Qué?" y elimine el tono de superioridad y de sarcasmo de su voz, si no quiere convertirse en un crítico.

Etapa 3: Yo siento

Cómo aclarar el impacto

En esta tercera etapa, su intención es ayudar a la otra persona a que comprenda cómo le afectan los hechos o los comportamientos a usted y, posiblemente, a los demás, incluso quizás a la organización. Su objetivo es aclarar el efecto en usted y en los demás.

Es importante que logre que la otra parte sienta su presencia. Si no lo logra, esto lo alentará a relacionarla con un objeto y no con una persona real. Le permitirá evitarlo, ignorarlo, engañarlo y desdeñarlo. *Otras personas necesitan de su ayuda para que usted pueda enfocar la situación.*

Los buenos negociadores saben qué sienten

El hecho de compartir el impacto emocional es muy importante pero, a menudo, se elude. Pero ser claro sobre lo que usted está sintiendo desde el punto de vista emocional es importante para usted y para la otra persona. Es importante para usted porque el hecho de aclarar qué está sintiendo específicamente nos dice qué está necesitando específicamente. Esto se aplica especialmente a los sentimientos de vulnerabilidad.

Siempre que nos enojamos es porque nos sentimos disminuidos o desvalorizados como personas o porque nos sentimos amenazados. Nuestro enojo es nuestra autodefensa natural, un mensaje interno que nos dice que necesitamos tomar nuestro verdadero lugar por nosotros mismos. Debajo de nuestra ira estamos asustados o avergonzados o desdeñados o incomprendidos. Si escuchamos los sentimientos de vulnerabilidad que están por debajo de nuestro enojo, ellos nos dirán qué necesitamos.

Si estamos asustados, necesitamos más seguridad. Si nos sentimos avergonzados, necesitamos más protección. Si nos sentimos desdeñados o incomprendidos, necesitamos que se nos tome en serio y que se nos escuche.

Escuchar nuestras emociones es importante porque nos dicen cuándo estamos frente a un conflicto que debe ser abordado. Cuando nos sentimos atacados o desdeñados, cuando nos sentimos como si estuviéramos peleando con la otra persona en lugar de estar bailando con ella, sabemos que tenemos tanto un conflicto como un problema.

Comunicar qué estamos sintiendo desde el punto de vista emocional es importante para que nos comprendan. Compartir nuestros sentimientos con la otra persona le brinda a ésta más información personal sobre nosotros. Si queremos que se nos comprenda, debemos estar dispuestos a dejar que la otra persona sepa qué estamos sintiendo y qué estamos pensando.

Compartir nuestros sentimientos hace que los demás nos vean como una persona de carne y hueso como ellos mismos. Compartir sólo aquello que pensamos les hace vernos como objetos, diferentes de ellos en lugar de similares a ellos. Cuando compartimos nuestros pensamientos en una negociación, la otra persona tenderá a percibirnos como un objeto a vencer y no como una persona a comprender.

Si compartimos lo que estamos sintiendo desde el punto de vista emocional, es más probable que veamos las similitudes y lo que tenemos en común con la otra persona. Compartir las emociones acerca a las personas hacia una relación de mayor cooperación.

Nuestra tendencia es evitar compartir nuestras emociones. Nos resulta más fácil decirle a la otra persona qué estamos pensando, compartir nuestras opiniones. Compartir nuestras emociones es más personal y, por lo tanto, más vulnerable.

No confunda "Yo siento" con "Yo siento que"

A menudo damos la sensación de compartir nuestras emociones, cuando en realidad estamos juzgando a la otra persona. Esto se pone de manifiesto cuando utilizamos los términos "Yo siento que..." o "Me siento como si..." seguido del pronombre "usted".

"Yo siento que..." no es una manifestación de sentimientos. Es una manifestación de qué pensamos. Por lo general es una forma solapada de juzgar a la otra persona. Traducido, "Yo siento que...", en realidad significa "Yo siento que usted está equivocado, que es estúpido, egoísta, etc.". Los términos "Yo siento que..." se refieren a la otra persona, no a nuestras propias experiencias.

Las manifestaciones de nuestra propia experiencia emocional son sinónimos de verbo "estar". "Yo ESTOY enojado (o abrumado, o emocionado o frustrado)" es una manifestación sobre nosotros, no de la otra persona. Este es un detalle lingüístico sutil, pero importante. Por lo general, pensamos que estamos compartiendo nuestras experiencias y nos preguntamos por qué la otra persona se pone a la defensiva o se retrae.

Cuando observamos que la otra persona se está poniendo a la defensiva, necesitamos detenernos y ser honestos con nosotros mismos. Debemos verificar si realmente estamos compartiendo nuestras vivencias emocionales para incrementar la comprensión y la cooperación entre ambos. Generalmente estamos intentando sutilmente "vencer" a la otra persona, señalarle de qué manera está equivocada. Lo hacemos de forma solapada para que no pueda atacarnos.

Regla de oro: elimine manifestaciones tales como "Siento que usted..." y/o "Siento como si usted..." de su vocabulario en la negociación. Pocas veces son productivas.

Impactos organizacionales

Además del impacto personal o emocional, por lo general una situación tiene también efectos organizacionales. Hechos o condiciones actuales pueden estar afectando al hecho de que la organización:

- Esté cumpliendo con su misión.
- Esté comportándose de acuerdo con sus valores.
- Esté logrando sus metas y objetivos.
- Esté manejándose eficazmente.
- Esté creando un entorno de trabajo creativo.
- Esté triunfando en el mercado.

Para identificar los efectos organizacionales, tenga en cuenta las siguientes preguntas:

1. ¿La organización está cumpliendo con su misión? ¿Estamos haciendo lo que se supone que debemos hacer?
2. ¿Estamos actuando de forma congruente con nuestros valores? ¿De qué forma cumplimos con nuestros criterios para el éxito? ¿De qué manera nuestro comportamiento contradice nuestros valores?
3. ¿Estamos logrando nuestros objetivos y metas? ¿Estamos dentro de los tiempos fijados?
4. ¿Qué efecto tiene la situación sobre:
   - nuestras relaciones con la información?
   - cómo tomamos decisiones y resolvemos los problemas?
   - el flujo de información en todas las direcciones dentro de la organización?
   - cómo se está recompensando a la gente?
5. ¿Qué efecto tiene la situación actual sobre:
   - la productividad individual?
   - las actitudes individuales?
   - las relaciones internas?
   - El clima psicológico, ¿es positivo? ¿Es cínico? ¿Es tensionante? ¿Abrumador? ¿De confianza? ¿Energético? ¿Resignado? ¿Negativo?
6. ¿Qué efecto tiene la situación actual sobre:
   - la relación con nuestros clientes?
   - nuestra participación en el mercado?
   - nuestra relación con la competencia?

Estas preguntas brindan un marco de referencia para determinar el impacto de los problemas y los conflictos en su organización.

Etapa 4: yo necesito

Cómo identificar las necesidades y los resultados deseados alternativos

Las necesidades son internas, tanto para las personas como para las organizaciones. Personalmente, tienen que ver con la calidad de nuestra existencia física y psicológica. Necesitamos alimentos, refugio y descanso. Necesitamos sentirnos valorados y merecedores. Necesitamos sentirnos adecuados y capaces. Necesitamos sentir pertenencia y que no estamos solos. Necesitamos que nuestras vidas tengan sentido. De esto se trata en toda negociación. Sabemos qué necesitamos, cuando escuchamos qué estamos sintiendo desde el punto de vista emocional.

Para la organización, las necesidades tienen que ver con su efectividad y eficacia en el cumplimiento de su misión. Es lo que la organización necesita para lograr su negocio, la razón de su existencia.

Si el objetivo de toda negociación es hacer que las otras personas hagan lo que deseamos, que cooperen con nosotros, entonces, manifestar qué necesitamos es la clave del proceso de negociación. Esta es la etapa que, con frecuencia, se salta. Pareciera que fuera más sencillo decirles a los demás qué queremos que hagan y cómo queremos que cambien, en lugar de decirles qué necesitamos.

Nuevamente, el motivo para esto es que tememos ser demasiado vulnerables. Tememos que se aprovechen de nosotros si les hacemos saber qué necesitamos, personalmente o desde el punto de vista organizacional.

Irónicamente, todo el objetivo de la negociación consiste en satisfacer las necesidades individuales o de la organización. Si no manifestamos qué necesitamos, es poco probable que éstas se satisfagan. Decirle a otra persona qué queremos de ella sin manifestar nuestras necesidades subyacentes le dificulta comprendernos. Es mucho más probable que responda de la forma que queremos que lo haga, cuando comprende por qué. Manifestar qué necesitamos y por qué le da validez a nuestras solicitudes particulares. Le permite saber a la otra persona que no estamos realizando exigencias arbitrarias.

Y, nuevamente, como ya señalé (en el capítulo 14, "Comprender a los demás y no vencerlos"*), los requisitos que necesito son diferentes de mis soluciones*, aquello que quiero que hagan los demás para ayudarme a satisfacer mis necesidades.

Habiendo explicitado por qué es importante manifestar muestras necesidades, agreguemos unas palabras de precaución. En ocasiones es de tontos decirle a la otra persona qué necesitamos, si ella obviamente quiere aprovecharse de nosotros. En estos casos, necesitamos proceder más lentamente. Debemos usar el sentido común para no abrirnos innecesariamente. Tal vez debamos acordar criterios justos para un arreglo antes de manifestar nuestras necesidades.

Decirle a un hipotético empresario que necesito desesperadamente el trabajo y que no tengo otras ofertas, probablemente no juegue muy a mi favor. Si nuestra empresa está atravesando un serio problema financiero y estamos tratando de sobrevivir, es probable que las otras ratas que se están hundiendo no estén muy interesadas en mis necesidades. Si sé que un comprador está intentando apretarme, no le diré cuánta necesidad tengo de vender la propiedad.

Al mismo tiempo, la mayoría de las negociaciones no se llevan a cabo en entornos Exigentes. Por lo general, será ventajoso para usted realizar una presentación clara de sus necesidades.

Etapa 5: Yo quiero

Cómo desarrollar su plan de acción

En una negociación, siempre queremos algún cambio en las condiciones externas o en los comportamientos de la otra persona. Lo que queremos es aquello que percibimos como la solución a nuestro problema o conflicto.

Por lo general, las personas tienen dificultades en distinguir entre aquello que necesitan PARA SI y lo que perciben como las mejores soluciones: lo que *quieren que hagan los demás* para ayudarles a satisfacer sus necesidades. Nuevamente, las necesidades son los resultados o condiciones necesarios para nuestra existencia física, fiscal, psicológica o de relación. *Los deseos* (soluciones) son lo que queremos que los demás hagan para ayudarnos a satisfacer nuestras necesidades. Son las formas como ambos lograremos nuestras necesidades. Nuestras necesidades y nuestros deseos (soluciones) son realidades diferentes pero interrelacionadas.

Necesito que se me trate con justicia y quiero (solución) que usted acceda a acordar criterios justos para realizar mi declaración de daños.

Necesito que mi personal me respete, y quiero (la solución) que me escuche y no se vaya hasta que yo termine de hablar.

Necesito que se elimine la presión que existe sobre mí, por lo tanto (la solución), quiero que lleve a cabo el proyecto en el tiempo fijado.

Necesito saber que mi hija adolescente está segura, y quiero (la solución) que esté en casa antes de la medianoche.

Sencillamente, la importancia de manifestar qué queremos (la solución) consiste en que:

1. Le hacemos saber a la otra persona con claridad qué le pedimos desde el punto de vista del comportamiento.
2. Aclaramos qué ocurrirá si queremos lograr nuestros objetivos.

Las negociaciones con frecuencia fallan o se obstaculizan porque no manifestamos qué queremos. Decirle a alguien que estoy enojado con él o que me siento desilusionado por su rendimiento sin decirle específicamente qué quiero que haga, lo deja sin saber cómo actuar.

Decirle que no confío en usted y luego no decirle qué podría hacer para que pueda hacerlo, es como decirle: "¡Lo atrapé!". No puedo esperar que los demás lean mi pensamiento. Si lo espero, lo más probable es que me desilusione.

ONCE VENTAJAS DE LA FORMULA INFALIBLE

Usted puede usar la fórmula para muchos propósitos. Es un proceso para :

1. Mantenerse en la capacidad Generativa de pensamiento para que pueda ver todo el panorama de forma precisa sin ponerse a la defensiva.
2. Ayudarle a lograr que la otra parte adopte sus capacidades Generativas y deje de lado el comportamiento autoprotector.
3. Identificar cuáles son los temas reales que deben abordarse.
4. Centrarse en el tema y no irse por la tangente.
5. Prepararse para las negociaciones antes de concurrir a ellas, desplegar su estrategia.
6. Ampliar sus capacidades de empatía para comprender con precisión las necesidades de la otra parte.
7. Analizar conflictos, problemas de rendimiento u organizacionales.
8. Confrontar a los demás acerca de su comportamiento, incluyendo problemas de función.
9. Mejorar sus capacidades de escuchar.
10. Aclarar sus necesidades internas.
11. Desarrollar planes de acción para resolver problemas de personal o de la organización.

EJEMPLOS SOBRE LAS CINCO ETAPAS

El siguiente ejemplo ilustra el empleo de las cinco etapas como una herramienta analítica:

Yo veo/escucho

Me doy cuenta de que Martha se mueve en su silla. Su voz suena cautelosa y evita el contacto ocular. También sé que ha estado teniendo problemas con su personal. Ellos se sienten frustrados porque ella ha estado posponiendo enfrentarse con su gerente de división acerca de su función.

Yo supongo

Supongo que ella no se siente cómoda con lo que le estoy proponiendo hacer a raíz de que su personal se retrae. Creo que teme que será abordada públicamente por algunos de los miembros de su personal.

Yo siento

Me siento preocupado por el hecho de que ella pueda vetar lo que le propongo o que puede diluir el proceso de modo que nada importante ocurra.

Yo necesito

Necesito encontrar un modo de ayudarla a sentirse segura con el proceso y que confíe en mí.

Yo quiero

Quiero (la solución) que ella me diga lo que está sintiendo y pensando en este momento. Quiero comprender sus temores específicos para que podamos crear un proceso que no sea amenazador y sí eficaz. Quiero que ella me diga qué necesita para poder confiar en mí.

En este ejemplo, tengo un problema y un conflicto a la vez por resolver. Encontrará más ejemplos de los diferentes empleos de la fórmula en el siguiente capítulo.

17

TRES USOS DE LA FORMULA

Como ya se describió en el capítulo 16, la fórmula tiene muchos usos. Por sobre todo, es útil como un herramienta analítica, una herramienta para la confrontación y como una herramienta constante para la negociación.

UNA HERRAMIENTA ANALITICA

Cómo aclarar sus problemas y necesidades

En primer lugar, la fórmula infalible puede emplearse como herramienta analítica para aclarar cuáles de nuestros temas están en una situación que debemos abordar. Llevar adelante las etapas de la fórmula es una forma sencilla y rápida para identificar nuestros temas problemáticos y conflictivos, o para analizar los problemas organizacionales y de función.

Es un medio efectivo para prepararse para una negociación, para aclarar qué estamos necesitando y qué queremos por resultado. El empleo de la fórmula es un modo de aclarar si necesitamos centrarnos en el problema, en la relación, en el proceso o en los criterios.

Cómo analizar un conflicto

La fórmula es un método rápido y fácil para aclarar en qué punto usted está respecto de la otra persona. Cubriendo estas etapas, podrá aclarar aspectos referentes a:

- Qué le está ocurriendo a usted.

- Qué está haciendo la otra persona para producir esos efectos en usted.
- Qué necesita o qué no está resuelto respecto de la otra persona.
- Qué quiere que hagan (la solución) para que pueda lograr la resolución.

Por ejemplo:

YO VEO - Mi información: John no me habló ni me miró cuando llegó a la oficina esta mañana. Acabo de escucharle decir que no confía en que yo sea auténtico, que sea quien parezco ser. La semana pasada desafió la validez de mi análisis del problema en la fábrica. Dijo que yo tenía demasiada labia.

YO SUPONGO - Mi interpretación: Supongo que sus comentarios tienen que ver parcialmente conmigo. Sé (más información) que no confía en los asesores en general. Me pregunto si está enojado porque no lo incluí en el informe que envié al presidente la semana pasada. También creo que John y yo funcionamos a diferentes velocidades. Me pregunto si mis reacciones rápidas le hacen dudar de la validez de mis conclusiones.

YO SIENTO - El impacto: Me siento resentido por ser ignorado por él y no me gustan sus acusaciones o insinuaciones. Soy consciente de que las otras personas presentes en la sala están en silencio y se sienten incómodas, como si estuvieran esperando que se desatara la tormenta. Obviamente, no podemos continuar nuestra reunión hasta que abordemos nuestro conflicto.

YO NECESITO - Resultados diferentes: Necesito permanecer al máximo en una posición no defensiva e intentar comprender realmente cuál es el mensaje de sus comentarios. Necesito resolver la tensión que existe en la sala. Necesito que se resuelva mi relación con John para que podamos trabajar juntos.

YO QUIERO - Mi plan de acción: Voy a verificar si John se siente cómodo abordando nuestro conflicto frente a estas otras personas. De no ser así, voy a pedir que se posponga esta reunión hasta mañana y me encontraré con John para intentar alcanzar un entendimiento mutuo.

Para llevar a cabo el paso siguiente, ahora que cuento con cierta introvisión acerca de cuáles son los temas entre John y yo, decido posponer la reunión para hablar con él. Observen cómo cada uno de nosotros cae en diferentes estilos de pensamiento y cómo la fórmula nos permite volver al pensamiento Generativo, de cooperación . Este es un ejemplo acerca de cómo utilizar la fórmula como una herramienta verbal de negociación.

Yo:

(Yo necesito) John, esta mañana quiero intentar resolver lo que ocurre entre nosotros (Generativo).

John: No quiero hablar del tema. Es una pérdida de tiempo (Comportamiento Exigente elusivo).

Yo:
(Yo escucho) John, sé que estás enojado conmigo y que no confías en mí (Paso a un lado, pensamiento Generativo ante su deseo de evitar responder al verdadero mensaje que escuché).

(Yo supongo) Y creo que tienes buenos motivos para sentirte como te sientes. Creo que he hecho algunas cosas que te han marginado (Creación de un entorno seguro, reconociendo mi propio comportamiento).

(Yo siento) Me siento frustrado por que demos vueltas y vueltas y no podamos resolver nuestra relación.

(Yo necesito) El hecho es que necesitamos poder trabajar juntos y me gustaría poder trabajar contigo sin toda esa desconfianza y toda esa tensión.

John:
(Yo necesito)
(Yo siento)
(Yo supongo) A mí también me gustaría aclarar todo esto. Esta pugna me desgasta. Pero aún así, no confío en ti y no sé si lo podremos resolver hoy. Tendrá que transcurrir un tiempo antes de saber si puedo confiar en ti (Comportamiento de Tanteador a la espera).

(Ahora bien, si tuviera que responder a esto desde una actitud Generativa, enfrentaría su comportamiento y le pediría una explicación más detallada de su información y de sus suposiciones. Sin embargo, no siempre siendo tan Generativo, voy al ataque.)

Yo:
(fórmula temporalmente abortada) Me estás sermoneando. ¿Quién crees que eres para juzgarme? (Rebelde, desdeña con pregunta retórica). Me siento ofendido y no creo merecerlo (Tanteador). He hecho muy buenos trabajos para ti y eres demasiado estúpido como para apreciarlo (No me lleva mucho tiempo llegar al nivel de Exigente).

John: *(Idem)*	No puedo evitar que percibas esto como un juicio. No sé si puedo confiar en lo que dices. Siempre tienes respuestas rápidas, fáciles y creo que eres muy diplomático. Prestas mucha atención a los directores de departamentos, pero crees que eres demasiado bueno como para perder tiempo con otra personas (Aunque esas palabras suenan como las del desprecio de un Rebelde, el resentimiento de su voz me dice que está en el nivel de pensamiento del Tanteador).
Yo: *(Yo escucho)*	(Pausa) Hablas como un resentido (Casi Generativo).
John: *(Yo siento)* *(Yo siento implícito)*	Me parece que sí, pero no estoy seguro de por qué. No me siento cómodo con tu enojo, y no estoy seguro de que estemos resolviendo nada. (Generativo)
Yo: *(Yo siento)* *(Yo supongo)* *(Yo necesito)*	Me doy cuenta de que sólo quiero culparte ahora y hacer que admitas que estás equivocado. Y me pregunto si quieres hacer lo mismo conmigo. Me pregunto si podemos volver al tema que nos preocupa e intentar comprender cuáles son los problemas reales que existen entre nosotros (Generativo).
John: *(Yo siento)*	Yo estoy dispuesto. Si tuviera que ser absolutamente honesto, diría que me molesta que vengas y acapares toda la atención cuando soy yo el que está aquí todo el día haciendo el trabajo pesado. Y también estoy celoso de tu amistad con Lloyd, me da vergüenza decírtelo (Generativo).
Yo: *(yo veo)* *(Yo siento)* *(Yo siento implícito)*	Gracias por tu honestidad. De mi parte, creo que en mi necesidad de que todos piensen que soy maravilloso, tengo que estar en la palestra. Y me avergüenzo de que eso sea cierto. Lamento haber estado tan ocupado en hacer una presentación buena ante el presidente que no te di mucha oportunidad de hablar demasiado (Generativo).
John: *(Yo deseo)* *(Yo siento)* *(Yo necesito)*	Gracias (Pausa). ¿Qué sientes ahora? (Generativo).

Yo:	Me siento aliviado, resuelto y me pregunto cuál es tu nivel de confianza hacia mí (Generativo).
John:	Creo que esto se ha resuelto. Volvamos al trabajo.

Cómo expandir su capacidad de introvisión y empatía

Además de utilizar la fórmula para aclarar qué está ocurriendo dentro de nosotros, también la podemos usar para aumentar nuestra introvisión y empatía con los demás. Para hacerlo, cubrimos las mismas cinco etapas, sólo que esta vez lo hacemos desde la perspectiva de la otra persona:

- ¿Con qué información cuentan?
- ¿Cómo están interpretando la información?
- ¿Cuál es el impacto de mi comportamiento y/o de los hechos en ellos?
- ¿Qué necesitan?
- ¿Qué quieren que yo haga?

Siguiendo con el ejemplo de John:

Su información: Omití reprogramar mi reunión con el presidente para que pudiera concurrir. Con frecuencia, hablo demasiado y con gran autoridad.

Su interpretación: Probablemente se hace preguntas respecto de mi autenticidad o sinceridad, puesto que omití incluirlo en el informe. Probablemente cuestione la validez de mis análisis cuando se los presente de manera tan rápida e informal.

Su impacto: Probablemente no se sienta respetado o valorado por mí. Puede que sienta que lo atropello en las reuniones. Seguro que, en este momento, no confía en mí.

Su necesidad: Probablemente necesita comprender mis intenciones, comprender por qué no reprogramé la reunión con el presidente (honestamente, lo olvidé porque estuve de vacaciones la semana anterior). Probablemente necesite también que le explique cómo llegué a mis conclusiones.

Sus deseos: Probablemente quiera que yo (solución) posponga la reunión para que podamos hablar en privado.

Cómo analizar y resolver los problemas de ejecución

También podemos utilizar la fórmula para analizar y abordar

problemas de ejecución. La mala ejecución, con frecuencia, está ocasionada por uno o más de los siguientes factores:

1. Falta de capacidad o conocimiento.
2. Obstáculos de organización o ambientales.
3. Conflictos de relaciones.
4. Problemas personales que dan por resultado comportamientos de autoprotección.

Para utilizar la fórmula con el objeto de analizar un problema de ejecución:

1. *Ponga de manifiesto su información:* Haga por escrito un informe del comportamiento actual no aceptable, por ejemplo, si el director de ventas actúa con confusión y falta de decisión. El no prioriza sus decisiones, sino que me viene a ver para que le preste apoyo en decisiones sencillas y pospone la toma de decisiones importantes.
2. *Interprete su información:* Confeccione una lista con lo que usted cree que son las causas del comportamiento que ha enumerado, usando los cuatro factores identificados previamente como marco de referencia. Por ejemplo:
    1. Supongo que luego de haber estado en este negocio durante más de veinte años, cuenta con las habilidades y conocimientos necesarios para llevar adelante su tarea.
    2. Creo que su reciente matrimonio le puede estar absorbiendo gran parte de su atención.
    3. Creo que la falta de una matriz en la toma de decisiones dentro de nuestra organización que defina claramente la autoridad que debe tomar las decisiones, probablemente haga que se confunda.
    4. Creo que me teme por mi forma de ser impaciente y quizás esté preocupado por no contar con mi aprobación.
    5. También me di cuenta de que cuando se pone tenso o se asusta, se confunde. Creo que parte del problema es un modelo de comportamiento improductivo que tiene al enfrentar una situación de tensión.
3. *Evalúe el impacto:* ¿Cuál es el impacto sobre usted, sobre los demás y sobre la organización? ¿Cuánto le está costando a usted? Por ejemplo, todos lo demás gerentes de primer nivel se sienten frustrados porque su falta de decisión le impide tener

listos los trabajos que necesitan. Todos han acudido a mí y se han quejado,y ahora estoy preocupado por no saber si realmente puede hacer su trabajo. Me siento irritado y perdiendo la confianza en él.

4. *Defina la necesidad:* Defina los requisitos de ejecución y/o los resultados que necesitaba. Por ejemplo, necesito que él termine un plan de comercialización para el mes de noviembre. Necesito que comience a priorizar sus decisiones, que no las posponga y que empiece a tomar decisiones sobre la reorganizacion de su personal y nuestra estrategia de ventas, y necesito que deje de venirme a ver para que tome yo las decisiones que le corresponden a él. (Nota: El empleo de la fórmula para *analizar* problemas de desempeño sirve, a la vez, cuando la NECESIDAD también puede ser un comportamiento; el comportamiento, en este caso, forma parte del resultado deseado.)
5. *Planifique su acción:* Perfile qué necesita hacer para cambiar el comportamiento de la otra persona. Por ejemplo: voy a hacer una matriz para toma de decisiones destinada al departamento de ventas. Luego, me sentaré con él y repasaremos mi análisis del problema y le aclararé especialmente qué necesito y qué quiero que haga (la solución). Le daré una asignación específica para usar esta fórmula con el objeto de que analice las necesidades de su personal y de ventas y le diré que vuelva a verme en una semana con un plan de acción (soluciones propuestas). También verificaré si se siente intimidado por mí y qué necesitaría de mí para sentirse más cómodo. Le sugeriré que se reúna con nuestro asesor de empresas para comprender y eliminar su patrón de confusión. Y si todo esto no resulta en dos meses, lo reemplazaré por otra persona.

Cómo analizar y resolver problemas de organización

Además de analizar conflictos personales y problemas de función, también podemos usar la fórmula para analizar y abordar problemas de organización.

1. *Ponga de manifiesto su información:* Haga por escrito un informe del problema. Hemos perdido el 3 por ciento de nuestra participación en el mercado durante los últimos dos meses. Exponga los datos relacionados. Por ejemplo, tenemos un nuevo director general. Las decisiones se toman con mayor

demora. He oído a personas en la cafetería quejándose de la presión que sienten. Estamos en un período de reorganización.

2. *Interprete su información:* Confeccione una lista de lo que usted cree que pueda contribuir al problema. Por ejemplo: creo que el incremento de la competencia en el mercado es un factor a tener en cuenta. También creo que el estilo del nuevo director general, que desea tomar más decisiones, hace que éstas suban de nivel y se produzca un cuello de botella. Creo que algunas personas no están contentas de la reorganización y tal vez se vayan. Y creo que las nuevas alineaciones de grupos de trabajo provocadas por la reorganización ocasionan cierta inquietud. Las personas no se conocen tanto entre sí como para confiar en el otro y hacer bien su trabajo juntos.
3. *Evalúe el impacto:* Defina el impacto sobre usted, los demás y la organización. Por ejemplo: me siento preocupado y frustrado. Aparentemente, los demás también se sienten frustrados. Hemos perdido nuestra participación en el mercado.
4. *Defina la necesidad:* Describa qué debe cambiar en la organización, en sus resultados y funcionamiento. Por ejemplo: necesitamos volver a obtener nuestra participación en el mercado. También debemos incrementar nuestra productividad y contar con equipos de trabajo más eficaces. Necesitamos acelerar la toma de decisiones y hacer que éstas se tomen en un nivel inferior adecuado dentro de la organización. Y necesitamos mejorar el clima laboral y reducir la tensión que sienten nuestros empleados.
5. *El plan de acción:* ¿Qué va a hacer y qué quiere que hagan los demás para lograr los resultados necesarios? Por ejemplo: me reuniré con mis gerentes y verificaré mis propias percepciones. Luego, me reuniré con el director general, le mostraré mi análisis y solicitaré su apoyo para hacer que la toma de decisiones se sitúe en niveles inferiores dentro del escalafón de la empresa. Solicitaré al departamento de comercialización que realice un análisis de los cambios producidos en el mercado. También le pediré al departamento de recursos humanos que se reúna con los empleados que se estén quejando y piensen irse. Y, por último, programaré algunas sesiones de conformación de equipos para algunos de los grupos de trabajo nuevos que aparentemente tengan problemas.

Cómo utilizar la fórmula para resolver problemas grupales

No sólo puede usted usar la fórmula individualmente para analizar problemas de personal de organización, sino también como un proceso grupal en cualquier tipo de reunión. Con frecuencia, cuando trabajo con empresas, colocamos las cinco etapas de la fórmula (información, suposiciones, impacto, objetivos/necesidades, plan de acción) en una cartelera o pizarrón y luego la utilizamos en sesiones de grupo.

Esta es una herramienta invalorable para resolver problemas grupales. Ayuda a que el grupo permanezca enfocado para no irse por la tangente. Mantiene a los miembros del grupo en el nivel Generativo de pensamiento, sin que estén a la defensiva y orientados hacia los problemas, en lugar de personalizar el problema. Y ayuda a la disciplina grupal en sí para definir el problema antes de intentar solucionarlo.

Cómo confrontar a los demás con facilidad

Además de utilizar la fórmula para analizar problemas y conflictos, ésta también es útil cuando necesitamos confrontar a alguien. La confrontación es necesaria y adecuada cuando no tenemos tiempo para negociar o cuando percibimos que la otra persona no está dispuesta a negociar con nosotros. Los confrontamos cuando queremos que alguien haga algo rápido o cuando queremos lograr la atención de la otra persona. Al utilizar la fórmula para estos casos, sencillamente repasamos una vez los elementos, siendo muy específicos y firmes acerca de qué es lo que queremos y de cuáles serían las soluciones que nos parecen aceptables. La fórmula es una forma eficaz para fijar nuestros límites.

Por ejemplo:

1. Yo veo/oigo: Cuento con información que prueba que no ha estado llamando por teléfono a todos sus clientes y que se ha estado guardando el dinero.
2. Yo supongo: No sé qué razones tiene para robar el dinero, pero no puedo tolerar tal comportamiento en un empleado.
3. Yo siento: Estoy enojado y desilusionado por todo este asunto. Me siento traicionado y usado y no me gusta tener que confrontarlo de este modo.

4. Yo necesito: Necesito que deje esa actitud de inmediato.
5. Yo quiero: Aquí está su finiquito. Con esto terminamos. Quiero que limpie su escritorio y se vaya en el término de media hora.

UNA HERRAMIENTA DE NEGOCIACION

Cómo negociar soluciones satisfactorias

Además de todos los otros maravillosos usos de la fórmula, ésta también brinda un marco de referencia para las negociaciones. Para emplear la fórmula en una negociación, sencillamente seguimos sus pasos. El proceso implica enviar un mensaje global y específico a la otra persona, incluyendo los cinco elementos de la fórmula. Luego, escuchamos su respuesta. Su respuesta es la nueva información con la que contamos y se convierte en nuestra primera etapa: qué vemos y oímos. Reflexionamos acerca de lo que estamos observando y escuchando, compartimos nuestra suposiciones sobre ello, y demás. La otra persona responde, y nosotros repetimos el proceso cuantas veces sea preciso, hasta que alcanzamos la solución deseada. El siguiente ejemplo lo ilustra:

Jeff: *(Yo necesito)*	Allen, tengo un problema y necesito tu ayuda.
Allen:	Seguro, Jeff, ¿de qué se trata?
Jeff: *(Yo veo/oigo)*	Tiene que ver con Marty. Desde que nos informa a ambos, estoy confundido acerca de cómo debería disponer de su tiempo. Como ya sabes yo solicité su traslado desde tu departamento hacia el mío porque la investigación de nuestro informe está atrasada en cuatro semanas.
(Yo supongo) *(Yo veo/oigo)*	Creí que iba a trabajar conmigo todo el tiempo, pero durante la semana pasada, trabajó tres días para ti.
(Yo supongo)	Creí que quedaba claro y que estabas del todo de acuerdo con ello.
(Yo siento)	Me siento verdaderamente frustrado y presionado.
(Yo quiero)	Creo que necesito cierta información de tu parte referente a qué entendimos cada uno y qué deseas hacer.
Allen:	Lo que entendí cuando acordé que Marty fuera

(Yo supongo) contigo por un mes era que podía llamarlo cuando verdaderamente lo necesitara.

(Yo veo/oigo) Sabes bien que estoy en medio del proceso de convertir los sistemas contables en todas las sucursales.

(Yo necesito) Cuando hay problemas en más de una sucursal, tengo que contar con alguien más para que me ayude a resolver el problema.

(Yo siento) Francamente, me he sentido un poco irritado por toda la situación. En primero lugar, nunca quise que se fuera.

Jeff: Percibo irritación en tu voz.

(recicla) Te creo cuando dices que eso era lo que habías

(Yo veo/oigo) entendido. Por algún motivo, yo lo entendí de modo diferente.

(Yo supongo) No tengo muy claro el porqué de tu irritación.

(Yo necesito) Necesito saber si sencillamente estás irritado por el problema o si estás enojado conmigo por solicitar el traslado de Marty.

Allen: Es molesto, pero en primer lugar estoy irritado por

(Yo siento) la forma en que se hizo.

(Yo veo/oigo) Nadie me informó del cambio, y ni siquiera me lo consultó, hasta dos días antes de que sucediera.

(Yo siento) No me gusta no tener voz en el asunto. Parece evidente que no tengo mucha autoridad por aquí.

(Allen pasó al pensamiento resentido del Tanteador con su último trabajo de "Te pesqué". Jeff lo llevará nuevamente al pensamiento Generativo proporcionándole a Allen más información.)

Jeff: Espera un minuto. Creo que hay algunos cables cruzados. Yo no te llamé personalmente ni hablé de ello porque estaba en St. Louis cuando se tomó la decisión.

(Yo veo/oigo) Art dijo que lo había hablado contigo y me aseguró

(Yo supongo) que estabas de acuerdo. Eso fue dos semanas antes de que Marty comenzara a trabajar para mí.

(Yo siento) Me siento avergonzado por no haberte llamado personalmente para verificar el tema (Un cambio para centrarse en la relación).

(Yo necesito) Necesito que creas que no tuve ninguna intención de pasar por encima de tu autoridad. Siempre

	valoré nuestra relación. Me has sido de gran ayuda a mí y a mi departamento. No quiero arruinar nuestra relación.
Allen:	Te creo. He valorado la cooperación que ha existido
(Yo necesito)	entre nosotros en el pasado.
(Yo siento)	Por eso me sorprendí tanto cuando esto ocurrió.
(El conflicto se ha resuelto.)	
Jeff:	
(Yo quiero)	¿Cómo podemos resolver la situación con Marty?
(Vuelta a resolver el problema.)	
Allen:	
(Yo quiero)	¿Tú qué sugieres?
Jeff:	En realidad, no tengo que tenerlo todo el tiempo,
(Yo necesito)	pero si lo necesito cuatro veces a la semana. Y necesito saber qué días estará aquí.
Allen:	Bien, si supiera que lo tengo una vez por semana,
(Yo necesito)	podría programar un horario que me permitiera realizar más eficazmente el servicio a las sucursales y no tendríamos estas emergencias.
Jeff:	Para mí está bien. Necesito verificar si para ti
(Yo necesito)	nuestra relación está bien.
(Yo veo/oigo)	Escuché cierto titubeo en tu voz cuando dijiste: "Te creo".
(Resolución del problema.)	
Allen:	Para mí el asunto está resuelto. La próxima vez que tengamos un problema, debemos hablar directamente entre nosotros.
Jeff:	Estoy de acuerdo. Gracias.

ELEMENTOS CLAVE PARA RECORDAR ACERCA DE LA FORMULA

1. La fórmula es un método sencillo y rápido para definir los temas que debe abordar. Puede usarla para preparar y planificar una negociación.
2. Le ayudará a aclarar si tiene un conflicto de relación y un problema que abordar.
3. Le ayudará a centrarse en saber si necesita abordar el proceso y los criterios antes que el problema.
4. Le ayudará a obtener mayor introvisión respecto de la otra

parte, a reconocer cuál es su estilo de pensamiento y qué necesita para que cooperen con usted.

5. Puede usar la fórmula para que le ayude a resolver problemas de función y de organización.
6. Funciona de forma individual o grupal en el proceso de resolución de problemas.
7. Le ayuda a confrontar a otros con mayor claridad y facilidad.
8. La fórmula sirve como pauta verbal durante el proceso de negociación.

El próximo capítulo le ofrecerá pautas útiles para poner en práctica la fórmula como un marco de referencia verbal en la negociación.

18

EMPLEO DE LA FORMULA COMO HERRAMIENTA VERBAL

REGLAS PARA RECORDAR

Este capítulo describe cinco reglas clave y siete factores de comportamiento que le ayudarán a utilizar la fórmula eficazmente como herramienta verbal. Las cinco reglas clave son:

1. Cualquier orden.
2. Una guía para enunciaciones completas.
3. Enunciaciones específicas.
4. Sólo una persona necesita conocer la fórmula.
5. Vulnerabilidad elegida.

1. Cualquier orden

La fórmula se encuentra enumerada en una secuencia lógica de etapas, pero ser lógico no siempre es el mejor criterio para una comunicación eficaz. La fórmula puede usarse en cualquier orden, *con una excepción.*

Nunca comience con la etapa número cinco: la solución. Si comienza con lo que usted desea que haga una persona, probablemente la coloque a la defensiva. Puede que interprete lo que usted quiere como una exigencia o una solicitud injustificada. Comenzar con sus soluciones o respuestas propuestas hace que la otra persona adopte una solución contraria que luego siente que debe defender.

Usted quiere argumentar sus soluciones propuestas antes de manifestarlas. Lo más importante de todo es que desarrollará la solución a medida que escuche y explore las necesidades de la otra persona. Usted quiere que el otro tenga capacidad de empatía.

Usted quiere que él comprenda su experiencia y sienta que sus necesidades e intereses son justos. Usted quiere que esté en una postura de cooperación y no de competitividad defensiva.

Una de las formas más eficaces de llevar a la otra persona a una actitud de cooperación es comenzar con lo que estamos sintiendo o necesitando. Esto es especialmente válido si la otra persona está a la defensiva o se siente amenazada. Comenzar con aquello que necesitamos fija la norma de ser vulnerable y honesto. Comenzar con nuestras necesidades hace que la otra persona se acerque. Comenzar con lo que queremos, aleja a la otra persona.

¿Qué manifestación le haría sentir con más deseos de cooperar?

"Quiero el trabajo hecho, y lo quiero ahora", o

"Siento mucha presión. Hay tres personas que me acechan pidiéndome que termine este informe para hoy. Necesito que deje de hacer lo que esté haciendo y que centre toda su atención en terminar este informe tan pronto como sea posible."

La otra persona tendrá mejor disposición para escuchar qué más tenemos por decirle, si comenzamos eligiendo ser vulnerables. Es más probable que el otro nos escuche cuando le decimos que tenemos que resolver un problema y que necesitamos su ayuda, que si comenzamos diciéndole que queremos que venga a trabajar el sábado. Dígale primero que tiene que venir a trabajar el sábado y no escuchará el resto. Estará planificando su defensa.

Al usar la fórmula, con frecuencia se produce otra dinámica: ambas partes se centran en un único elemento por vez hasta que cada persona tiene una claridad mutua y luego prosiguen con los otros elementos. Por ejemplo, puede que necesitemos aclarar los hechos respecto de qué ocurrió (Etapa 1), o nuestras suposiciones acerca del comportamiento de cada uno de nosotros (Etapa 2). Clarificando los hechos o nuestras suposiciones, tal vez veamos que es innecesario proseguir con las otras etapas.

Por lo tanto, use la fórmula como le sea conveniente. Sólo úsela.

2. Una guía para enunciaciones completas y específicas

La fórmula debe usarse como una guía y no como un procedimiento rígido. Si incluimos todas la etapas, lo más probable es que enviemos un mensaje completo, específico. Uno de los principales obstáculos de las negociaciones eficaces es el hecho de que las personas suelen comunicarse con mensajes incompletos y generalizados, dejando que los demás llenen los espacios en blanco y que, por lo tanto, hagan suposiciones falsas y no comprendan qué se les está diciendo.

En ocasiones, no es necesario que incluyamos todas las etapas de la fórmula porque son evidentes para la otra persona. A veces, como en las negociaciones comerciales, puede ser inadecuado compartir en profundidad lo que estamos sintiendo. Como estrategia, podemos decidir no incluir una de las etapas o incluir una sólo parcialmente, haciéndoles saber, por ejemplo, qué impacto tienen sobre nosotros.

Por ejemplo:

Si estoy negociando un contrato, puedo no decirle a la otra parte específicamente qué es lo que quiero. Sería desventajoso para mí decirle el precio en el que acordaría el negocio. Quiero dejar abierta la cuestión para que la otra persona pueda hacer su oferta.

Del mismo modo, puede ser contraproducente compartir todas mis suposiciones acerca del comportamiento de la otra persona. Puedo creer que está robando dinero de la compañía. Sería tonto que le dijera mis suposiciones hasta que cuente con la evidencia necesaria para despedirlo sin el riesgo de un juicio laboral o de una protesta del sindicato.

Compartir todas nuestras suposiciones también puede ser contraproducente si, al hacerlo, logramos que la otra persona se coloque más a la defensiva. Nuevamente, debemos usar el sentido común de cuánto debemos compartir y cuándo hacerlo.

3. Sólo una persona necesita conocer la fórmula

Evidentemente, es más fácil negociar si ambas partes conocen la fórmula y se comunican con mensajes completos, específicos y no críticos, pero esto no es fundamental. *Lo que es fundamental es que nosotros conozcamos la fórmula.*

Si nos comunicamos con mensajes completos y específicos, es más probable que la otra persona responda del mismo modo. Si compartimos nuestras suposiciones, experiencias y necesidades y no juzgamos a la otra persona, ésta se pondrá menos a la defensiva y estará más dispuesta a hacernos saber qué ocurre en su interior. Si escuchamos activamente para que se sienta comprendida, estará más dispuesta a escucharnos a nosotros.

La fórmula proporciona un marco de referencia dentro del cual podemos escuchar con mayor precisión. Si, como ocurre con frecuencia, no recibimos mensajes completos o específicos, podemos pedir que nos digan las partes faltantes. Podemos preguntarle a la otra persona qué escuchó sobre lo que dijimos (Etapa 1) o podemos preguntarle cuáles son sus suposiciones. Podemos preguntarle cuáles son las necesidades ocultas detrás de sus exigencias, cómo llegó a su posición.

Por ejemplo:

Si la otra parte dice que está enojada, le puede preguntar qué lo enojó y qué quiere que haga yo en respuesta a ello. Si dice que no hará algo, en lugar de iniciar una batalla diciéndole que "debería" hacerlo o que lo "hará", le pregunto por qué tomará esa postura. Si dice que no puede hacerlo, le pregunto qué necesitaría para poder hacerlo.

Si quiere que yo haga algo que no deseo hacer o que no tiene sentido para mí, le puedo preguntar cómo le afectaría (qué impacto tendría) si hago o no hago lo que él desea.

4. Hable de nosotros, escúchelos a ellos

Sabemos que estamos usando correctamente la fórmula cuando estamos centrados en hablar acerca de nosotros y en escuchar a la otra persona. Sabemos que no estamos usando la fórmula cuando nos descubrimos sin escuchar y planificando nuestra propia respuesta. Sabemos que no estamos usando la fórmula cuando estamos juzgando a la otra persona en lugar de ser descriptivos sobre la información y nuestra experiencia. El principio subyacente cuando no estamos negociando es que necesitamos hablar de nosotros mismos y no de la otra persona.

5. Vulnerabilidad elegida

Nuestro mayor poder reside en nuestra vulnerabilidad elegida. Esto no significa que siempre lo contemos todo a todos, sino que las personas se parecen más a nosotros de lo que se diferencian. Significa que las personas no siempre se adecuan a nuestros peores temores.

En su mayor parte, el poder no es algo que las personas puedan quitarnos, sino algo que nosotros cedemos. Lo cedemos cada vez que creemos que necesitamos ocultar: ocultar quiénes somos, qué estamos sintiendo y qué necesitamos. Cada vez que oculto algo, me estoy diciendo a mí mismo que no puedo confiar en la otra persona porque no puedo confiar en mí mismo.

Cedemos nuestro poder cuando:

1. Creemos que tenemos valores sólo si la otra persona nos aprueba.
2. Creemos que la otra persona es más astuta, más competente o más fuerte.
3. Creemos que los demás son más inteligentes y pueden aprovecharse de nosotros.
4. Evitamos abordar a los demás porque tememos no poder protegernos de su respuesta.
5. Nos mantenemos pasivos o confundidos porque tememos a nuestra propia ira y poder.

Afirmamos nuestro poder cada vez que decidimos confiar en nosotros mismos, en afirmarnos. *Afirmamos nuestro poder cada vez que aceptamos el hecho de que, dentro de nuestras limitaciones, somos algo más que apenas lo suficiente.*

Cuando creemos en nosotros mismos, nos facultamos. Cuando nos aceptamos, tenemos menos necesidad de la aceptación de los demás.

Cuando nos creemos merecedores, salimos del ocultamiento y vamos a la búsqueda del ciento por ciento de lo que queremos, en lugar de conformarnos con menos. Cuando confiamos en nosotros mismos, podemos mantenernos en nuestra posición, ser específicos y claros, hacer contacto directo.

Cuando confiamos en nosotros mismos, podemos ser transparentes, creando así un entorno más seguro que hace que la otra persona se dirija hacia una resolución y no hacia la autodefensa. Cuando confiamos en nosotros mismos, podemos escuchar al otro, tenerlo en cuenta para que se sienta comprendido. Esto, a su vez, le facilita escucharnos y comprendernos.

El poder que obtenemos de ocultarnos y de planificar nuestras estrategias no se adecua al poder superior que proviene de confiar en nosotros mismos y en elegir ser vulnerables. La fórmula nos brinda una estructura dentro de la cual podemos elegir de forma realista ser vulnerables. Como se ve en el ejemplo del capítulo anterior, el tono global de la negociación cambió cuando John eligió ser vulnerable mostrando sus celos de mí.

FACTORES DE COMPORTAMIENTO - COMO USAR LA FORMULA EFICAZMENTE

Diversos factores de comportamiento pueden afectar a su grado de efectividad al usar la fórmula. La siguiente es una lista de algunos de ellos.

1. *El tono de voz:* Con frecuencia, se comunica más a través del tono de voz que por las palabras que se utilizan. Podemos decir: "¿Qué desea?" en muchos tonos diferentes. Según cuál sea el tono de voz, dichas palabras pueden comunicar amenaza, seducción, todo servicial, desdén o aceptación.

En general, los tonos de voz de alto volumen tienen la ventaja de obtener la atención y lograr un objetivo definitivo, pero tienen también el efecto de alejar a las personas y de amenazarlas. Las voces tranquilas o suaves suelen acercar a los demás. Literalmente, hacen que los demás se acerquen y los invitan a relajarse y a sentirse seguros. Al mismo tiempo, estos tonos de voz pueden hacer que se sienta ignorado o que lo tomen poco en serio.

Use el tono de su voz en beneficio propio. Sea firme cuando deba serlo, cordial, cálido y sugerente cuando desee establecer un mejor *rapport*. Y sea congruente (que las palabras y el tono de voz concuerden) cuando quiera manifestar confianza.

Dése cuenta de que puede usar su tono de voz para interrumpir o detener el comportamiento improductivo de otra persona. Al cambiar su tono de voz, puede invitar a una serie de respuestas y sorprender a los demás. Si esperan que su respuesta al ataque sea enojosa y con gritos, sorpréndalos respondiendo con una voz tranquila y firme. Se sorprenderá de ver qué herramienta tan poderosa puede ser su tono de voz.

2. *Movimiento del cuerpo:* Todo su cuerpo es un entorno visual. Usted comunica con todo su cuerpo. Plántese firmemente en sus pies con una mano en la cadera y la otra mano señalando si desea mostrar fuerza. Inclínese hacia atrás en una posición relajada si desea que el otro se acerque y se sienta seguro. Cambie su espacio físico para lograr énfasis. Si quiere destacar tres cosas, cambie de posición tres veces.

Use los movimientos de la mano y del brazo para marcar una distinción entre ideas diferentes. Señale si desea que su público vea su punto de vista. Realice un barrido lento al nivel de los ojos si quiere que vean todo el panorama. Coloque la mano cerca de su oído si quiere que lo oigan. Realice un gesto hacia el pecho cuando quiera que comprendan qué ocurre dentro de usted.

Los movimientos completos del cuerpo también son útiles cuando de halla atascado. Al cambiar su postura física, podrá cambiar su perspectiva, así que párese, siéntese, camine, cambie de silla o muévase hacia el lado de la mesa en que se encuentra la otra persona.

3. *Respiración:* Tenemos un ritmo inconsciente que trasladamos al otro con nuestra respiración. Si desea establecer un *rapport*, haga coincidir su respiración con la de la otra persona. Si quiere acelerar la conversación, sólo haga coincidir su respiración con la de los demás y luego comience a respirar más rápido. Si desea desacelerar la conversación, respire profundo, suspire sutilmente y haga que su respiración sea más lenta. Si no es demasiado obvio, puede hacer que la otra persona acelere o desacelere inconscientemente su ritmo de conversación sencillamente cambiando su propio ritmo de la respiración. Se puede lograr el mismo efecto acelerando o desacelerando el ritmo de su conversación.

4. *Haga coincidir los predicados:* Casi todos usan un elemento sensorial para representar sus experiencias. Usted puede identificar la señal sensorial favorita de una persona prestando atención a los tipos de predicados que utiliza. Algunas personas utilizan predicados visuales primarios ("Me resulta claro que...", "Veo qué quiere decir"). Otros usan predicados fundamentalmente auditivos ("Escucho lo que está diciendo", "Me suena como si lo hubiera pensado"). Otros usan fundamentalmente predicados cinestésicos ("Aún estoy intentando coger el mango de lo que dijo", "En realidad todavía no pude conectar con lo que dijo").

Usted puede ayudar a establecer un *rapport* con los demás usando predicados similares. De esta manera, usted crea una congruencia, porque los demás sienten que se los comprende mejor. (Ahora espero que, a la luz de lo que dije, esto le sonará y entenderá mejor cómo se usa el lenguaje en las negociaciones.)

5. *Preguntarse a sí mismo:* Hay dos clases de personas que se preguntan a sí mismos: los niños pequeños y los adultos astutos.

Preguntarse a sí mismo es previo al proceso de aprendizaje que se produce dentro de nosotros. Si nunca nos preguntamos nada, nunca aprenderemos. Nos mantenemos aislados del mundo con modelos anticuados. Por otro lado, preguntarse a sí mismos amplía nuestras opciones, permitiéndonos lograr diferentes puntos de vista.

Preguntarse a sí mismo es un medio respetable y eficaz de

establecer una proposición a otra persona sin que ésta se sienta a la defensiva. Es un medio de hacer que los demás se unan a nosotros para ser curiosos. Así que, si está estancado sugiérale a la otra persona que dude con usted. "Me pregunto qué ocurriría si dejáramos de culparnos uno al otro y comenzáramos a escucharnos".

La sugerencia de preguntarse a sí mismo es una forma de ayudar a la otra persona a cambiar su centro de atención o su marco de referencia. En lugar de hablar del contenido del problema, cualquiera que éste sea, sugiérale poner en duda qué está ocurriendo con el proceso, qué estamos haciendo desde el punto de vista del comportamiento que nos mantiene estancados.

La sugerencia de realizarse preguntas a sí mismo hace que la otra persona se convierta de inmediato en un aliado. En lugar de permanecer en lados opuestos de la mesa discutiendo sobre el problema, ambos de pronto están del mismo lado de la mesa, trabajando conjuntamente para identificar los elementos específicos del proceso del que están participando.

6. *Movimientos oculares:* Habrá advertido que las personas mueven mucho sus ojos mientras hablan. Suelen mirar hacia arriba cuando están expresando imágenes internas, miran hacia adelante cuando expresan sonidos internos y miran hacia abajo cuando están expresando sus emociones.

Por lo general nos comunicamos mucho con nuestros ojos. Nuestros ojos pueden "estallar" o fulgurar cuando estamos enojados, cerrarse a medias cuando queremos ser seductores, desviarse cuando no entendemos algo, mirar hacia uno y otro lado cuando estamos asustados buscando una salida, salirse de foco o mirar fijamente cuando estamos confundidos, mostrarse alicaídos cuando nos sentimos avergonzados o inseguros.

Sea consciente de lo que está comunicando con sus ojos. Puede que ceda poder o que presione a la otra persona con sus ojos. Mírela directamente a los ojos si desea comunicar confianza. Déles un brillo juguetón si quiere quebrar la tensión. Dirija a la otra persona con una mirada cordial, silenciosa y que la mantenga alerta si no quiere que se vaya.

7. *Empleo de cuentos y metáforas:* Los cuentos y las metáforas son herramientas poderosas. Contar cuentos o metáforas en lugar de abordar directamente el tema tiene muchas ventajas; una de ellas, acceder al inconsciente de la otra persona. Si los cuentos o metáforas contienen elementos visuales, auditivos y cinestésicos,

se dirigen a la persona en su totalidad. Es mucho más probable que la otra persona comprenda y sienta aquello que usted quiere comunicarle.

Cuando éramos niños, a todos nos encantaba que nos contaran cuentos. Como adultos, aún disfrutamos de ello. Contar cuentos suele relajar a la otra persona. A su vez, ella se siente más segura y puede ampliar sus capacidades cognitivas.

Al emplear metáforas, siga estas tres etapas:

1. Decida cuál quiere que sea el resultado final, qué quiere lograr al contar el cuento.
2. Cuéntelo.
3. No exprese explícitamente la moraleja o el objetivo del cuento. Invite a la otra persona a que se una al proceso y permítale que aplique el cuento a su propia experiencia.

Los cuentos son útiles en situaciones de negociaciones explícitas e implícitas. Un ejemplo de una situación informal es cuando estoy dirigiendo seminarios. Si éste es sobre negociaciones con un grupo de trabajo en el que están presentes la competencia, el bajo nivel de confianza y el temor de parecer estúpido, con frecuencia comienzo el seminario contando un cuento.

Puede que le pida a los asistentes que cierren los ojos y se relajen. Luego cuento una serie de historias cortas que pueden identificar en su propia experiencia. Puede que hable de un momento cuando, siendo niño, me mudé a un vecindario nuevo y conocí el juego de "patear la lata". O quizá les hable de momentos de mi vida en lo que la cooperación fue importante o cuando descubrí que las demás personas tenían tanto miedo como yo de parecer tontas.

Luego invito a mi audiencia a preguntarse qué necesitarían para sentirse seguros, cómodos y con pertenencia en este grupo de aprendizaje en particular. Cuando abren los ojos, les pido que compartan lo que piensan y qué necesitan para aumentar al máximo su experiencia en el seminario.

A través del proceso de contar cuentos, comencé la negociación abordando sus necesidades en el seminario. Los llevé a través de las etapas internas de la fórmula, dándoles tiempo para reflexionar y relajarse y para que se sintieran seguros.

PUNTOS CLAVE PARA RECORDAR AL USAR LA FORMULA DE NEGOCIACION INFALIBLE

1. No importa cuál sea el orden en que usa la fórmula, siempre que no comience con la quinta etapa, la solución.
2. Use la fórmula como guía para enviar y recibir mensajes completos y específicos.
3. No use la excusa estéril de que no puede obtener lo que quiere de alguien porque él no sabe cómo negociar. *Si utiliza la fórmula, él también tendrá que usarla.*
4. Aclare que su intención es explicar sus ideas, para facilitar a los demás su comprensión. No utilice la fórmula para "atraparlos" sutilmente.
5. *Responsabilícese* de su propia contribución respecto de aquello que no funciona.
6. Use su tono de voz, los movimientos corporales, los movimientos oculares, la respiración y los predicados para obtener los resultados que desea.
7. *Pregúntese a sí mismo.*
8. Aprenda a ser un buen narrador de cuentos.

Sección V

QUE HACER EL LUNES POR LA MAÑANA

19

IDEAS CLAVE

Ahora que han aprendido todos estos conceptos y principios y que han aplicado todas estas herramientas, ¿qué harán con ello?, ¿cómo utilizarán el material para obtener más de lo que desean?

Por las dudas de que no hayan memorizado el libro y no se sientan cómodos utilizando las herramientas, resumiré los puntos clave y realizaré sugerencias para establecer cómo hay que poner en práctica estas herramientas.

REVISION DE LA NEGOCIACION INFALIBLE

Negociamos cada día en todo lo que hacemos.

La Negociación infalible es un proceso de creación de comprensión mutua para lograr que los demás cooperen con usted para satisfacer sus necesidades, manteniendo, al mismo tiempo, relaciones duraderas.

La premisa fundamental es que el hecho de *afrontar la realidad* le hará obtener más de lo que desea, con mayor frecuencia, de más personas. Afrontar la realidad significa:

- Aceptar que usted tiene derecho a lo que necesita, a creer que puede obtenerlo y tratar de lograrlo con todo su empeño.
- Aceptar la realidad de quiénes son los demás y qué necesitan para poder cooperar con usted.
- Aceptar las limitaciones reales de la situación contextual y encontrar formas creativas para producir más que lo suficiente para usted y la otra persona.

Si desea comprender con precisión el comportamiento y por qué los demás no están haciendo aquello que usted desea, es importante comprender que las personas piensan y, por lo tanto, actúan según diferentes niveles de capacidad.

A la inversa de la práctica popular, es ventajoso para usted ayudar a la otra persona a sentirse más poderosa, en lugar de presionarla con su pulgar. A medida que se siente más segura, su pensamiento se amplía y usted tiene una mejor oportunidad de negociar con un adulto y no con un niño.

Usted, a su vez, tendrá el máximo de poder y la mayor cantidad de opciones si puede mantenerse en las capacidades Generativas. Usando los cuatro principios y la fórmula de Negociación infalible, logrará hacerlo con mucha frecuencia.

USTED COMIENZA AQUI

1. Comience por quitarse la presión de encima y por hacer que todo sea tan sencillo y fácil como sea posible. Tiene derecho a practicar. Comience con personas fáciles en situaciones seguras. No comience con Goliat.
2. Practique usando la Fórmula de Negociación Infalible como una herramienta analítica. Practique con los ejemplos de las cinco etapas en su mente o en ejercicios escritos, antes de hacerlo en una auténtica negociación. Practique hasta que pueda pensar de este modo con cierta facilidad. Cuando piense de esta manera, lo que necesite decir saldrá de su boca naturalmente.
3. Siempre que se vea obstaculizado o atascado, DETENGASE. Tómese tiempo para:
   - Prestar atención a lo que obviamente está ocurriendo.
   - Separe en su mente el contexto, la calidad de la relación, el proceso que está utilizando y los criterios para el acuerdo que ambos están empleando. Si está atascado en el contexto, cambie el tema de su conversación hacia uno de los otros tres elementos.
   - Responsabilícese de su propio comportamiento.
   - Céntrese en las necesidades y problemas subyacentes en lugar de atacar a la otra persona.
   - Haga lo que pueda para incrementar la comprensión mutua en vez de intentar vencer a la otra persona.

20

COMENTARIO FINAL

Debemos querer. El conocimiento y las capacidades aceleran y facilitan la obtención de lo que queremos de los demás, pero ningún bagaje de conocimientos o de capacidad nos convertirá por sí solo en negociadores hábiles, a no ser que en realidad queramos negociar.

Conocemos la diferencia en nuestras entrañas entre los momentos en que queremos vencer a la otra persona y aquellos en los que queremos negociar. Cuando queremos vencer a la otra persona, anidan en nuestro interior sentimientos de ganar o perder. Tememos perder, queremos tener razón o queremos vencer a la otra persona. Necesitamos ser honestos con nosotros mismos cuando en nuestro interior tenemos dichos sentimientos de ganar o perder.

A veces, el precio que debemos pagar, cualquiera que sea, valdrá la pena.

Cuando queremos negociar, estamos dispuestos a comprender las necesidades y los intereses de la otra persona. Cuando estamos dispuestos a hacerlo, preferimos obtener lo que queremos a largo plazo. No siempre obtenemos aquello que queremos cuando lo deseamos, cómo lo deseamos y de quién lo deseamos, pero siempre podemos obtener más que suficiente.

APENDICE I

FACIL REFERENCIA DE LA TABLA DE CONTENIDO

Páginas

SECCION III. LOS CUATRO PRINCIPIOS BASICOS DE LA NEGOCIACION INFALIBLE

SECCION IV. EL PROCESO

APENDICE II

GUIA DE PLANIFICACION PARA LA NEGOCIACION INFALIBLE

Esta guía puede utilizarse antes y durante una negociación.

1. CENTRARSE EN TEMAS CLAVE

¿Qué factores ambientales están afectando a la otra persona? ¿A mí mismo? ¿Qué presiones o tensiones estamos sintiendo cada uno de nosotros?

¿Cuáles son los hechos disparadores o comportamientos que me dicen que tengo un problema o conflicto que abordar? ¿Qué está diciendo realmente la otra persona con su comportamiento?

¿Cuáles son los temas esenciales que estamos abordando? ¿Cuál es el tema de nuestra discusión?

¿Parece como si estuviéramos trabajando en conjunto o estamos enfrentados? ¿Estamos peleando o bailando?

¿Estamos obstaculizados para resolver el problema?

¿Tenemos un patrón repetitivo de problemas?

¿Sencillamente tenemos un problema o también tenemos un conflicto de relación? Si tenemos conflicto, ¿qué está creyendo, sintiendo y necesitando cada una de las personas?

¿Cuál es la importancia relativa de los temas esenciales en contraposición con la relación?

2. IDENTIFICACION DE MIS NECESIDADES

¿Cuáles son mis niveles actuales de pensamiento?

¿Quiero "vencer" a la otra persona o comprenderla?

¿Qué estoy sintiendo? Si estoy enojado, ¿cuáles son los sentimientos de vulnerabilidad subyacentes a mi enojo?

¿Cuáles son mis suposiciones? ¿Mis creencias? ¿Cómo me veo a mí mismo en relación con la otra persona? ¿Qué me estoy diciendo respecto a mí mismo?

¿Cómo me estoy limitando, cediendo mi poder?

¿A qué le temo? ¿Qué tengo miedo de que ocurra?

¿Qué me impide poner todo mi empeño para lograr lo que deseo, para fijar mis límites, para confrontar a la otra persona?

¿Qué ocurre en mi cuerpo?

¿Qué me dice todo esto acerca de lo que estoy necesitando?

¿Qué quiero de la otra persona? ¿Qué quiero que haga para ayudarme a satisfacer mis necesidades?

3. COMPRENDER A LA OTRA PERSONA

¿Qué sé acerca de los antecedentes de la otra persona, de su experiencia pasada y de sus ambiciones profesionales?

¿Cuáles son sus niveles actuales de pensamiento?

¿Qué está haciendo desde el punto de vista del comportamiento? ¿Está presionando o se está alejando, está jugando o regateando, está negando o está siendo servicial, tiene un aire de superioridad o de desdén? ¿O, en realidad, tiene una actitud abierta y me está escuchando?

¿Por qué la otra persona está utilizando estrategias individuales?

¿Qué me está diciendo su comportamiento acerca de sus necesidades y temores? ¿Cuáles son sus percepciones? ¿Qué motiva su comportamiento?

¿Qué está impidiendo que la otra persona me comprenda, me dé lo que deseo? ¿Cuánto le costará?

¿Qué factores del entorno están afectando a la otra persona?

¿Cómo está conformado el grupo de apoyo de la otra persona? ¿Ante quién debe aparentar ser eficiente? ¿Por qué podrían criticarla?

¿Qué quiere la otra persona de mí?

¿En qué valdría la pena que me diera lo que necesito?

¿Existen intereses múltiples de la otra parte?

¿Quién detenta el poder en la otra parte? ¿La decisión de quién quiero influenciar?

¿Acepto las necesidades e intereses de la otra persona como válidas para ella? ¿Quién es el niño que está dentro de ese cuerpo de adulto? ¿Me estoy centrando en los comportamientos de la otra persona o en su niño interno?

4. SOPESAR LOS COSTOS

¿Tenemos intereses en común para mantener una relación futura?

¿Puedo llegar a comprender a la otra persona, tenerla en cuenta? ¿Confío lo suficiente en mí como para elegir ser vulnerable?

¿Puedo llegar a no comprender a la otra persona? ¿Cuál será mi coste si no llegamos a un acuerdo?

Si en la negociación está involucrada una huelga, ¿cuánto tiempo podremos mantenerla?

¿Cuánto tiempo podríamos dirigir la organización sin la otra parte? ¿Quién podrá asumir sus funciones? ¿Contamos con personal calificado? ¿Qué repercusiones tendrá esto en la confianza del público hacia nosotros?

¿Qué haremos si la otra persona no está de acuerdo con nuestros términos? ¿Si hace manifestaciones públicas? ¿Si se niega a negociar? ¿Si se anda con rodeos?

Si vencemos a la otra parte, ¿qué precio deberemos pagar más adelante? ¿Cómo responderían?

¿Debo lanzarme a una utilidad única, o es más ventajoso para mí desarrollar una relación duradera?

Si renuncio, ¿qué probabilidad tengo de encontrar otro puesto? ¿Qué haré mientras tanto?

¿Cuánto nos costará en términos de lucro cesante no resolver el conflicto?

¿Hasta qué punto es importante este cliente para nosotros? ¿Contamos con tiempo? ¿Qué haremos si decide ir a otra parte? ¿Cómo lo reemplazaremos?

¿Puedo quemar los puentes? ¿Los necesitaré en el futuro?

¿Cuánta influencia tienen en la comunidad?

¿Cuánto nos costará reclutar, contratar y capacitar a un reemplazante?

Si no vendemos ahora, ¿qué pasará después?
¿Contamos con otras opciones?
¿Qué puedo perder si abordo el conflicto?

5. ELECCION DE NUESTRAS ESTRATEGIAS

¿Qué puedo hacer para ayudar a la otra persona a que se sienta más segura, a que su imagen no se arruine, a facilitarle que me escuche, a ayudarle a ampliar sus capacidades?

¿Estoy esperando que comprenda mi punto de vista si yo no estoy dispuesto a comprender el suyo?

¿Qué estoy haciendo que pueda resultarle amenazador?

¿Estoy tratando de probar que tengo razón? ¿Estoy intentando hacer que la otra persona admita que está equivocada, que se justifique?

¿Estoy formulando preguntas del tipo "por qué" en lugar de "qué"?

¿Estoy realizando preguntas retóricas para culpar a la otra persona sutilmente?

¿Estoy escuchando a la otra persona o estoy preparando mi defensa?

¿Cuál es el mejor momento para acercarme a la otra persona? ¿Cuándo estará más dispuesta a escucharme?

¿Estoy siendo reactivo? ¿Estoy hablando de adónde quiero llegar en lugar de dónde hemos estado?

¿He alentado a la otra persona a ventilar sus sentimientos?

¿Me estoy comunicando de tal forma que nos haga avanzar o retroceder de la resolución? (¿Estoy culpando, tanteando, alejándome, evitando, amenazando, engañando, siendo impreciso, hablando acerca de la otra persona en lugar de escuchar, o estoy siendo descriptivo, usando mensajes que comiencen con la palabra "yo", siendo específico y directo, buscando metas en común, expresando mi necesidad?)

¿He manifestado mis suposiciones como preguntas tentativas o como juicios inapelables?

¿He formulado el problema o mis necesidades antes de manifestar qué deseo (mi solución)?

¿He sorprendido a la otra persona por no cumplir con las peores expectativas que tenía respecto de mí?

¿Estoy abrumando a la otra persona con mis datos y preguntas? ¿Le estoy dando tiempo para procesarlos internamente?

¿Debemos resolver los temas referentes a la relación con el objeto de resolver el problema?

¿Hemos separado los temas problemáticos y los temas de la relación en nuestra conversación?

¿Estamos enfocando nuestras necesidades mutuas y diferentes o estamos defendiendo nuestras soluciones o posiciones particulares?

¿Le he permitido a la otra persona que me vea como una persona con sentimientos y necesidades?

¿Le he dicho a la otra persona qué necesito y deseo, específicamente y enérgicamente? ¿O supuse que leería mis pensamientos?

¿He reconocido los intereses y necesidades de la otra persona?

¿He sido flexible sobre todas las formas creativas existentes para resolver los problemas y satisfacer mis necesidades?

¿He apoyado a la otra persona a la vez que me he mantenido firme respecto de mis necesidades?

¿Me estoy centrando en lo que está ocurriendo en este momento?

¿Estoy evitando las luchas de poder para centrarme en nuestras necesidades?

¿Estoy permitiendo que progrese la discusión más allá de los síntomas para llegar a los temas reales?

¿Me mantengo centrado en lo obvio? ¿Cuáles son los motivos esenciales en este caso? ¿A qué debemos prestar atención?

¿Qué nos está obstaculizando? ¿Qué puedo hacer para seguir avanzando?

¿Tenemos que llegar a un acuerdo antes de negociar? ¿Debemos alcanzar un acuerdo acerca del proceso que utilizaremos? ¿Debemos fijar de común acuerdo normas o criterios justos antes de abordar el problema?

APENDICE III

LISTA DE VERIFICACION PARA LOS OBSTACULOS DE LAS NEGOCIACIONES

Si se ha atascado en su negociación, emplee esta lista de verificación para lograr que la negociación prosiga.

1. ¿Qué estoy diciéndome acerca de mí mismo? ¿Me estoy preparando para perder antes de ganar?
2. ¿Qué estoy diciéndome acerca de la otra persona? ¿Qué estoy suponiendo? ¿Qué evidencias tengo para mis suposiciones? ¿Necesito verificarlas?
3. ¿Estoy jugando a "las catástrofes futuras"? De ser así, ¿qué es lo peor que podría llegar a ocurrir?
4. ¿Qué puedo hacer para lograr que la negociación sea más sencilla para mí? ¿La puedo dividir en etapas más cortas? ¿Cuál sería la primera etapa? ¿Qué necesito para encarar esa primera etapa?
5. ¿Estoy limitando mis opciones? ¿Estoy buscando una única respuesta correcta? ¿He pensado en otras alternativas?
6. ¿Necesito tomarme un descanso?
7. ¿Me he centrado en los comportamientos externos de la otra persona o en los temas y necesidades subyacentes?
8. ¿He verificado mi propia información?
9. ¿Estoy escuchando atentamente o estoy planificando mi defensa?
10. ¿He elegido ser vulnerable? ¿Le he hecho saber a la otra

persona qué estoy sintiendo y cómo me está afectando su comportamiento? ¿Le he hecho sentir mi presencia?

11. ¿He logrado obtener su atención? ¿He fijado límites?
12. ¿Le he dicho cuál es el contenido oculto detrás de mi enojo, a qué se debe mi enojo?
13. ¿Soy claro respecto de lo que necesito? ¿He explicado claramente cuáles son mis necesidades?
14. ¿Le he dicho específicamente a la otra persona qué quiero que haga?
15. ¿He abordado los conflictos existentes en nuestra relación?
16. ¿He cedido demasiado pronto? ¿He supuesto que no podía intentarlo de nuevo?
17. ¿He dejado pasar el momento oportuno?
18. ¿Abrumé a la otra persona con mis preguntas y hechos? ¿Le he dado el tiempo suficiente para pensar?
19. ¿Omití decirle qué estoy pensando o qué he decidido hacer?
20. ¿Estoy haciendo que mi espacio trabaje a mi favor o en mi contra?
21. Si contamos con recursos físicos limitados, ¿he aceptado este hecho? ¿Estoy dispuesto a buscar soluciones en las que ambos obtengamos aquello que necesitamos?
22. ¿He priorizado mis necesidades?
23. ¿He tomado una perspectiva a largo plazo o he intentado lograrlo todo de golpe?
24. ¿Estoy siendo firme acerca de mis necesidades y a la vez flexible en cuanto a la posibles soluciones?
25. ¿Estoy prestando atención a lo que está sucediendo evidentemente y en ese preciso instante entre nosotros?

APENDICE IV

EL METODO DE LA NEGOCIACION INFALIBLE APLICADO A LOS CONTRATOS CON LOS SINDICATOS

El método tradicional de la negociación entre la dirección y los sindicatos consiste en que éstos presenten una lista de exigencias dentro de un período específico antes de que el contrato finalice. Luego, la compañía responde con sus contraofertas y la batalla comienza.

Aun si las relaciones entre el sindicato y la dirección son normalmente buenas, el inicio del ritual de regateo hace que ambas partes adopten posturas defensivas. Cada parte supone que la otra no es de confianza, se oculta infomación y se la usa estratégicamente para obtener ventajas sobre la otra. Ambas partes se preocupan por tener una buena apariencia ante sus respectivos grupos de apoyo. Se enfatizan las diferencias y se trata de vencer al "enemigo".

Esta danza ritual tiene un alto coste —tanto para la empresa como para los sindicatos— en cuanto a la productividad, las utilidades y la satisfacción.

1. Por lo general, genera resentimiento y desconfianza, lo que, a su vez, crea un espectro de comportamiento de autoprotección e improductividad, compuesto de resistencia, sabotaje, agresividad pasiva, culpar al otro, amenazas, eludir las propias responsabilidades y evitar las iniciativas.
2. Reduce las capacidades de todos para resolver problemas, porque se estrecha literalmente el nivel de pensamiento. Las

personas comienzan a pensar en términos concretos, literales, inmediatos y estrechos. Perciben menos opciones para resolver los problemas.

3. En ocasiones, genera climas de cinismo en los que las personas de ambas partes pierden energía y compromiso, porque se sienten sin poder y ya no creen que lo que puedan hacer tenga efectividad alguna.
4. Hace que las personas se alejen emocionalmente de la empresa. Ya no la perciben como *su* empresa ni identifican *su* éxito con el éxito de la compañía.
5. La compañía pierde creatividad y el conocimiento de su fuerza de trabajo en el camino hacia el futuro. La fuerza de trabajo pierde la satisfacción y las recompensas que provienen de ello.
6. La fuerza de trabajo y el equipo de dirección pierden sus energías tirando en diferentes direcciones y suponiendo, falsamente, que el otro es el enemigo, en lugar de centrarse en la competencia y en tirar sinérgicamente juntos para lograr sus misiones y objetivos comunes.

¿Es posible cambiar la danza ritual tradicional de regateo entre el sindicato y la dirección? Creo que sí. Creo que obtendrá mejores resultados con menos trabajo si sigue los cuatro pincipios de la *Negociación infalible.*

El regateo tradicional de contratos se centra en la defensa de *soluciones* predeterminadas y opuestas para problemas y necesidades. La *Negociación infalible* se centra en el acuerdo de objetivos mutuos y en la resolución de problemas. Empieza por el principio, no por el final. Comienza con la identificación y análisis de las *necesidades* de la empresa y del empleado. Continúa con la determinación de objetivos y planes de acción mutuos (los contratos son un aspecto de esos planes) que le permitirán a la empresa la flexibilidad y los recursos que necesita para ser eficaz, a la vez que responde a las necesidades de todos los empleados.

1. CREAR UN ENTORNO SEGURO

Por lo general se supone que es ventajoso para nosotros poner a los demás en situación de desventaja en una negociación. Eso no es cierto. Si las personas se sienten amenazadas o presionadas, su capacidad para pensar disminuye. Las prácticas tradicionales de regateo hacen que los participantes piensen en términos concretos, literales, es decir al nivel normal de pensamiento de los niños en edad de escolaridad primaria. Por eso su comportamiento es infantil. ¿Usted quiere que sean niños los que decidan su futuro para los próximos dos años?

Su tarea consiste en facilitar al máximo que la otra persona tenga la posibilidad de cooperar con usted y de ayudarla a funcionar desde niveles adultos de pensamiento. Usted quiere negociar con adultos, no con niños.

- Los niños no escuchan bien.
- No interpretan el comportamiento.
- Piensan en términos de inmediatez, estrechos y literales.
- Temen no obtener la parte que les corresponde y, por lo tanto, mienten.
- Perciben opciones limitadas para lograr los resultados deseados.
- No pueden salirse de su experiencia inmediata para evaluar si su comportamiento (el proceso/qué están haciendo) es eficaz.
- Les resulta difícil realizar y MANTENER compromisos a largo plazo.

¿Cuáles son algunas cosas que usted puede hacer para ayudar a ambas partes a crecer y actuar como adultos? ¿Qué puede hacer para que estén más dispuestos a cooperar con usted? Dos opciones a tener en cuenta son: desarrollar información en común y aprender un lenguaje común.

Desarrollar información en común

Una práctica habitual en los regateos contractuales es que ambas partes oculten información y distorsionen o manipulen datos para su beneficio. Esto, por supuesto, hace que ambas partes desconfíen una de la otra y se centren en sus diferencias.

El objetivo de toda negociación es alcanzar una comprensión y un compromiso mutuos. La única forma de lograrlo es cuando ambas partes comparten algo en común respecto de su manera de ver la realidad. Para hacerlo, deben tener información en común que analizar.

Establezca una fuerza de trabajo conjunta para reunir y analizar datos del mercado o para estudiar problemas de organización. Hágalo como un proceso continuo, no sólo durante la formulación del contrato. Si forma parte de la dirección, comparta todos sus datos financieros y objetivos a largo plazo. Alcance el acuerdo tanto en lo referente a dónde quiere que llegue la compañía como a qué hará falta para llegar a esa meta. Esto puede generar actitudes diferenciadas, a no ser que sea realmente cierto que la otra parte es objetivamente deshonesta, inmoral, codiciosa y poco fiable. ¿Qué piensa realmente de ellos?

¿Cuál es la causa y cuál el efecto? ¿Qué cree que harán si no cumple con las peores expectativas que tienen respecto de usted?

Aprender un lenguaje común

"¿Preferiría negociar con alguien que tenga pocas habilidades de negociación o que sea hábil?" Yo preferiría a la persona hábil. ¿Qué si estoy loco? ¡No! Las buenas habilidades de negociación no significan que la persona sea más inteligente o deshonesta, sino que es más consciente y tiene más confianza, por eso puede actuar como un adulto. Recuerde: cuanto más grande es el bravucón, más asustado está el niño en su interior, de otro modo actuaría con su fortaleza flemática de adulto.

2. CAMBIE SU ENFOQUE

Siempre que negocia, hay cuatro elementos o ítems de la agenda por negociar:

1. El problema: los términos del contrato.
2. La relación: el grado de confianza o desconfianza y todos los conflictos del pasado no resueltos.
3. El proceso: la forma en que negocia el contrato.
4. Los criterios: las normas para un acuerdo justo.

Algunas reglas a seguir:

a. NO cometa el error de intentar negociar los términos del contrato si no ha resuelto antes los otros tres elementos de la agenda.

b. En primer lugar, aborde el tema de su relación. Si existen conflictos anteriores, intente resolverlos. Sea consciente de sus propias actitudes hacia la otra parte, qué espera de ellos tanto positiva como negativamente. Sus expectativas pueden volverse realidad.

Puesto que la calidad de su relación es uno de los factores clave que determinan la facilidad y el éxito de su negociación, déles la atención que merecen en lugar de evitarlos. Debe trabajar para establecer relaciones auténticas y congruentes todo el tiempo. No espere hasta el momento de firmar el contrato. Puede que sea demasiado tarde.

c. Luego, negocie el proceso, cómo va a conducir sus conversaciones. Obtenga el consentimiento de la otra parte para intentar otro camino, como se describe en este apéndice. Descubrirá que necesita negociar lo referente al proceso antes de poder abordar eficazmente su relación. Al negociar el proceso en primer lugar —las reglas y los procedimientos—, todas las partes sabrán qué esperar. Se sentirán seguras y estarán más dispuestas a participar y cooperar.

d. Luego desarrolle criterios en común. Dirija el proceso con el objetivo de terminar trabajando conjuntamente para crear objetivos y resolver problemas mutuos. Convierta a la competencia en su blanco, investigando y analizando juntos datos del mercado.

   Al crear una visión y metas en común y abordando honestamente los problemas de productividad y de organización, terminará creando una inversión compartida para el futuro. Esto genera un nuevo tipo de criterio: los criterios centrados en los logros y no en protegerse de las trampas de los demás.

e. Una vez que haya llegado a un acuerdo en cuanto al proceso y sus metas en común, y cuando estén trabajando en conjunto en lugar de uno en contra del otro, sólo en ese momento deberá abordar el tema del contrato. Cómo evitar atascarse en este punto de su negociación es un aspecto que se trata en los próximos dos principios.

3. COMPRENDALOS, NO LOS VENZA

El principio consiste en centrarse, en definir las necesidades mutuas y los problemas diferentes. No se centre en las soluciones a los problemas.

Cada vez que se sienta atascado en una negociación, piense que esto se debe a que usted está peleando por saber quién tiene la respuesta correcta. La forma de salir del atasco es volver a centrarse en las necesidades subyacentes de ambas partes.

La presentación de "listas de deseos" o exigencias al inicio de un proceso de negociación contractual es un ejemplo de cómo centrarse en el extremo equivocado: las soluciones. Esta es una vía segura para atascarse en posiciones de regateo y pelea.

En lugar de comenzar con "listas de deseos", hágalo con las listas de los problemas o las preocupaciones diversas que deben ser abordados.

Céntrese en los intereses comunes entre ambas partes para encontrar soluciones satisfactorias a estos problemas. Y, durante el proceso de negociación, continúe centrándose en analizar y comprender las necesidades y los problemas, siempre que se sienta cercado por soluciones opuestas.

Por ejemplo, en lugar de permanecer fijado en el sistema de antigüedad, hable de los valores y de las necesidades que supuestamente debe contemplar la solución (el sistema de antigüedad), es decir, la seguridad y la justicia. Identifique los costes que involucren a ambas partes junto con las necesidades genuinas de las mismas.

Si ha tenido éxito en el establecimiento de relaciones auténticas y se centra en crear un futuro común con la otra parte, los acuerdos razonables surgirán espontáneamente. Al hacerlo, aclare las diferencias entre desear conducirlos hacia sus soluciones predeterminadas y centrarse en resolver sus problemas mutuos.

4. PRESTE ATENCION A LO OBVIO

El cuarto principio, preste atención a lo obvio, significa prestar atención y abordar lo que está sucediendo evidentemente en aquel preciso momento.

La negociación es un proceso en el que se retiran obstáculos. Al prestar atención a lo que está ocurriendo obviamente en ese preciso momento, eliminará cualquier obstáculo a medida que va surgiendo.

Prestar atención a lo obvio requiere que tenga conciencia permanente de perspectiva múltiple. Requiere que no se pierda en el proceso o que permita dejarse llevar por sus emociones. Requiere que sea consciente del contenido, de la calidad de las relaciones (grado de confianza), del proceso (¿estamos trabajando juntos o uno en contra del otro?). Y los criterios para el acuerdo (normas justas y las necesidades de ambas partes).

Al prestar atención a lo obvio, cuando alguno de los elementos se convierte en un obstáculo, usted lo abordará de inmediato para disolverlo. Si se está confundiendo, divida el contenido en segmentos que sean fáciles de manejar. Si está enojado con la otra parte o si una parte desconfía de la otra, hable directamente de su relación y de qué puede hacer para eliminar la desconfianza. Si siguen encerrados en posiciones tales como "o uno o lo otro", busque la manera de traducirlo en posiciones tales como "y/ambos". Si no está de acuerdo con algún tema, vuelva atrás y concuerde primero con las normas justas acordadas mutuamente. O si los otros no desean cooperar, descubra qué necesitan para que estén dispuestos a hacerlo. Tal vez necesiten su ayuda para tener una buena imagen ante sus representados.

RESUMEN

Nadie puede garantizarle que siempre obtendrá lo que desee. Esa no es la realidad. Pero puede obtener más que suficiente y tiene muchas posibilidades de llegar a soluciones razonables con mayor facilidad y rapidez sin dañar sus relaciones, si sigue por supuesto los principios y el proceso descritos anteriormente.

Indice analítico